ローカル鉄道の解剖図鑑

著／岩間 昌子
Iwama Masako

X-Knowledge

はじめに

鉄道趣味は今も昔も、子どもから中高年まで、幅広い年齢層の人気を集めてきた。また近年では女性の愛好者も増えるなど、世界中どこを見まわしても日本ほど鉄道ファンが多いところはないかもしれない。

また、ひとくちに鉄道趣味と言っても、「乗り鉄」や「撮り鉄」、さらには鉄道模型やきっぷのコレクションなど、興味の対象は十人十色といえるだろう。その背景には、日本の鉄道のあらゆる意味での「豊かさ」があるのかもしれない。車両ひとつとっても、新幹線や蒸気機関車、観光列車に鈍行のディーゼルカーなど、いろいろだ。

本書ではそのなかで「ローカル鉄道」をテーマとした。古くから親しまれている車両や駅の残る、いわゆるローカル線のほか、街の風景になじんだ路面電車やモノレール、そして「幹線」と名がつきながらもローカル色豊かな区間をもつ路線や、都会の近郊にありながらどこかなつかしい路線など、一般的な「ローカル線」の定義とは違った魅力ある路線も数多く紹介した。

そして、これらをイラストで紹介することにより読者に対し、訪れたことがある場所からは懐かしさを、まだ見ぬ場所からは旅愁を誘うさまざまなイメージを膨らませてもらいたいと考えた。

本書を通じ、全国のローカル線にこれまで以上の親しみが生まれ、それをきっかけに各路線を訪れる人が増えてくれれば何よりだ。

さあ、ローカル鉄道の新たな魅力を探しに、ページをめくってみよう。

目次

1章 なつかしい車両・鉄道施設をもつ路線

2章 必要性を再認識、路面電車とモノレール

3章 ローカル線の仲間入り、JR基幹路線

4章 第二の人生を歩む第三セクター路線

5章

都市部でもローカル、私鉄ディープ路線

column

デザイン：細山田デザイン事務所（米倉英弘）
編集協力・組版：ジーグレイプ
イラスト：いとう良一
印刷・製本：図書印刷

1章

なつかしい車両・鉄道施設をもつ路線

のんびりとした時間を求めて、いくつもの路線を乗り継ぎ、乗り継ぎ……。初めて訪ねた「あの日」から10年、20年。あるいはそれ以上経過したいま、再び同じ線路へ旅してもなお、ほとんど変わらない風景と再会できる。そんな懐かしい路線たちを紹介。

山奥に残された廃駅・旧粟巣野《あわすの》駅

かつての駅舎側にあるのは、付近の粟巣野集落に温泉を汲み上げるための装置の小屋。廃駅後に建てられたものだ。

ホームは雑草に覆われており、ベンチなどは残っていない。
立山線の本宮〜立山間にあった粟巣野駅は3面3線※1のホームをもつ大きな駅だった。

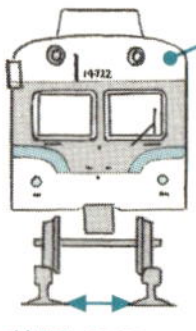
軌間 1067mm

1962（昭和37）年登場の14720形（14722）は同線最古参の車両だ。塗装は白を基調に窓周辺がグレー、窓下にあずき色の帯で、富山の県鳥・雷鳥をイメージした旧来からの塗装となっている。

data

運行区間：電鉄富山〜宇奈月温泉（本線）、寺田〜立山（立山線）、稲荷町〜南富山（不二越線）、上滝線（南富山〜岩峅寺）
開業：1930（昭和5）年2月11日 動力：直流1, 500V
路線総延長：93.2km

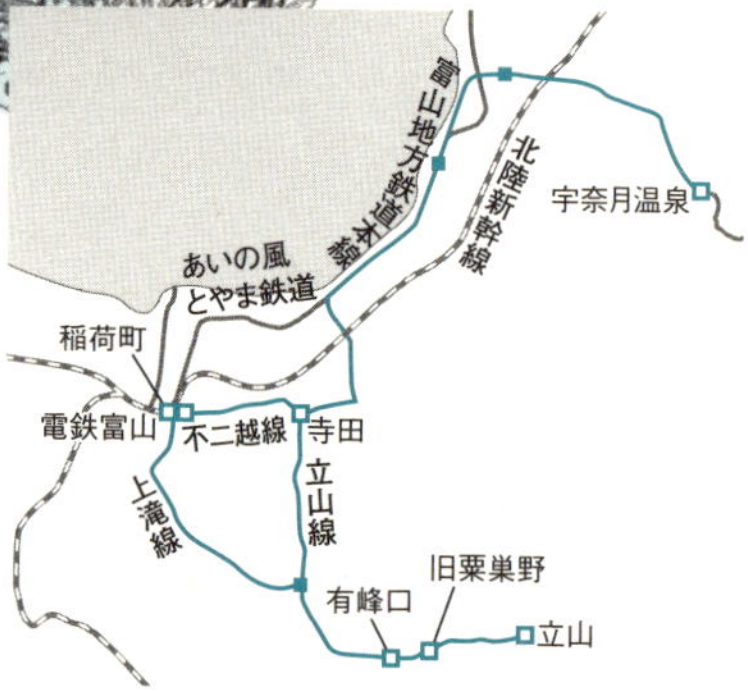
富山地方鉄道本線
北陸新幹線
宇奈月温泉
あいの風とやま鉄道
稲荷町
電鉄富山
不二越線
寺田
上滝線
立山線
旧粟巣野
有峰口
立山

富山

昔からの風景が残る 北陸屈指の大ローカル私鉄

富山地方鉄道 本線・立山線 ほか

富山県東部に路線を広げる富山地方鉄道は、地元・富山では「地鉄《ちてつ》」の呼称で親しまれている。1930（昭和5）年に誕生した富山電気鉄道を母体に、県下の公私営の鉄道・軌道・バス会社が合併※2、1943（昭和18）年に現在の社名になった。

路線は本線、立山線、不二越・上滝線からなる。いずれも開業当時の木造駅舎が残る駅や半世紀以上にわたり走り続ける古参車両など、地方の鉄道らしい光景も見どころの一つ。また、昭和50年代まで利用者の少ない地域では駅の廃止が相次ぎ、その遺構が残るところもある。

黒四ダム建設で生まれた凸形機関車・デキ12021

黒部川第四発電所（通称：黒四ダム）の建設用資材は、旧国鉄・北陸本線から富山地方鉄道を経由して運搬された。建設工事に合わせて製造された凸形電気機関車・デキ12021は、いまも稲荷町駅の車両基地に留置されており、機会は少ないものの、保線などで運用されることがある。

デキ12021

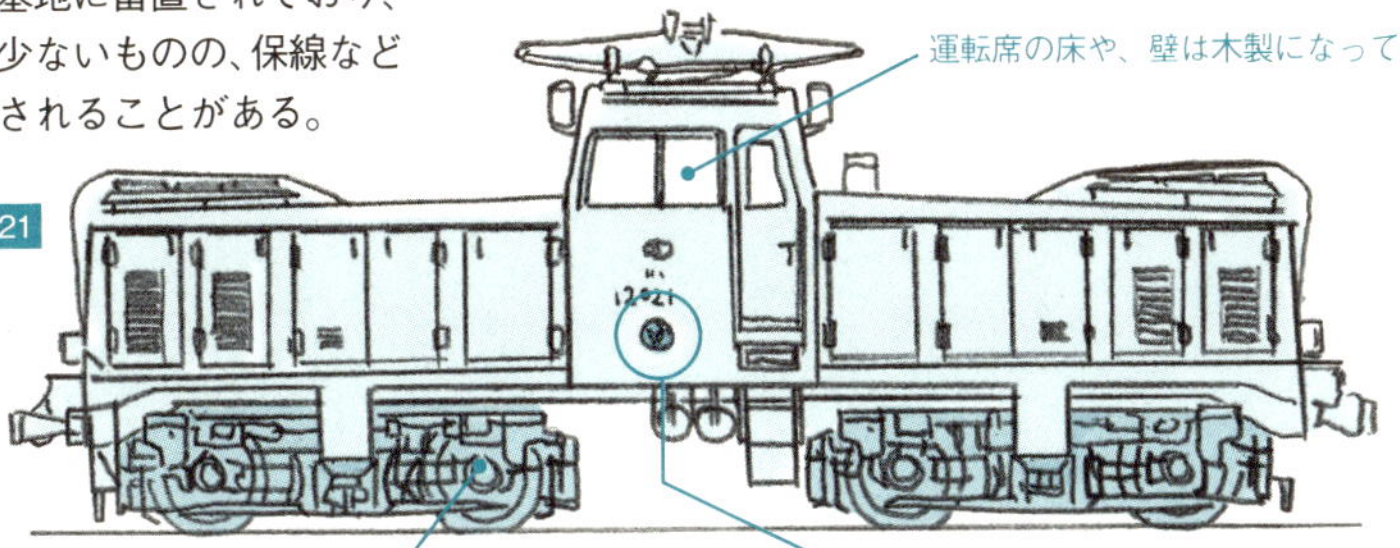

運転席の床や、壁は木製になっている。

台車は車軸の軸受けを収納した「軸箱」を板バネ（水平の板状のバネ）で支える「片板バネ」と呼ばれるしくみだ。

製造当初は関西電力の社紋も付けられていたという（現在は富山地方鉄道のみ）。

約80年の歴史をもつ木造駅舎・有峰口《ありみねぐち》駅

1937年（昭和12）年10月、小見駅として開業、1970（昭和45）年に現在の「有峰口」と改称した。

開業当時からの駅舎には「小見」の駅名が残る。

駅舎上部には菱形の通気口や装飾などが施されている。

駅員の常駐していた時代、列車の到着を知らせたスピーカー。

夏には出札口で登山客向けバス※3のきっぷを売ることもある。

4本のレールが集うジャンクション・寺田駅

構内には4本のレールが敷かれており、1-3番線に本線、4番線に立山線が入線する。

3番ホームには待合室兼信号所として使われていた木造建築があるが、現在信号所扱いは廃止され、待合室も施錠されて入れない。

寺田駅構内配線図

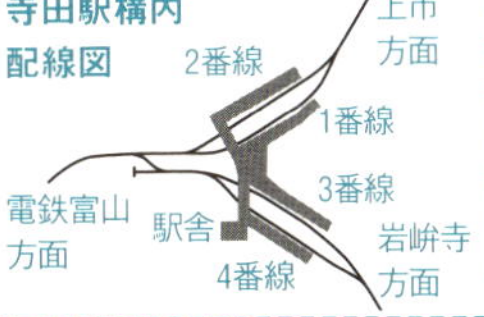

1、3番線は上り電鉄富山方面、2番線に本線下り宇奈月温泉方面で、4番線の立山線は下り線の車両が同時に利用。

モハ16010・クハ110形は、かつて関東の西武池袋線で、特急「レッドアロー号」として運用されていた。

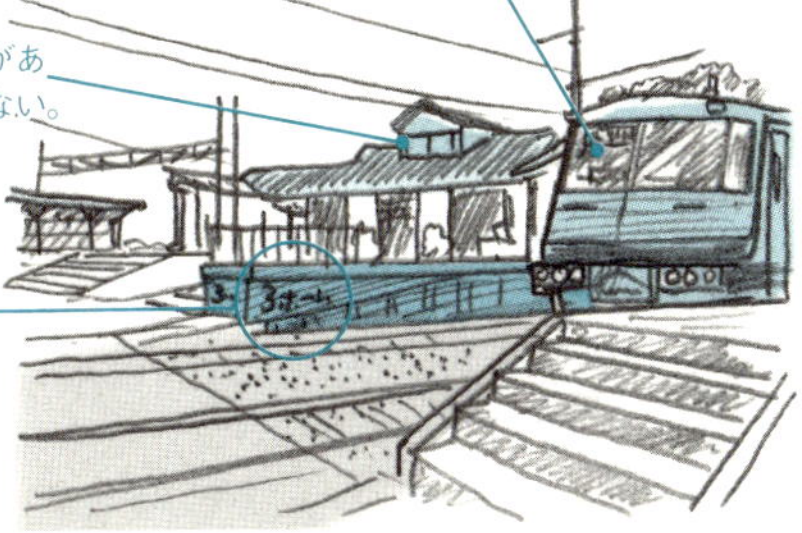

※1：ホームを「面」、線路を「線」と示すことが多い。「3面3線」は3つのホームと3本の線路があるという意味。※2：日中戦争さなかの1938(昭和13)年に施行された陸上交通事業調整法による。※3：有峰口駅は富山県内の立山連峰・薬師岳の登山口で連絡バスが発着する。

製造後80年が過ぎた古参SL・C10-8号と神尾駅

神尾駅のホームと、その向かい側にはたくさんの信楽焼のタヌキが並ぶ「かみおタヌキ村」がある※1。

金谷《かなや》から五和《ごか》を過ぎ、神尾に近づくと、車窓右手に大井川を望むことができる。

現在は改札もない無人駅となっているが、1970（昭和45）年までは駅員が配置されていた。

大井川鐵道では9形式もの客車が在籍している。

C10形は1930（昭和5）年、川崎重工兵庫工場で製造された（同時期に23両を製造）蒸気機関車で、同社では最も古い。

C10形

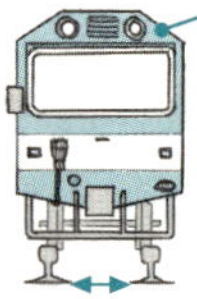
軌間 1067mm

アプト式では、重量のある機関車を坂下側に配置する必要がある。そこで登場したのが運転席をもつ制御車「クハ600形」客車だ。当初は赤で中央に太いクリーム帯だったが、現在は赤に流線型の白い細帯となっている。

data

運行区間：金谷〜千頭（大井川本線）、千頭〜井川（井川線）
開業：1927（昭和2）年6月10日
動力：直流1500V（金谷〜千頭、アプトいちしろ〜長島ダム）、ディーゼルエンジン（非電化）（千頭〜アプトいちしろ、長島ダム〜井川）
路線総延長：65.0km

井川
井川線
A ※P13の地図はこのあたり
千頭
大井川本線
川根電力索道用保安隧道※2
金谷
東海道本線
東海道新幹線

静岡

大井川鐵道 大井川本線・井川線

昭和初期生まれのSLと国内唯一の「アプト式」

大井川上流部の電源開発、および森林資源の輸送を目的とし、１９３１（昭和6）年に井川本線・金谷〜千頭間が開通。さらに１９５９（昭和34）年にはその先、井川までの井川線が全通した。

大井川鐵道の見どころは、何といってもＳＬ。１９６０年代後半から、全国各地で蒸気機関車運転終了のニュースが相次ぐなか、大井川鐵道はいち早くＳＬの復活運転を実施、その知名度を高めた。昭和初期に製造されたＣ10などである。

また、千頭より先の井川線は国内唯一のアプト式鉄道※3で、専用の電気機関車が急勾配に挑む姿を見ることができる。

※1：初代SL列車の車掌が乗客からのチップをため、買い集めたタヌキが並ぶ。2003（平成15）年の集中豪雨による土砂崩れで崩壊したが、有志らによる活動で2005（平成17）年に復活。

「アプト式」が見られるのは日本でここだけ

昭和40年代、長島ダム建設計画により大井川鐵道井川線に水没区間ができることになり、存廃問題が勃発。存続か廃線か。再三の議論ののち、存続が決定し、水没する川根市代（現・アプトいちしろ）～川根長島（現・接岨峡温泉）にアプト式が誕生した。

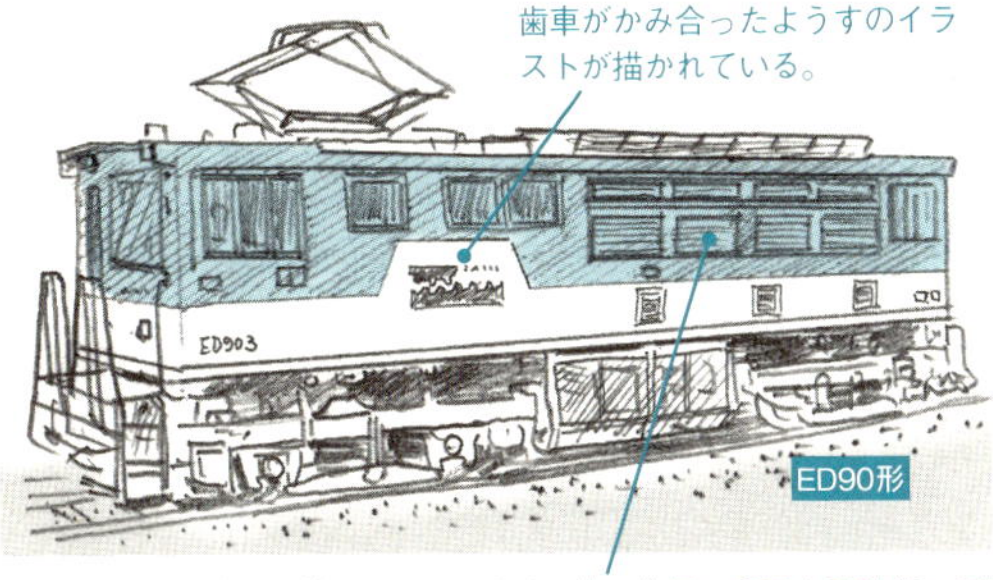
車体側面には、ラックレールと歯車がかみ合ったようすのイラストが描かれている。
ED903
ED90形
搭載された電動機は6基。これらのうち4基は走行に必要な電動機、2基はアプト式で使われるラック歯車用の電動機となっている。

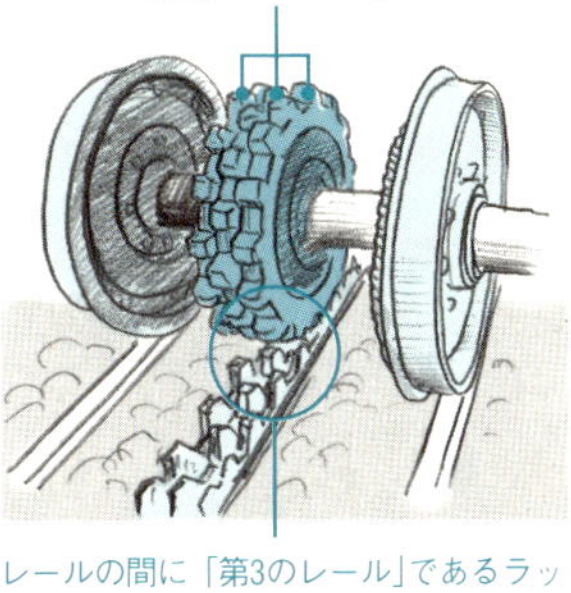
井川線の車両には3組の歯車とラックレールが搭載されている。
レールの間に「第3のレール」であるラックレールが敷かれ、これが歯車とかみ合って急勾配を上る。

ひらんだ～奥大井湖上の対岸に残る旧線跡

長島ダム建設にともない、川根市代（現・アプトいちしろ）～川根長島（現・接岨峡温泉）の区間は1990（平成2）年10月にルート変更、一部の区間は湖底に水没した。

旧線からは新線、奥大井湖上付近の橋梁が見える。
水没を免れた区間も劣化が激しく、湖面に崩れ落ちそうなところさえある。

長島ダム建設による廃線区間（P12地図のⒶ地点）

旧線は現行路線を縫うように走っていた。川根市代駅を除く各駅はいずれも無人駅で、利用者はわずかだった。

至井川
長島ダム駅
現在の運行区間
アプトいちしろ駅
大加島仮乗降場
ひらんだ駅
奥大井湖上駅
川根唐沢駅
犬間駅
川根市代駅
廃線区間
至千頭
接岨湖（せっそこ）

※2：「川根電力索道用保安隧道」は、地名駅ホームのすぐ北側にある。「日本一短いトンネル」といわれることがあるが、正確にはトンネルではない。1938（昭和13）年まで営業していた貨物輸送専用のロープウェイ（川根電力索道）の荷物が、大井川鐵道のレールに落下する事故を防止するための、「覆い」である。※3：歯車とギアの噛み合わせにより、登坂するしくみ。スイスのカール・ローマン・アプトが　1882（明治15）年に考案した。

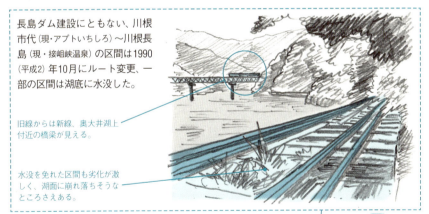

雪煙を上げて走るストーブ列車

客車はオハフ33、オハ46の2形式。

前照灯はボンネット前面中央に埋め込み式が一つのほか、サイドに2灯の計3灯となっている。

正面には「ストーブ列車」のヘッドマークを付けて運用される。

津軽21形
DD352
深郷田～大沢内間

ストーブ列車に併せてディーゼルカー津軽21形を連結[※1]。

DD352（新潟鐵工所製造）の台車は、動輪の二軸を連結棒でつないだ蒸気機関車のような「ロッド式」となっている。

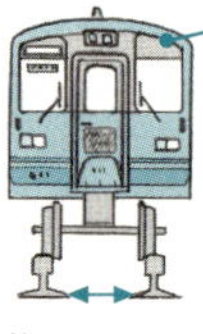
軌間：1067mm

一般の客車用気動車は、1996（平成8）年11月に自社発注した津軽21。塗装はオレンジの地に太い1本をはさんだ細い2本のグリーンの帯で、太宰治の作品にちなみ「走れメロス号」の愛称が付けられている。

data

運行区間：津軽五所川原～津軽中里
開業：1930（昭和5）年11月13日
動力：ディーゼルエンジン（全線非電化）
路線総延長：20.7km

津軽中里
金木
津軽鉄道
津軽五所川原
五所川原
五能線

青森

冬はストーブ列車 夏は風鈴・鈴虫列車が走る

津軽鉄道 津軽鉄道線

客車内に据え付けられたダルマストーブ。毎年12月～3月にかけ、津軽鉄道では石炭が赤々と燃え、車窓を地吹雪が覆うストーブ列車が運行される。今や津軽鉄道の代名詞ともいうべきストーブ列車の運行開始は、津軽鉄道全線開業から間もない１９３０（昭和５）年12月と、古い歴史をもつ。また現在では7～8月に風鈴列車、9月～10月中旬には鈴虫列車と、さまざまなイベント列車を走らせ、こちらも人気が高い。

なお、ストーブ列車はオハ46形などの古い木造客車も連結されるが、ふだんは津軽21形による単行運転である。

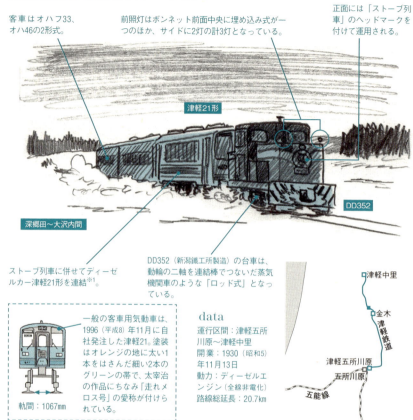

暖かいだけじゃない、一石二鳥のダルマストーブ

ストーブ列車に積まれるダルマストーブは冬季、客車の両端に近い座席を外して取り付けられる。ストーブの上には網が乗せられ、スルメやモチなどを焼くこともできる。走行中、車掌が火加減を見にやってきて、ストーブの近くは熱いくらい。

ストーブは車内両端にそれぞれ1台ずつ。

津軽鉄道で使われているダルマストーブはデッドストックで、大切に使われている。

スルメやモチなどがストーブの上の網で焼かれる。

ストーブの燃料には石炭が使われている。

旧型客車の床は板張りで、腐蝕防止のための油のにおいがする。

本社事務所のある起点・津軽五所川原

現在の駅舎は1956（昭和31）年の竣工。木造モルタル2階建てで本社事務室が入っている。

駅舎の上部には津軽鉄道の社紋がある。

待合室へは駅舎中央の入口から入る。

右手にある戸口は出口専用で冬場は外側に戸が取り付けられる。

待合室のきっぷ売り場上部には、「津軽凧絵（つがるたこえ）」※2が飾られている。モチーフは巴御前と神功皇后。

駅舎内に出札口は一つだけ。

津軽鉄道のきっぷは硬券※3

切り落とした右側はこの穴にひもを通して保管。

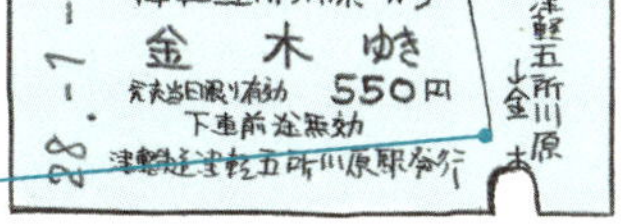

子ども用のきっぷの場合はこの線に沿って右側を切る※4。

※1：ストーブ列車では乗車券と別にストーブ列車券（大人・小人一律400円）がかかるが、普通列車の津軽21形は乗車券のみで乗車可能。
※2：津軽地方の伝統工芸品で藩政時代に始まったとされる。※3：厚紙でできた乗車券。自動券売機から出てくる乗車券は「軟券」という。※4：「小児断片」と呼ばれるもの。

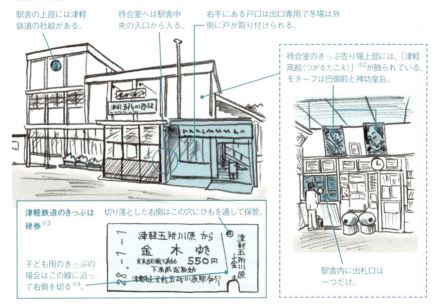

新旧の旅客用気動車と開業以来の機関庫（五井機関区）

元は鉄道院時代[※1]の6300形電車。のち電装解除[※2]された車両を1960（昭和35）年に譲り受けたもの。

1925（大正14）年の開業時に建てられた木造の機関庫は、五井機関区の端にある。

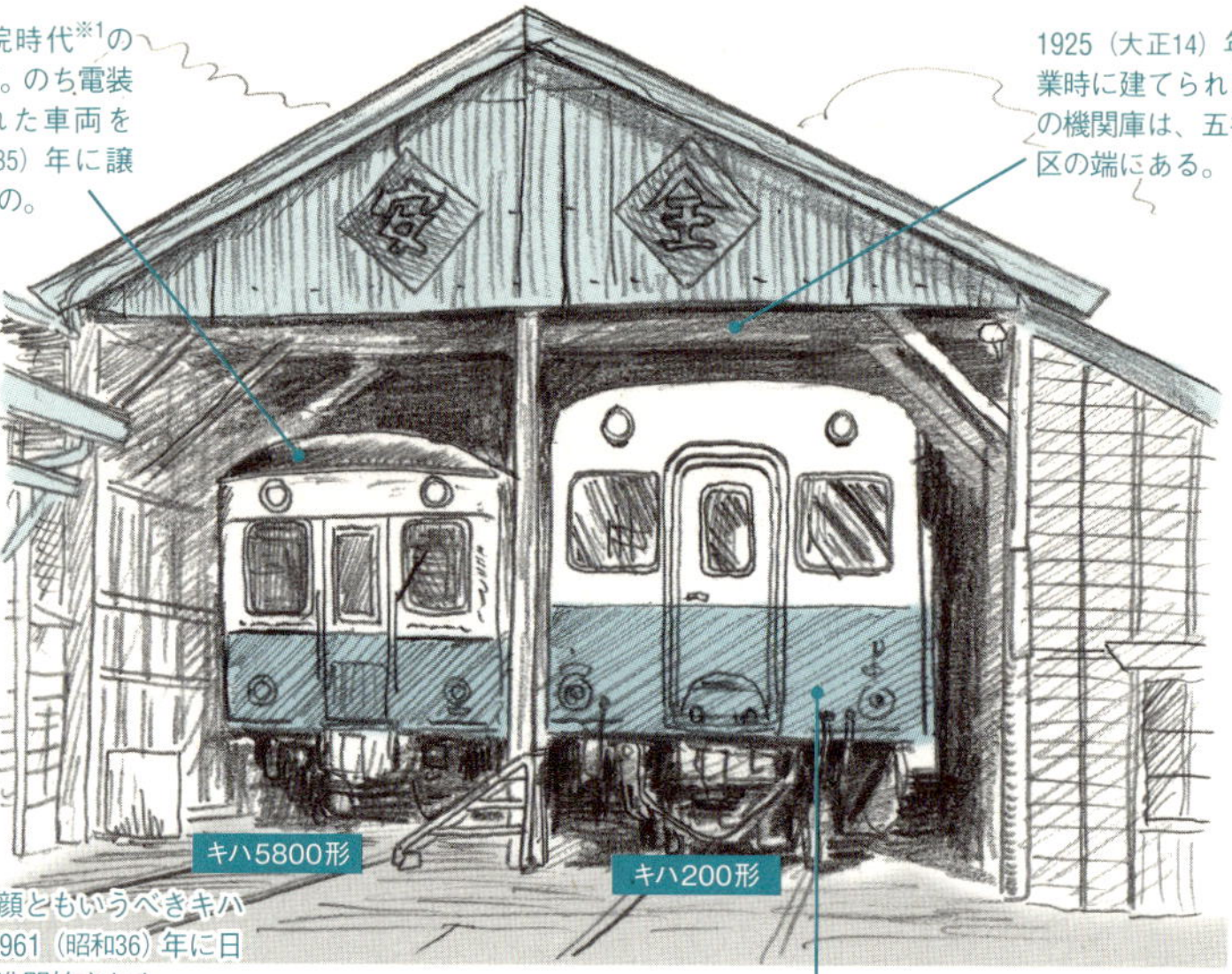

小湊鉄道の顔ともいうべきキハ200形は、1961（昭和36）年に日本車輌で製造開始された。

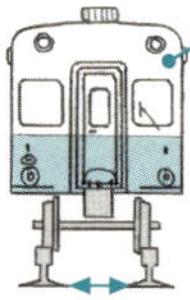

キハ200形は小湊鉄道の代名詞ともなっている自社発注のオリジナル車だが、車体の色は側窓の少し下から上がクリーム、それより下が朱という、国鉄標準色[※3]に準じた色の組み合わせとなっている。

data
運行区間：五井～上総中野
開業：1925（大正14）年3月7日
動力：ディーゼルエンジン（全線非電化）
路線総延長：39.1km

千葉

小《こ》湊《みなと》鐵道 小湊鉄道線

ノスタルジックな風景と明治・大正の保存SL

京葉工業地帯の中心・五井と、房総半島中央部の上総中野を結ぶ全長約40キロの非電化路線が小湊鐵道だ。上総中野でいすみ鉄道（108頁）と接続、房総半島縦断の北側を担当するが、社名に「小湊」とあるように、もともとは外房の安房小湊を目指して建設された。

　五井を出てしばらくは開発の進んだ住宅地となっているが、上総牛久を過ぎたあたりから車窓はノスタルジックな里山風景へと変わる。かつての国鉄を彷彿させるキハ200形や、短いホームに建つ木造駅舎は、テレビドラマやCM、映画のロケに使用されることも多い。

明治・大正生まれの輸入蒸気機関車3両（五井機関区）

五井機関区の片隅に、3両の小さな蒸気機関車が保存されている。いずれも戦前～戦後まもなくに運用開始した車両で、千葉県の文化財にも指定されている貴重なものだ。

1号・2号蒸気機関車は開業にあたり資材運搬などを目的に輸入された。

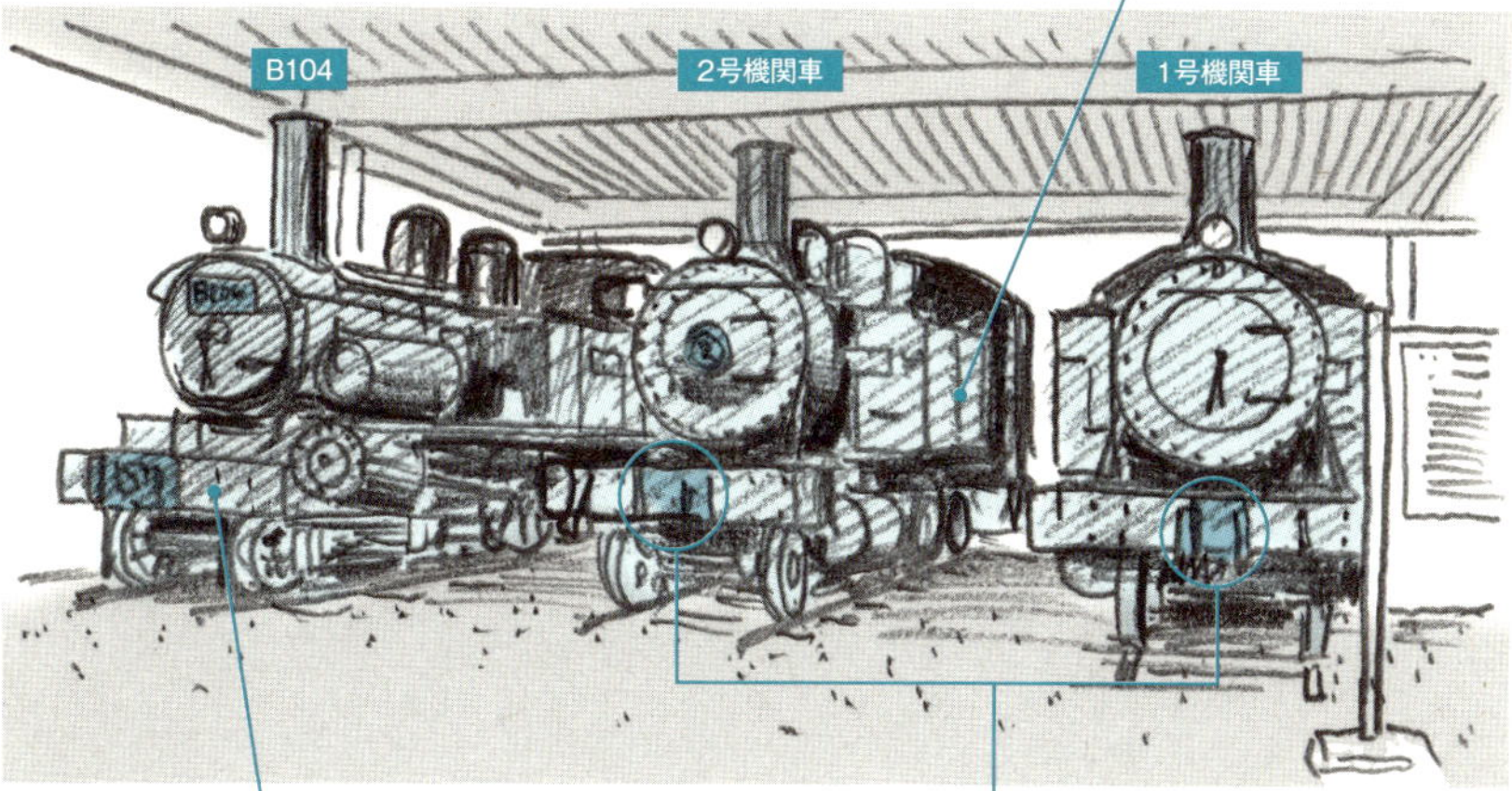
B104
2号機関車
1号機関車

B104は1894（明治27）年の製造。日本鉄道（現在のJR東北本線・常磐線などの前身）で運行を開始し、陸軍鉄道連隊にも所属していた。

1号・2号機関車は、当時としては珍しい自動連結器を装備していた。

SL型DL＋天窓付き客車「里山トロッコ号」

観光列車「里山トロッコ号」には、新潟市にある北陸重機で新造した蒸気機関車風の車両が運用されている。

屋根はUVカットの天窓となっている。

車内灯は全線で5つあるトンネル内で点灯する。

中間車ハテ101、102の座席は木製。

里見～月崎間は、小湊鉄道と菜の花を合わせて撮影しようという鉄道ファンが多く集まる撮影スポットだ。

汽笛は五井機関区にあった大正時代のものをメンテナンスして使用。

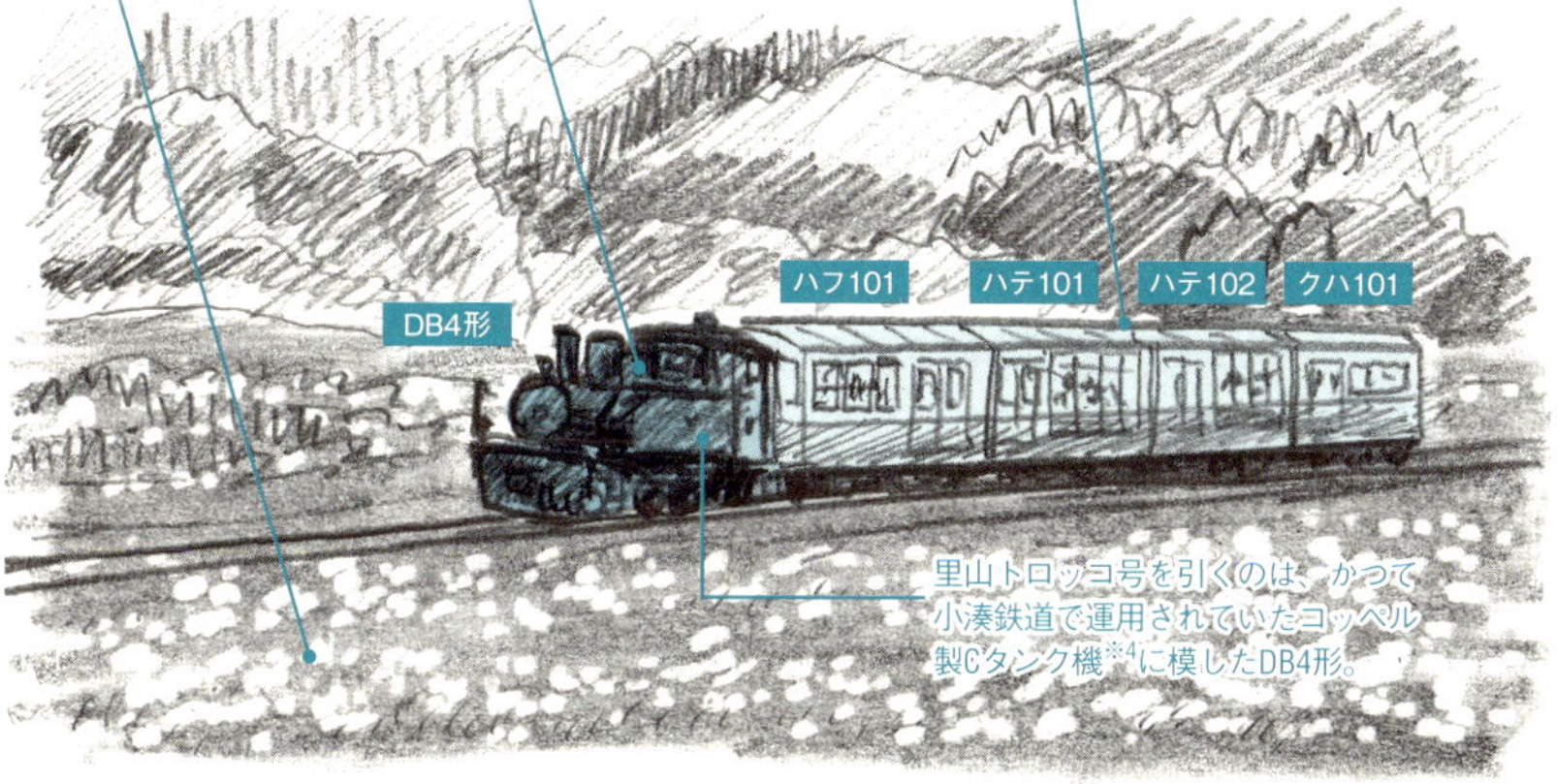
DB4形
ハフ101
ハテ101
ハテ102
クハ101
里山トロッコ号を引くのは、かつて小湊鉄道で運用されていたコッペル製Cタンク機※4に模したDB4形。

※1：1908（明治41）年に設置された、鉄道を管理する中央官庁。のちの国鉄で現在はJR。※2：電動機や制御装置など、自走できる機器を取り外すこと。※3：国鉄時代に全国で使われていた塗色。※4：コッペルはドイツの鉄道車両製造会社。Cは動輪3つを指す（アルファベット順で3番目、Dなら動輪4つ）。

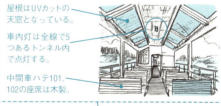

兵庫、滋賀からはるばる和歌山へやってきた車両たち

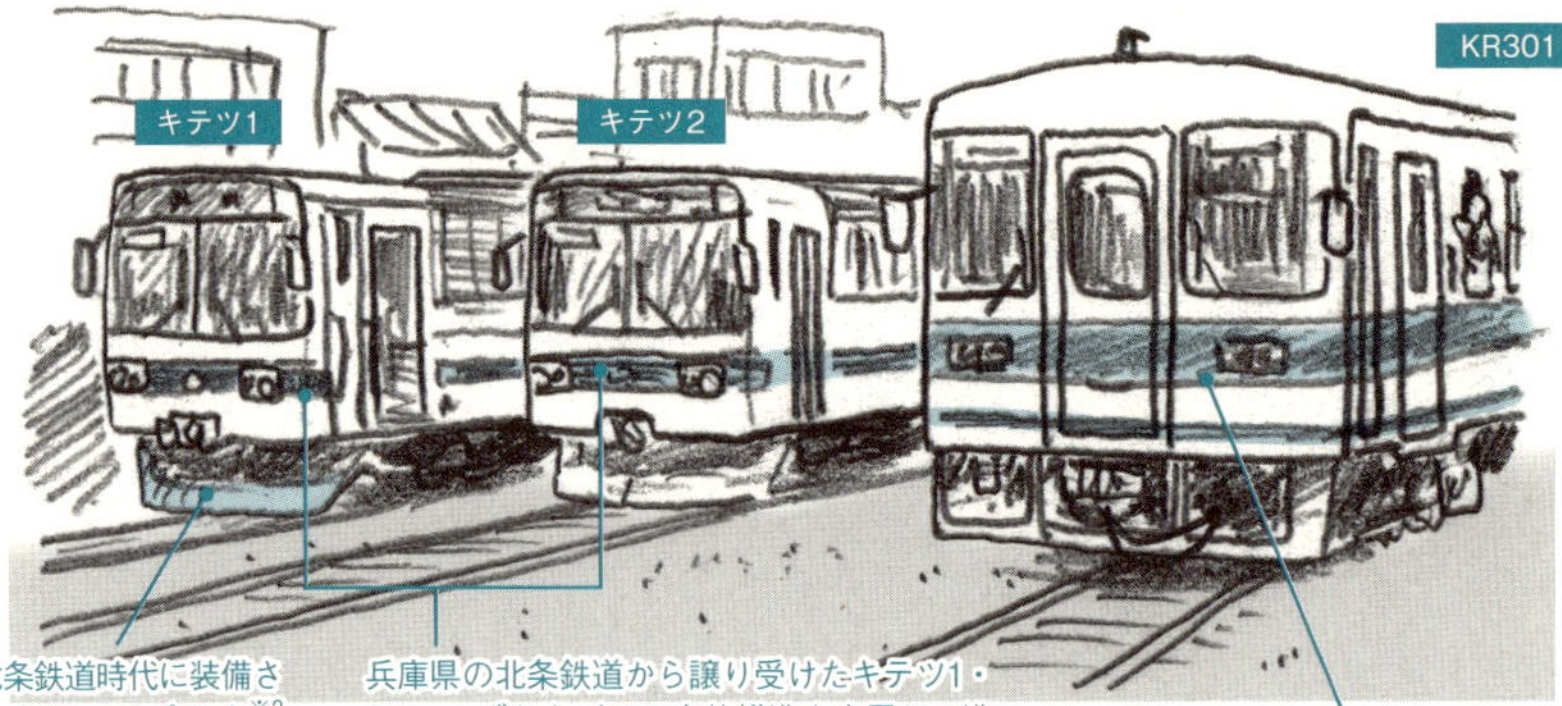
キテツ1
キテツ2
KR301

北条鉄道時代に装備されたスノープラウ※2がそのまま残っている。

兵庫県の北条鉄道から譲り受けたキテツ1・2は、いずれもバスの車体構造を応用して造られた「LE-Car」※1と呼ばれる鉄道車両。

現在、主力車となっているKR301は滋賀県の信楽高原鐵道から無償で譲り受けた。

看板に残る旧社名（西御坊駅）

1931（昭和6）年6月15日の路線開業時は御坊臨港鉄道で、のち不動産業者が鉄道線を買収、紀州鉄道となった。

(旧) 御坊臨港鉄道
日本一短いローカル私鉄
2.7KM 紀州鉄道

2.7kmの区間に3つもの途中駅がある※3。

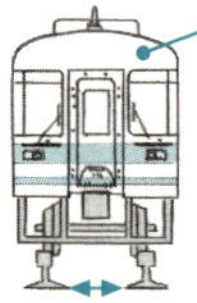

滋賀県の信楽高原鉄道から無償譲渡を受けたKR301は、信楽時代のカラーリングそのままに運用されている。地がクリームで中央に太いライトグリーン、その下に同色の細い帯となる。

軌間：1067㎜

data

運行区間：御坊〜西御坊
開業：1931（昭和6）年6月15日 動力：ディーゼルエンジン（全線非電化）
路線総延長：2.7km

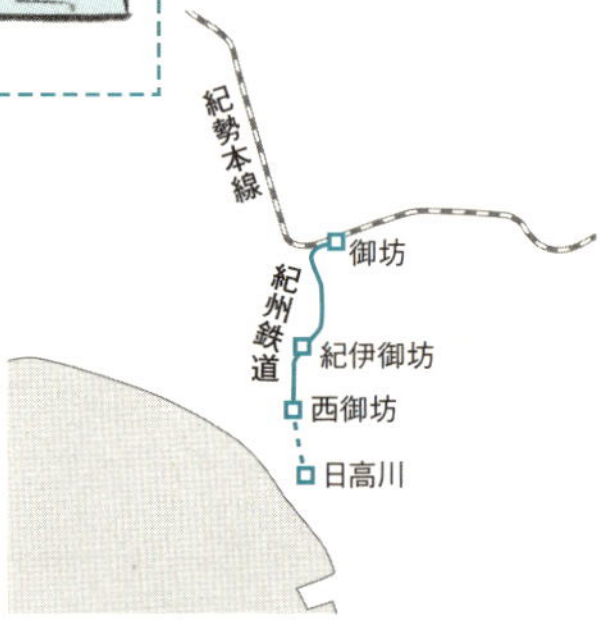
紀勢本線
御坊
紀州鉄道
紀伊御坊
西御坊
日高川

和歌山

紀州鉄道 紀州鉄道線

JRの駅から街の中心部へ細々と90年続く「盲腸線」

1928（昭和3）年設立の御坊臨港鉄道がルーツ。モータリゼーション※4とともに利用者が激減し、青息吐息のところに救いの手を差し伸べたのが、会員制リゾートホテル、分譲別荘など事業を手広く行う紀州鉄道。いわば、鉄道事業は副業ともいえるが、これまで90年近く市民の足としてがんばってきた。

各地からやってきた車両も見どころで、なかでも、元大分交通※5のキハ600形は途中駅・紀伊御坊の車庫で動態保存されている。なお、現在の主力車両はレールバス※6のキテツ1形や、2016年から導入されたKR301形などである。

※1：Light Economy Carの略。輸送量の少ない閑散区間をもつ鉄道で採用。※2：除雪のための板。「排雪板」とも。※3：学門、紀伊御坊、市役所前の3つ。※4：自家用車の普及。日本では1964(昭和39)年開催の東京オリンピック以降、モータリゼーションが進んだとされる。

終着駅・西御坊駅のコンパクトな待合室

1989（平成元）年4月に西御坊〜日高川が廃線となり、終着駅となった西御坊駅。1932（昭和7）年4月の開業時から使われている駅舎は小さく、屋根の形状に合わせて天井が斜めにされた待合室もささやかなものだ。

きっぷ売り場の窓口は午前6:30頃〜9:30頃までの短い時間だけあいており、硬券乗車券・入場券が買える。

待合室の壁には昭和30年頃の写真が展示されている。写真を見ると、かつては多くの乗客でにぎわっていたことがわかる。

出入口は駅舎の妻面両端にある。このうち改札右手の出入口はかなり細い路地につながる。

改札にラッチ（柵）はなく、人が1人通れるだけのスペースがあいているだけ。

1面1線のホームに停まるディーゼルカー。

終着駅の先に続くレール・西御坊駅付近

西御坊〜日高川の廃線後も、レールやホームの跡が残されている。

九州からやってきたディーゼルカー

1975（昭和50）年、九州の大分交通耶馬渓線の廃止とともに、キハ600形2両を譲り受けた。

上段をHゴム※7で固定、下段に落とし窓を配した窓形状は「バス窓」と呼ばれる。窓の下にはウインドウシルと呼ばれる補強板が装備されている。

キハ603

紀伊御坊の留置線に保存されているキハ603。
車体の塗色は大分交通耶馬渓線の運用当時と同じ（下部が濃い緑、上部が薄いクリーム）。

廃駅・日高川駅跡

廃線前の構内は2面2線、さらに向かって左手に側線が1本あった。
駅舎はこちらのホーム上に建っていたが、現在その痕跡はない。
構内には使われなくなった線路が2線。
廃線当日まで使われていたホームがいまも残る。

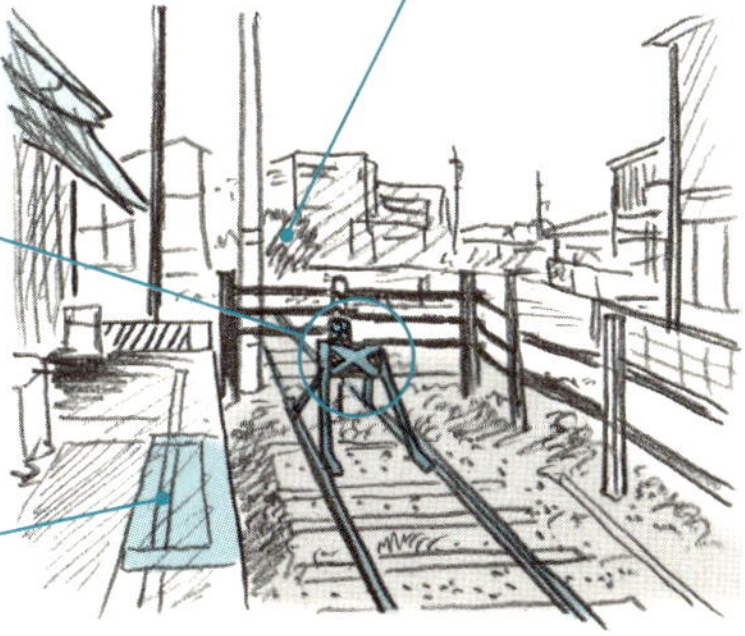
日高川までの区間が廃止されて西御坊が終着駅となり、レールに車止めが設置された。
乗車口。ドア付近はホームの他の部分より高くして、乗車しやすくしてある。

※5：耶馬渓線〔1975（昭和50）年10月1日廃止〕、国東線〔1966（昭和41）年4月1日廃止〕で運用された。※6：バスの工法やパーツ等を用いて製造された鉄道車両。※7：断面が「H」の形をしたゴムで、窓の固定に用いられる。

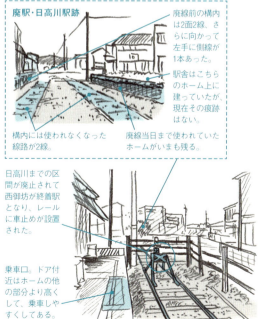

山を身近に感じる窓のない客車

1000形
1000形は窓や扉のないオープン車で、運賃だけで乗車することができる。
1両ごとに独立しており、他の車両へ移動するための「貫通扉」はない。
笹平〜出平間

枕木と同じ向きに、4人掛けの座席が9列並ぶ。このほか固定式クロスシートの特別客車（特別料金370円）、転換式クロスシートのリラックス客車（特別料金530円）がある。なお、これらの優等車両には開閉可能な窓がついている。

富山

電源開発の資材輸送がルーツ 762㎜の「トロッコ電車」

黒部峡谷鉄道本線

富山地方鉄道（10頁）の宇奈月温泉から徒歩約5分。起点の宇奈月駅と、終点の欅平駅まで約20キロを結ぶ軌間762ミリの「ナローゲージ※1」である。

この路線は黒部川の電源開発に伴う輸送手段として建設され、当初は資材運搬が主で、旅客はその便乗扱いとされた。この名残として、旅客用の客車を電気機関車で引くようになった現在でも、「トロッコ電車」の名前が残されている。

雪深い地域を走るため、冬期※2は全区間運休。一部の鉄橋は枕木やレールまで撤去され、トンネル内に保管されて冬を越す。

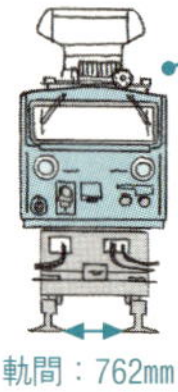

軌間：762㎜

黒部峡谷鉄道の電気機関車は1934（昭和9）年製造の凸形機関車・ED凸形を筆頭に6形式。このうちEDV形はオレンジに白帯（側面はV字形）が入るが、その他はオレンジ一色に塗られている。

data

運行区間：宇奈月〜欅平
開業：1926（大正15）年10月23日
動力：直流600V
路線総延長：20.1㎞

北陸新幹線
富山地方鉄道本線
宇奈月温泉
宇奈月
（標高224m）
新潟県
富山県
猫又
（標高358m）
黒部川
第二発電所
長野県
黒部峡谷鉄道
欅平
（標高599m）

※1：19世紀にイギリスのキリングワース炭鉱鉄道で採用されていたレール左右の頭頂部の間隔・1435㎜が「標準軌」と呼ばれる。これより狭い軌間をナローゲージと呼ぶが、軌間1000㎜未満の軽便鉄道をナローゲージと呼ぶこともある。※2：例年、12〜4月中旬が運休。積雪量により、運休時期は多少変動。

温泉街にひびくトロッコ列車の山彦・新山彦橋

新山彦橋は1986（昭和61）年の竣工。長さ166m、高さ40mのアーチ橋で赤く塗られている。なお、「山彦橋」の名は列車が通る際、宇奈月温泉の街に音がひびいて山彦のように聞こえるというところから名付けられたものだ。

機関車に引かれる客車は最大13両もの編成で運用されることがある。
客車の牽引では、箱形の電気機関車EDR形が重連で運用される※3。
新山彦橋の奥には現在、歩道橋となっている旧山彦橋（やまびこ歩道橋）がある※4。
新山彦橋は、起点の宇奈月駅を出てまもなくのところにある。下を流れるのは黒部川。

トロッコ電車に運用されるEDR形

箱形機関車・ED形を増速改造※5したEDR形。
連結器は、営業路線では国内唯一のピン・リンク式。
車体側面に配された黒部峡谷鉄道の社紋は、関西電力のマークにレールを組み合わせたもの。

EDR形

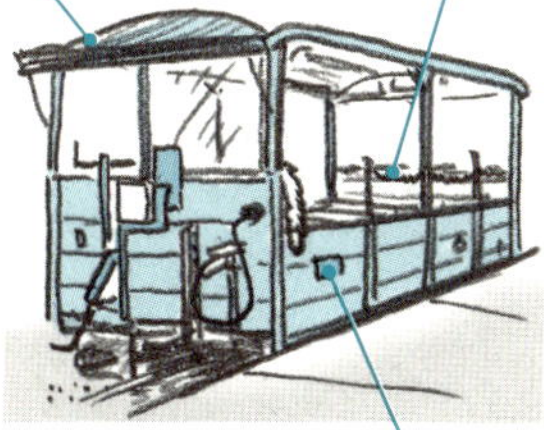
貨車を改造したハ形客車は関西電力職員専用車。
窓のないオープンデッキの車両には、側面に保護用のチェーンを装備。
客車の後端には「車掌席」のサボ（行先表示板）が挿入される。

ハ形客車

車窓からのみ拝める名建築・名橋

黒部川第二発電所。1936（昭和11）年の竣工で、建屋のデザインは戦後～高度成長期に活躍した建築家・山口文象が担当した。
発電所に資材を運ぶために使われる専用線は、猫又駅の手前から延びている。残念ながら旅行者は猫又駅で下車することはできず、車窓から眺めるだけとなる。
黒部川に掛かる目黒橋は日本では珍しいフィーレンディール橋※6で、1934（昭和9）年、大阪の日本橋梁（現存）で製造されたものだ。

※3：機関車を2両連結することをいう。急勾配では出力向上のため、3両連結の「3重連」も。※4：かつては鉄道橋で、資材運搬用のレールが敷かれていた。※5：主電動機の性能を向上（30.56kw×4基から42kw×4基へ）させ、速度が向上した。※6：はしご状の桁をもつ橋で、国内では日本橋川にかかる豊海橋（東京）などごくわずか。

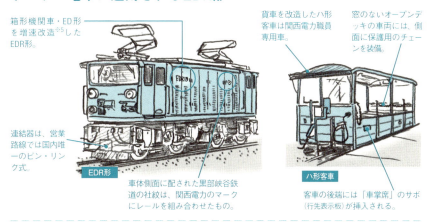

群馬

上信電鉄 上信線

「上」と「信」を結ぶ計画線は東日本最古の地方鉄道

現存する東日本の地方鉄道では最古の会社で、高崎～下仁田の全線開通はなんと1897（明治30）年。社名の「上」は上州（群馬県）、そして「信」は信州、すなわち長野県をさす。社名が示すとおり、かつては山を越えた先、長野・小海線へと連絡する計画もあったのだ。

譲渡車両を除き、運転台を右側に設置しているのが大きな特徴で、これは通票の交換※3をしやすいように、と考えられたものだという。

ドイツ・シーメンスシュケルト社から購入した電気機関車のほか、運用車両も古いものが残っている。

大正期の電気機関車がいまだ現役

現在も動態保存されている上信電鉄・デキ1が日本に輸入されたのは、1924（大正13）年。以来、ほとんど手を加えられることなく運用されてきたこの古い電気機関車は「上州のシーラカンス」と呼ばれることもある。

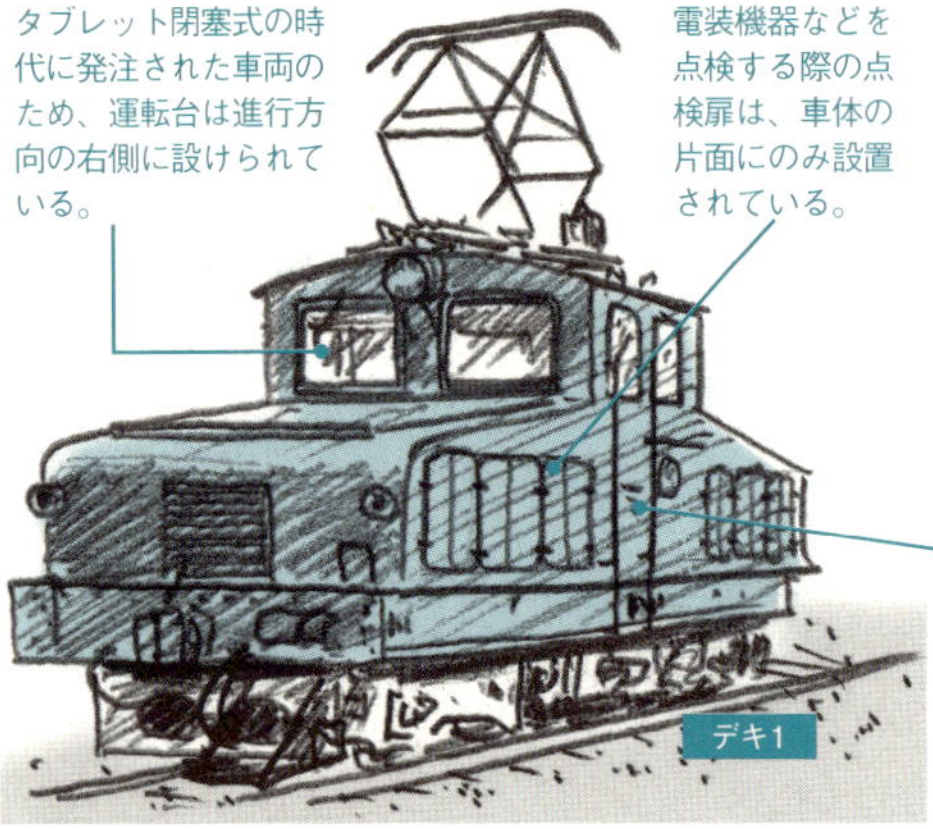
タブレット閉塞式の時代に発注された車両のため、運転台は進行方向の右側に設けられている。
電装機器などを点検する際の点検扉は、車体の片面にのみ設置されている。
デキ1

シーメンスシュケルト社※1は鉄道機器関連で世界全体のおよそ2割ものシェアを誇る。
1950はシーメンスシュケルト社の付けた製造番号※2。
№1950
SIEMENS-SCHUCKERT
M·A·N
1924
車体製造はシーメンスシュケルトと同じくドイツのミュンヘンに本社をもつマン社が担当。
「1924」は製造年を示す。

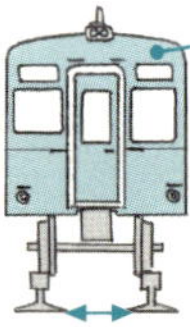
1964（昭和39）年と1969（昭和44）年製造の自社発注車200形。長らく「コーラルレッド」と呼ばれる渋いピンクで運用されたが、2014（平成26）年4月からチョコレート色や、アイボリー地に緑のラインへ塗装変更された。
軌間：1067mm

data

運行区間：高崎～下仁田
開業：1897（明治30）年5月10日
動力：直流1,500V
路線総延長：33.7km

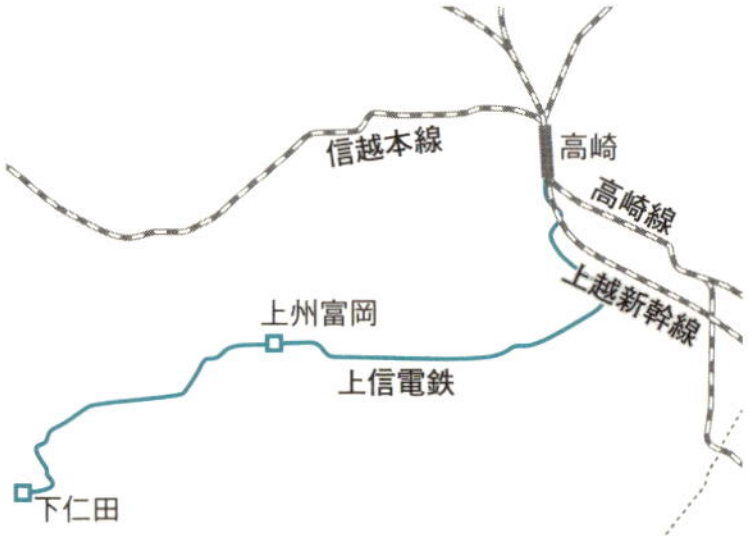
信越本線
高崎
高崎線
上越新幹線
上州富岡
上信電鉄
下仁田

※1：ドイツ・ミュンヘンに本社をもつ多分野の製造会社。鉄道車両の製造技術が未熟だった戦前には鉄道省をはじめ、多くの鉄道会社が同社から鉄道車両を購入していた。※2：同一時期に製造されたデキ2・3の製造番号はそれぞれ1951、1952。※3：単線の同一区間において2列車以上が進入しないために考えられた方法の1つ。

下仁田駅は今も貨物輸送全盛期の活気を伝える

上信電鉄では、1994(平成4)年9月まで貨物輸送も行っていた。主な運搬物は下仁田町内の青倉鉱山から産出される石灰石など。構内には貨物の引き込み線や、積込みホームなど、往時の遺構がいまも残る。

瓦葺き、木造平屋建ての駅舎は運輸局が選定する「関東の駅百選」[※4]に選ばれている。

駅舎入口には、現在は「祝・世界遺産登録（富岡製糸場・荒船風穴）」の看板を設置。

駅舎の外には地域の陶磁器・下仁田焼などを並べた「下仁田町特産品陳列所」がある。

現在の構内は頭端式[※5]1面2線の構造だが、駅舎と反対側には使われなくなった貨物専用ホームが残されている。

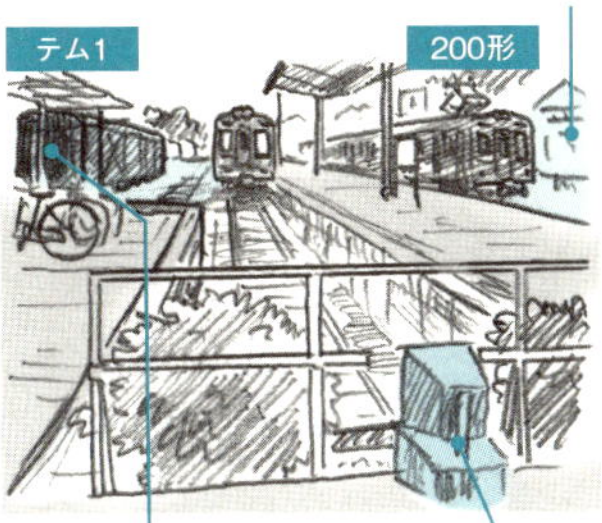

生石灰の輸送用に使われた有蓋貨車テム1。1961（昭和36）年富士重工業製。

旅客用ホーム、1番線の車止め。

元西武車両の多い上信電鉄

上信電鉄では西武から譲渡を受けた車両が多い。西武の車両に鋼製車[※6]が多く、広告のラッピングがしやすいことなどがその大きな理由だ。

国鉄の通勤形電車・101系とよく似た切妻スタイルの元西武401系は、1992年5月に移籍した150形第1次車。ラッピングをしていないと、ステンレスの化粧板がよくわかる。

150形第2次車

元西武鉄道801系は西武から譲渡された150形第2次車で、1997（平成9）年8月からは群馬サファリパークのラッピング車となった[※7]。

西武時代に装備された、前照灯まわりにある化粧板はラッピングで不明瞭になっている。

※4：1997（平成9）～2001（平成13）年の4年間で、関東8都県の特徴ある駅を公募、文化庁長官を代表とする選考委員会により100駅が選定された。※5：2面以上が端でつながった形状のホーム。「櫛形ホーム」とも。※6：骨組みや外板などの車体に鉄合金を用いた車両。ほかにステンレス車体、アルミ車体などの鉄道車両がある。※7：しま模様はホワイトタイガーを模したもの。

木造の小さな小屋が建つ停留場・本銚子駅

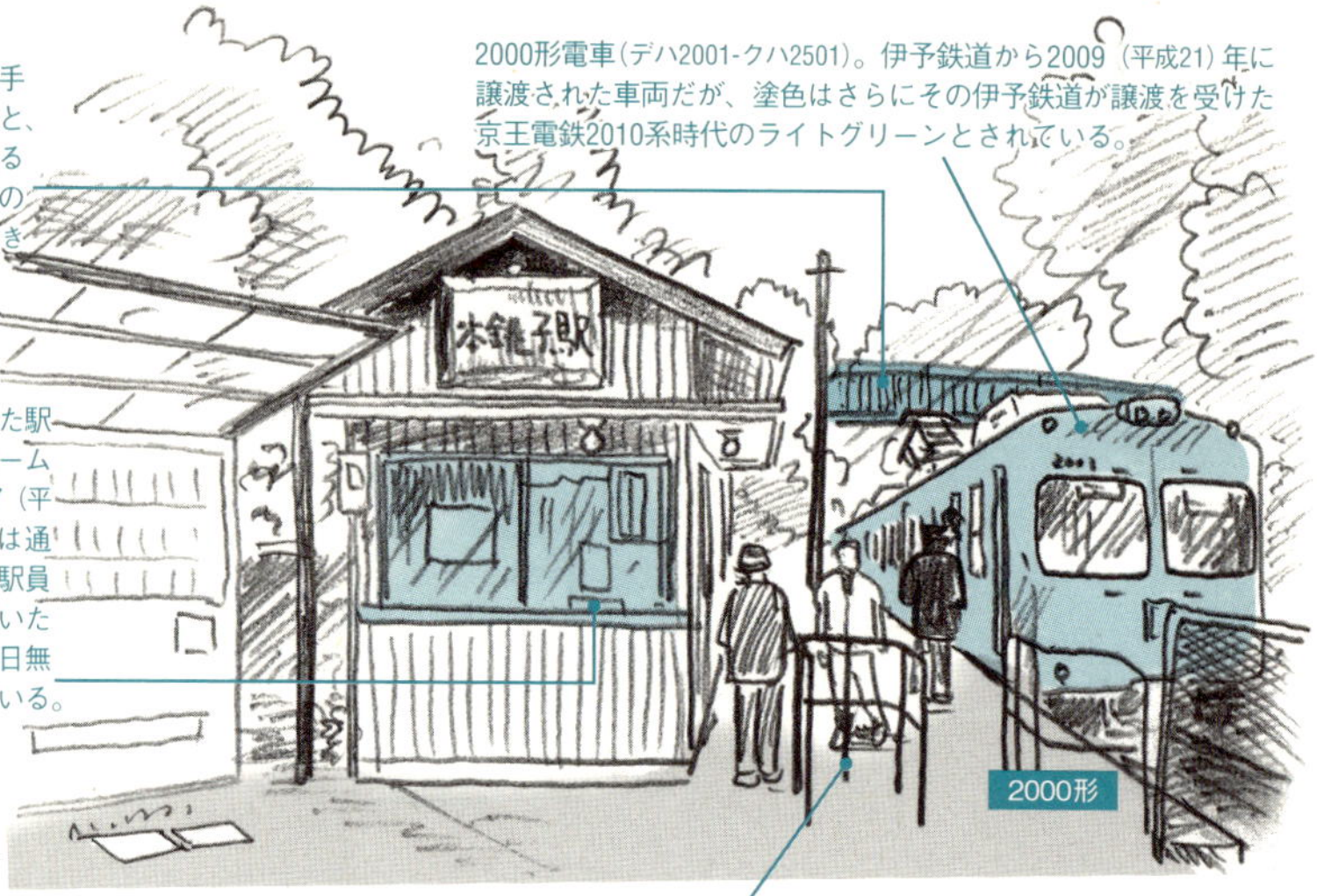
2000形電車（デハ2001-クハ2501）。伊予鉄道から2009（平成21）年に譲渡された車両だが、塗色はさらにその伊予鉄道が譲渡を受けた京王電鉄2010系時代のライトグリーンとされている。
改札を出て右手にまわり込むと、線路を下に見る撮影ポイントの跨線橋（こせんきょう）がある。
待合室を兼ねた駅員の詰所がホームに建つ。2007（平成19）年までは通勤時間帯のみ駅員が配置されていたが、現在は終日無人駅となっている。
本銚子駅
2000形
駅員配置時代に使われていた改札ラッチ。

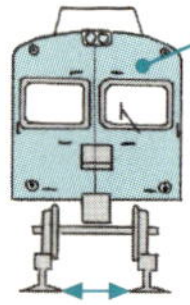
軌間：1067mm

現在の主力車は京王からの移籍車で2編成（デハ2001-クハ2501、デハ2002-クハ2502）。いずれも京王時代の塗色が意識され、2001-2501は京王2010系と同じライトグリーン1色だ。

data

運行区間：銚子～外川
開業：1923（大正12）年7月5日
動力：直流600V
路線総延長：6.4km

鹿島神宮
鹿島線
香取
成田線
総武本線
銚子
銚子電鉄
外川

千葉

数々の特別企画でファンを集めるユニーク線

銚子電気鉄道 銚子電気鉄道線

源 義経とその愛犬・若丸との哀しいエピソード※1が地名の由来とされる犬吠埼。その犬吠埼をぐるっと右回りにめぐり、銚子の市街地と郊外の漁村・外川とを結ぶ小さなローカル線。銚子遊覧鉄道として開業※2したものの一度廃線、1923（大正12）年に運行再開という珍しい経緯をもつ。

銚子特産の醤油を使ったぬれ煎餅や、途中駅・観音で40年前から販売されているたいやきなど、路線オリジナルの名物のほか、ユニークな駅名愛称※3やテレビドラマにちなんだ塗装車両など、さまざまな企画でファンを集めている。

※1：平家に追われた義経が奥州へ旅立つ際、海辺に残された愛犬の「若丸」が7日7晩吠え続けたという。※2：観光開発を目的に1913（大正2）年12月に開業。しかし第一次大戦の開戦によりわずか4年で廃線となった。※3：髪毛黒生（かみのけくろはえ）（笠上黒生）駅、ありがとう（外川）駅など

車歴不明の古い電気機関車・デキ3

山口県・宇部にある沖ノ山炭鉱で運用されていた車両を1941（昭和16）年に譲り受けたもの。仲ノ町付近にある醤油工場への原料輸送などに使われた。車体の銘版から1922（大正11）年、ドイツ・アルゲマイネ社製と推測される。

スピードや出力を操作する主幹制御器（マスターコントローラー）。
運転席の床面は板張り。
ブレーキは手動式のハンドルしか装備していない。減速の際はこれをグルグル回す。

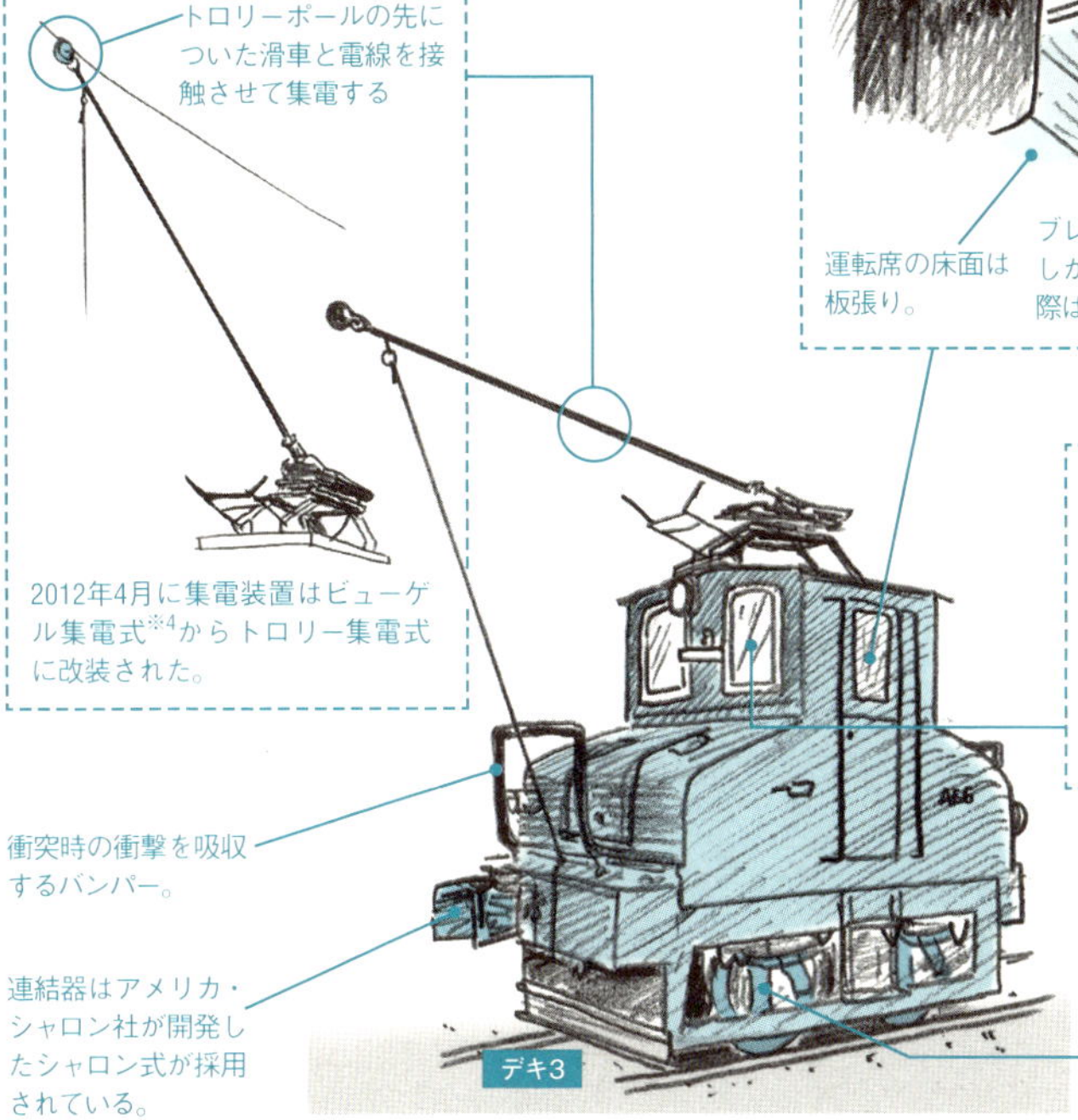
トロリーポールの先についた滑車と電線を接触させて集電する
2012年4月に集電装置はビューゲル集電式※4からトロリー集電式に改装された。

衝突時の衝撃を吸収するバンパー。

連結器はアメリカ・シャロン社が開発したシャロン式が採用されている。

ホイールベース※5は1200mmで鉄道車両としてはかなり小さく、「チョロQ」と呼ばれることも。

デキ3

沖ノ山炭鉱電気鉄道
昭和16年

沖ノ山炭鉱電気鉄道は、現在も操業する宇部興産（山口県宇部市）の系列会社だった。

駅舎はどこもレトロで魅力的

外川駅
1923（大正12）年7月の開業以来使われている木造駅舎。
外川駅
ドラマ「澪つくし」のロケ地を示す看板。

海鹿島駅
ホームには「関東最東端の駅」を示す碑が建っている。
朝のラッシュ時間帯に駅員が配置されていたこともあるが、2008（平成20）年1月1日からは完全無人化されている。駅舎には出札口が残っている。
「海鹿島」の地名は、かつて付近の海岸にアシカがやってきたことから付けられた。

※4：電車の電力を集める「集電装置」の1つ。平たい板状に加工した金属製パイプでできている。一方、トロリーポールも同じく金属製パイプ製だが、棒のような形状。※5：前輪軸と後輪軸との距離を示す。

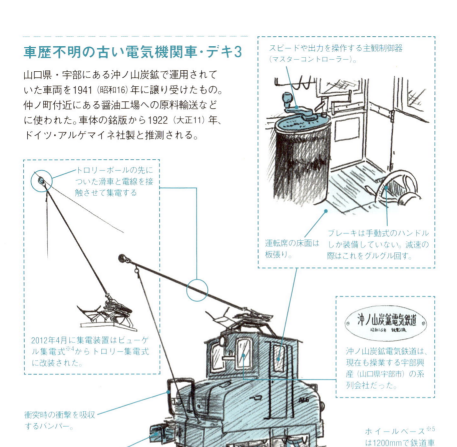

雪国ならではのラッセル車は昭和初期の製造

動力機関はアメリカ・ボールドウイン・ロコモティブ・ワークス社、電気系統は同じくアメリカのウェスティングハウス・エレクトリック社が担当した。
1929（昭和4）年、国鉄苗穂工場で製造されたキ104は電動機などの動力がついておらず、電動車または気動車が後ろから押して運用する。
自走するための動力はもたないが、運用では常に先頭を走るため、前照灯や前面窓がある。
キ104
車庫に出し入れする際に便宜をはかるため、除雪に使う前頭部の羽にも、自動連結器を装備。
ED22
電気機関車・ED22形は1926（大正15）年、信濃鉄道（現在の大糸線の一部）がアメリカから輸入したのがルーツ※1。なお、弘南鉄道にはさらに古い1923（大正12）年製造のED33形も在籍している。

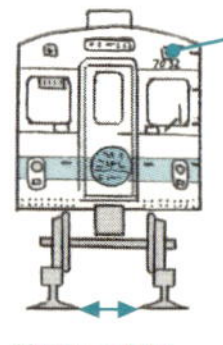
7000系は1988（昭和63）年、東急から譲渡を受けた車両。強度の高さがセールスポイントのステンレス製で、弘南鉄道ではそのままの金属色に青、赤の帯を入れて運用している。
軌間：1067mm

data
運行区間：弘前〜黒石（弘南線）、大鰐〜中央弘前（大鰐線）
開業：1927（昭和2）年9月7日
動力：直流1,500V
路線総延長：30.7km

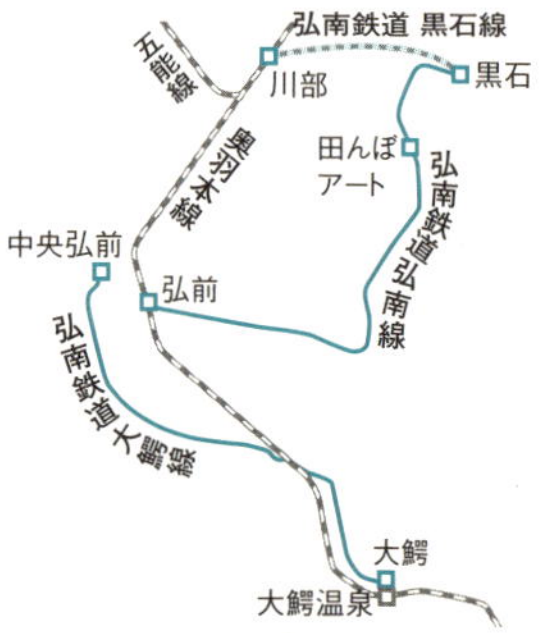
弘南鉄道 黒石線
五能線
川部
黒石
奥羽本線
田んぼアート
弘南鉄道弘南線
中央弘前
弘前
弘南鉄道大鰐線
大鰐
大鰐温泉

青森

東急ステンレス車両、みちのくを走る

弘《こう》南《なん》鉄道 大《おお》鰐《わに》線・弘南線

1927（昭和2）年の開業当初は弘南線だけであったが、後に弘前電気鉄道の譲渡を受け、大鰐線が加わる。JR線との接続駅・弘前（弘南線）と、大鰐線の中央弘前が離れているのは、こうした歴史が関係している。

6000系・7000系は、いずれもかつて東急で走っていた車両で、このうち7000系は1962（昭和37）年、アメリカ・バッド社との提携により日本初の「オールステンレス車両」として登場した。

こうした元東急車両たちが、あと何年運用されるかはわからない。いまのうちにその姿を目に焼きつけておきたい。

旅客車=譲渡車の歴史

弘南鉄道では古くから買収国電※2などからの払い下げ車両が多く、特に旅客用車両では自社発注車はほとんど運用されていない。現在では、東急のステンレスカー2車種を運用（6000形は休車扱い）している。

7020形は車体の塗色以外は、譲渡前の東急時代の外観が踏襲されている。

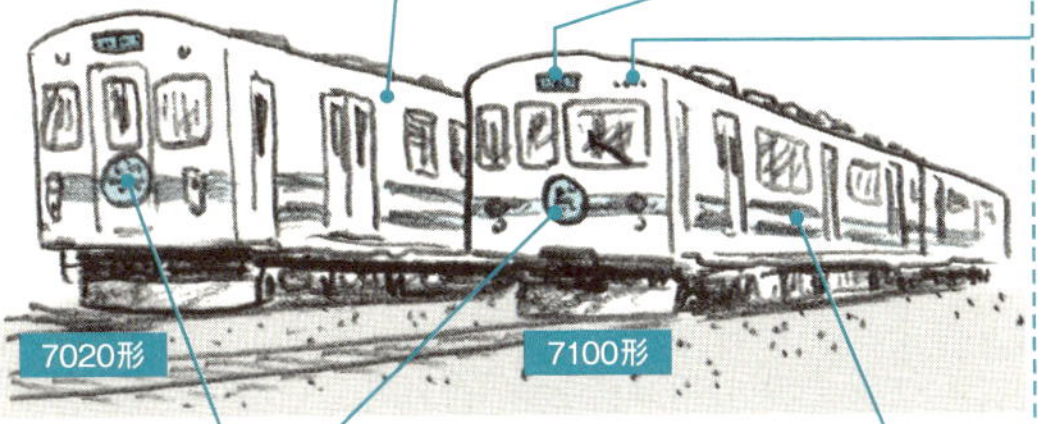

ヘッドマークには「こけし」「さくら」などがあり、いずれも円形で下部に広告が入る。

車体側面には、「コルゲート」と呼ばれる強化板を装備。

行先はステッカー

行先表示の部分は方向幕ではなく「弘前-黒石」のステッカーが貼付されている。

中間車が先頭車に

7100形は中間車※3のデハ7100形を種車※4とし、妻面を大改造して生まれ変わった。

城のような外観をもつ田舎館村役場

4階建てで、天守閣のような部分からは完成した田んぼアートの素晴らしい眺望が望める。

田舎館村役場の東側にある田んぼで、毎年6月に田んぼアートに向けた田植えが行われる。田植えや稲刈りの作業は公募制で、毎年多くの応募がある。

初夏〜秋だけ降りられる田んぼアート専用駅

田んぼアートの観覧者のため、2013（平成25）年7月27日に開業。冬場の12〜3月はすべての列車が通過する。

廃線になった非電化線・黒石線

1984（昭和59）年11月〜1998（平成10）年3月まで、旧国鉄の黒石線を引き継いだ非電化線の弘南鉄道黒石線があった。

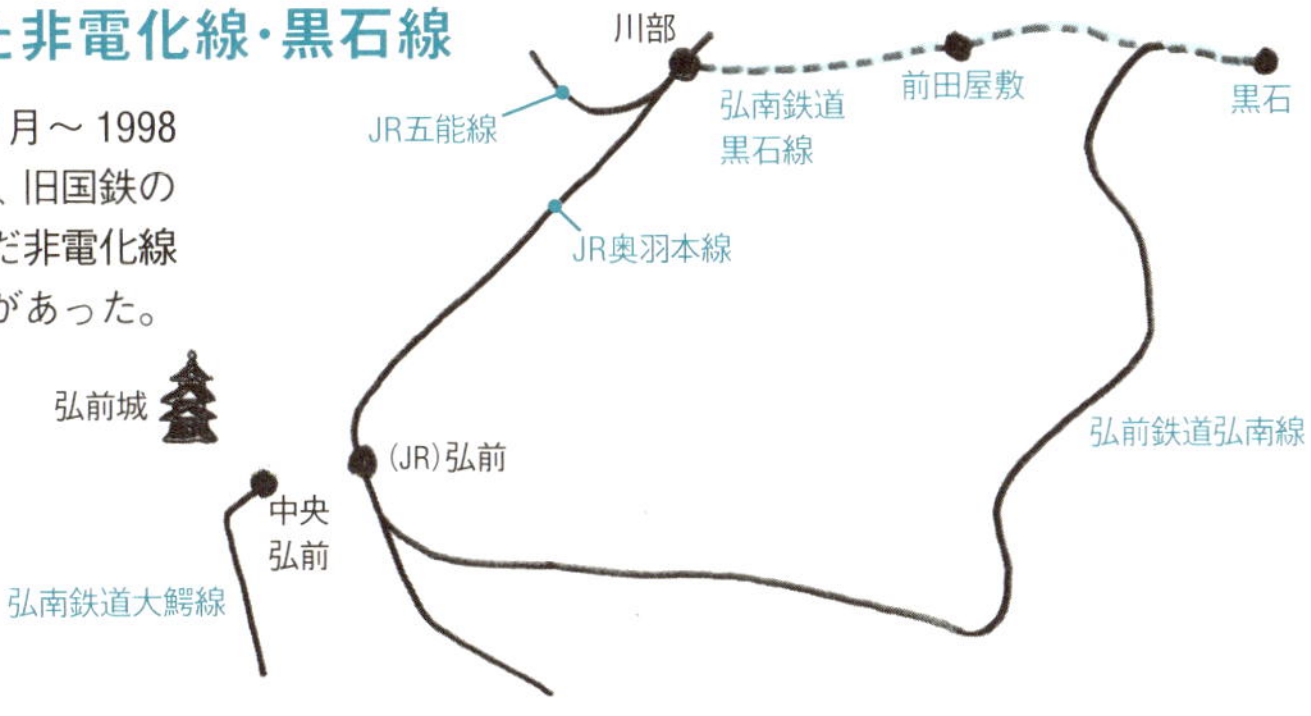

※1：西武鉄道、近江鉄道などを経て、弘南鉄道へは1974（昭和49）年に譲渡された。※2：1936（昭和11）〜1944（昭和19）年にかけ、国有鉄道に買収された民営の電鉄会社。※3：両端に運転台をもたず、編成の中間に挿入されることを想定した車両。※4：改造された鉄道車両の、元になった車両を「種車」という。

ポスターにも使われた海沿いの無人駅・驫木《とどろき》駅

2002（平成14）年に全国で掲示された青春18きっぷの広告ポスターに、驫木駅と目の前の日本海の写真が採用されている。

至近の驫木集落までは1kmほどあり、駅周辺に民家はほとんどない。

驫木駅は1934（昭和9）年の開業。当時は駅員がいたが早期に無人化されている（期日は不詳）。

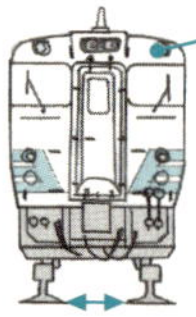

長らく五能線の主力車両として運用されてきたキハ40。現在の塗色は白に青帯で、「五能線カラー」と呼ばれている。このうち青は五能線から見える日本海を、白は白神山地をイメージしている。

軌間：1067mm

data

運行区間：東能代〜川部
開業：1908（明治41）年10月15日
動力：ディーゼルエンジン（全線非電化）
路線総延長：147.2km

青森 秋田

車窓を彩るりんご園と日本海のパノラマ

JR東日本五能線

奥羽本線から分かれ、日本海沿いを北東へ進む。秋田県の東能代と青森県の川部を結ぶ五能線は、風光明媚な車窓が魅力のローカル線だ。

特に東能代《ひがしのしろ》〜鰺ヶ沢《あじがさわ》に展開する日本海の眺めは素晴しく、天気や時間帯によっては、沈みゆく夕陽のようすを車窓から見ることができる。また、四季折々に異なる表情を見せる五所川原〜川部のりんご園の魅力も捨てがたい。

大きな窓からこうした美しい沿線風景を堪能できる観光列車「リゾートしらかみ」もよいが、国鉄色※1の車両が走ることもある鈍行列車の旅もおすすめだ。

※1：国鉄時代から継続して利用されている色をさす。五能線では「朱5号」とよばれるオレンジ色の車両が運用される。※2：部材で構成した「三角形」により構成する構造形式。

南北からスタートした秋田〜青森の海回り線

北側は川部〜五所川原、南側は能代（現在の東能代）〜能代町（現在の能代）の開業（当時は能代線）から始まった。その後、順次路線延長し、南北の路線が結ばれたのは1936（昭和11）年。この時から路線名「五能線」が使われるようになった。

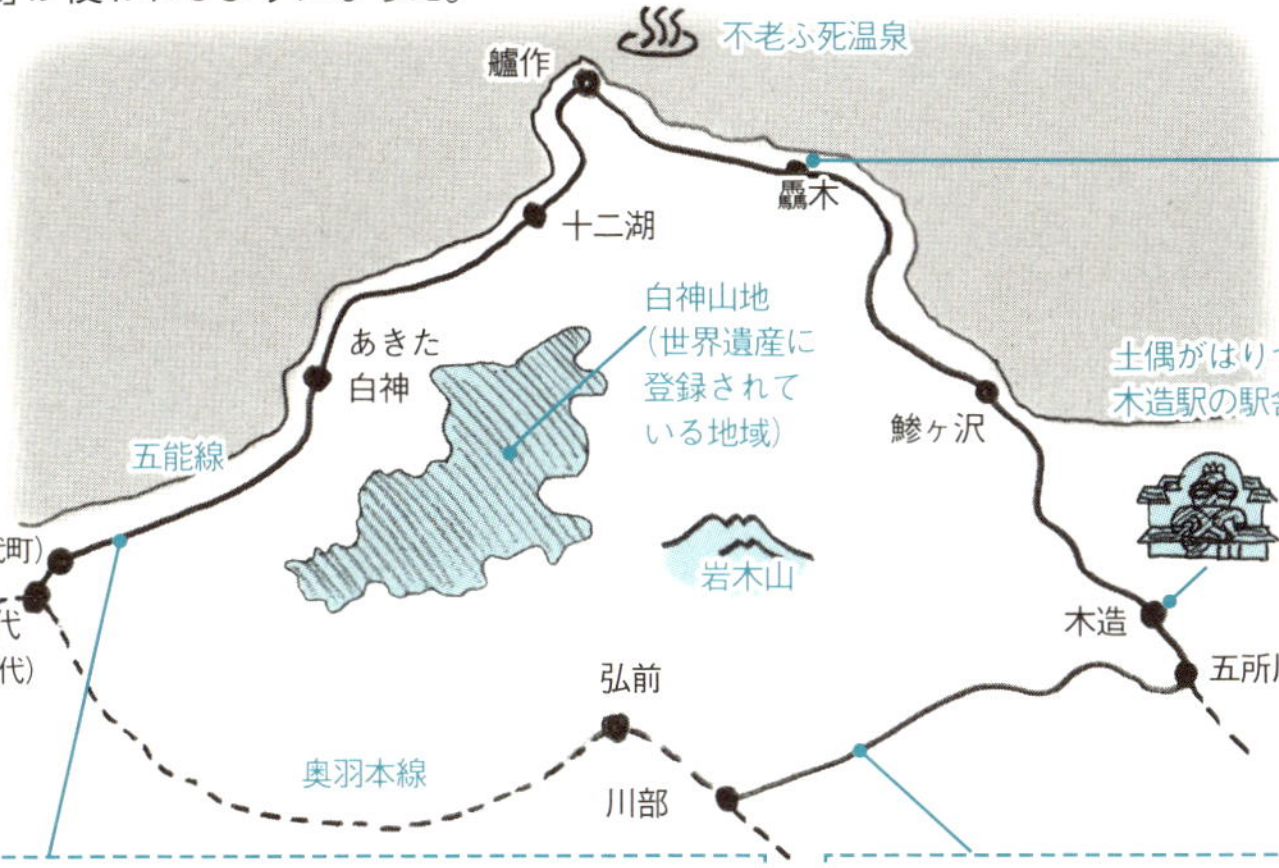

東北5位の大河・米代川を渡る

米代川は東北でも5番目※3の長さを誇る一級河川。

能代〜向能代の米代川にかかるトラス構造※2の米代川橋梁。

りんご「ふじ」の原点

りんごの銘柄として全国的に有名な「ふじ」は五能線沿線の藤崎町で1962（昭和37）年に生まれた。

優等列車「しらかみ」は3種ある

運用車両はHB-E300系の「青池」、「橅」（ブナ）、キハ40系気動車の改造車両の「くまげら」と3種類（いずれも全車指定席）。

キハ48形 リゾートしらかみ「くまげら」

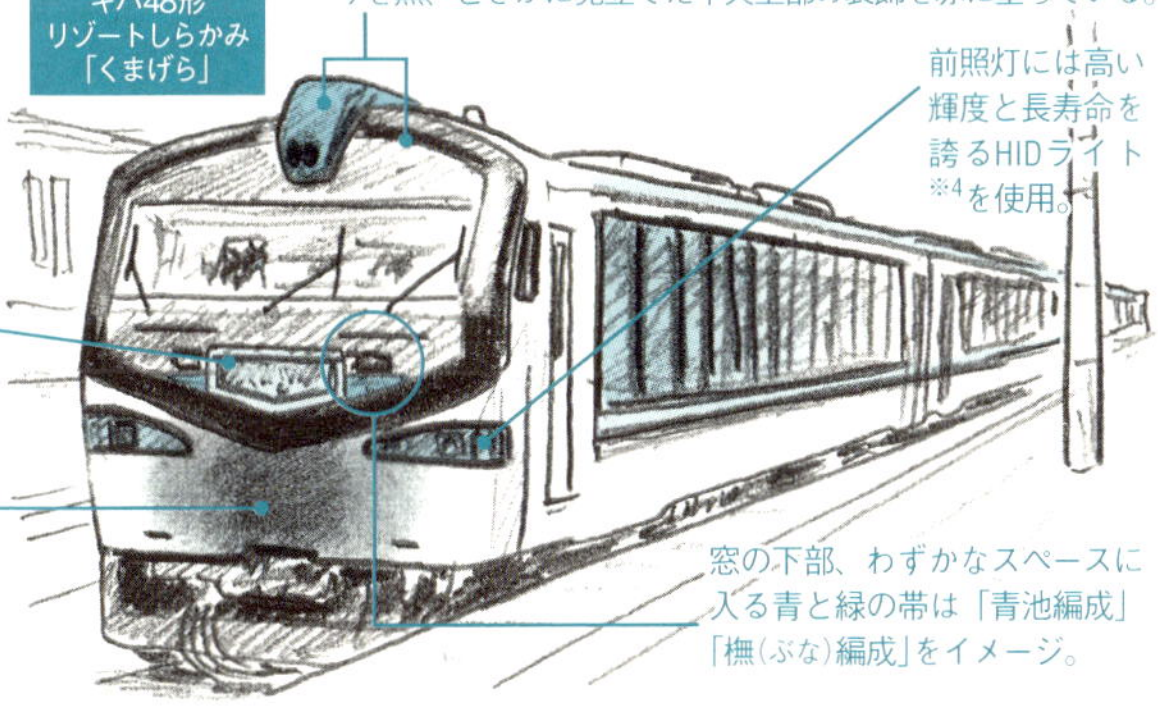

車両前面は車号の「くまげら」の体色をイメージし、窓の周りを黒、とさかに見立てた中央上部の装飾を赤に塗っている。

前照灯には高い輝度と長寿命を誇るHIDライト※4を使用。

車号の表示灯は他の仕様車（青池、橅〔ぶな〕）と同じく「リゾートしらかみ」と表示される。

日本海に沈む夕陽をイメージした赤と黄色のグラデーションが美しい。

窓の下部、わずかなスペースに入る青と緑の帯は「青池編成」「橅（ぶな）編成」をイメージ。

※3：第1位は北上川（岩手、宮城）、第2位は阿武隈川（福島、宮城）、第3位は最上川（山形）、第4位は馬淵川（岩手、青森）。※4：繊維状の「フィラメント」がなく、白熱電球よりも寿命が長く、電力効率に優れている。

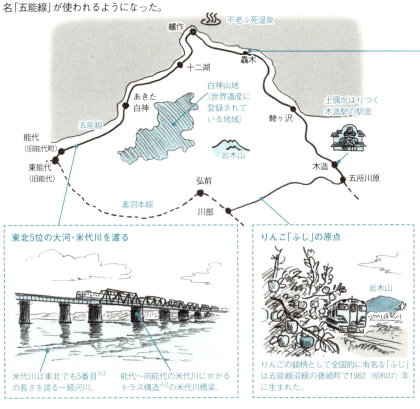

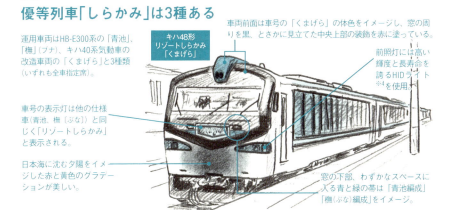

富山の美しい自然を示す愛称「べるもんた」

「ベル・モンターニュ・エ・メール」はフランス語で「美しい山と海」の意味。これは同列車が走る城端線と氷見線沿線の自然をイメージしたもので、正面のマークにも海と山が描かれている。

車内は沿線の伝統工芸品をイメージしたつり革など、独特な和風の造りになっている。

車体中央にはメタリックゴールドの帯が大小2本入り、高級感がある。

ベースの色はダークグリーン。

前面下のスカート※1も帯と同じメタリックゴールドに塗られている。

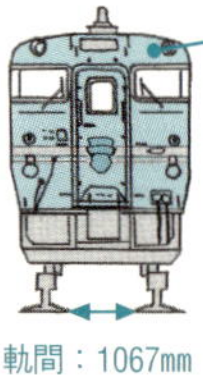

ベル・モンターニュ・エ・メールは、2015（平成27）年10月10日より運用開始した観光列車。車体の色もモスグリーンにメタリックゴールドの帯と、優等列車らしい特別仕様となっている。なお、城端線での運行は日曜日のみ。

data

運行区間：高岡～城端
開業：1897（明治30）年5月4日
動力：ディーゼルエンジン（全線非電化）
路線総延長：29.9km

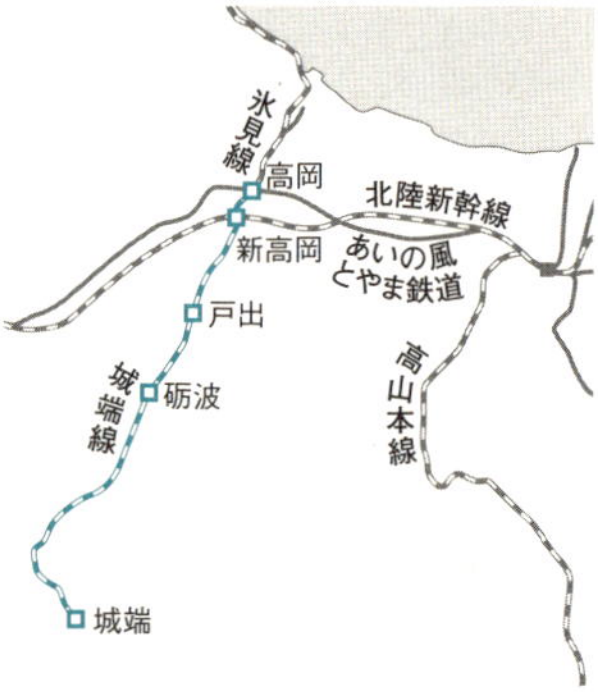

富山

JR西日本 城端《じょうはな》線

明治期の駅舎が残る富山県内初の鉄道線

広大な耕地に、ポツポツと集落が散らばる「散居村《さんきょそん》」。のどかな風景で知られる砺波《となみ》平野に全長約30㎞の路線をもつ城端線は、富山県で最初に開業した鉄道路線である。

その開業は1897（明治30）年。沿線にはそれから変わらずに残る駅舎をもつ駅が数多くある。なかでも戸出《といで》駅は富山県近代歴史遺産にも指定されている。

2015（平成27）年からは、窓枠を額縁に見立てた観光列車「ベル・モンターニュ・エ・メール（愛称：べるもんた）」の運行も開始。沿線に広がる山の風景は、まるで絵画のような美しさがある。

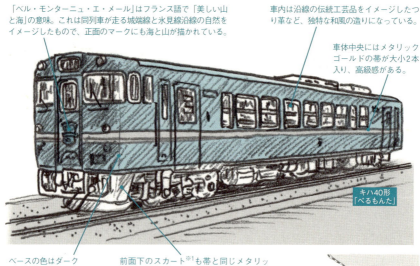

100年以上前の木造駅舎が現役

戸出・福野・城端の3駅は開業以来、100年以上にわたり使われてきた木造駅舎をもつ。

戸出駅

木造駅舎は1897（明治30）年5月の開業以来のもの（施工は平松達次郎）。

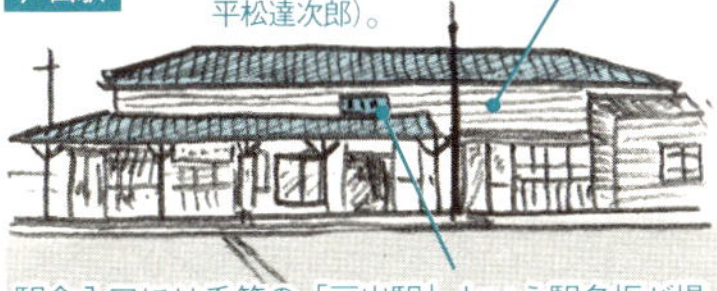

駅舎入口には毛筆の「戸出駅」という駅名板が掲げられている。

戸出駅と同じく黒の瓦葺き。駅舎の壁も同様にターコイズ色に塗られている。

城端駅

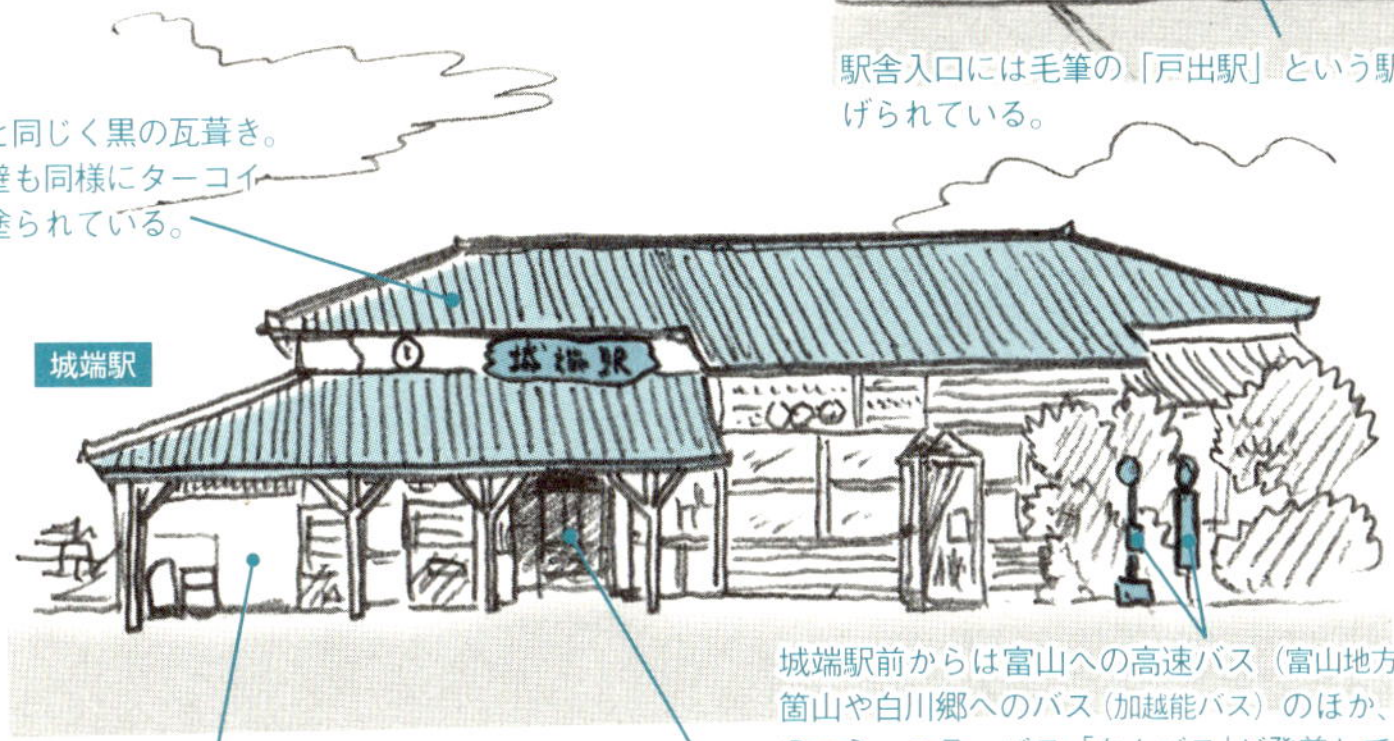

城端駅前からは富山への高速バス（富山地方鉄道）、五箇山や白川郷へのバス（加越能バス）のほか、南砺市営のコミュニティバス「なんバス」が発着している。

観光客も参加の盛大な祭りがある

城端むぎや祭は、毎年9月2週目の土日に民謡と踊りで城端の街を巡回。夜半まで行われる。

最終日には城端駅付近の栄町の踊り手が、観光客を送り出すのが慣例となっている。

竣工時期や用途を証明する「建物財産標」

「鉄」は鉄道に付随する施設を意味する。国鉄バスの施設の場合には「自(自動車)」となる。

施設の種類で03は「駅舎本屋」。ほかに待合室は「05」など。2001は製造番号。

「アルファベット」は駅のランクで、「A～C」がある。Aは駅員配置の上級駅を示す。

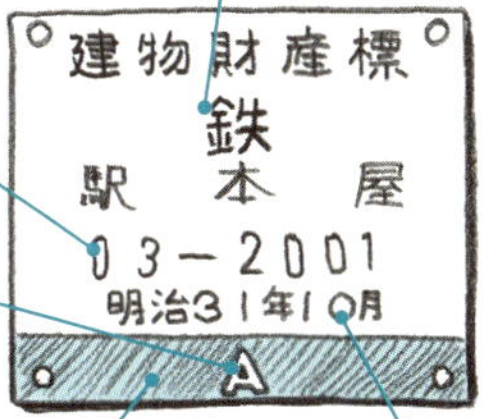

財産表の下部が赤く塗られているのは、旅客上屋を意味する※2。

この日付は駅舎の竣工を示す。1898（明治31）年10月は戸出駅より1年遅れ。

新幹線開通で生まれた新駅・新高岡駅

駅舎は開業にさきがけ、2014(平成26)年8月に完成した。

城端線と北陸新幹線のレールは直角に交わっている。

城端線の新高岡駅は1面1線のホームがあるだけの簡素な造り。

※1：衝突の際に、障害物などを車輪に巻き込まないための金属板。排障器とも。※2：建物財産標の下部が「赤」は旅客上屋のほか便所、待合所など、「青」は危険品収納庫、「黄」は倉庫、「無地(白)」は職員宿舎を示す。

元井の頭・7000形と昭和初期のED50（岳南富士岡駅）

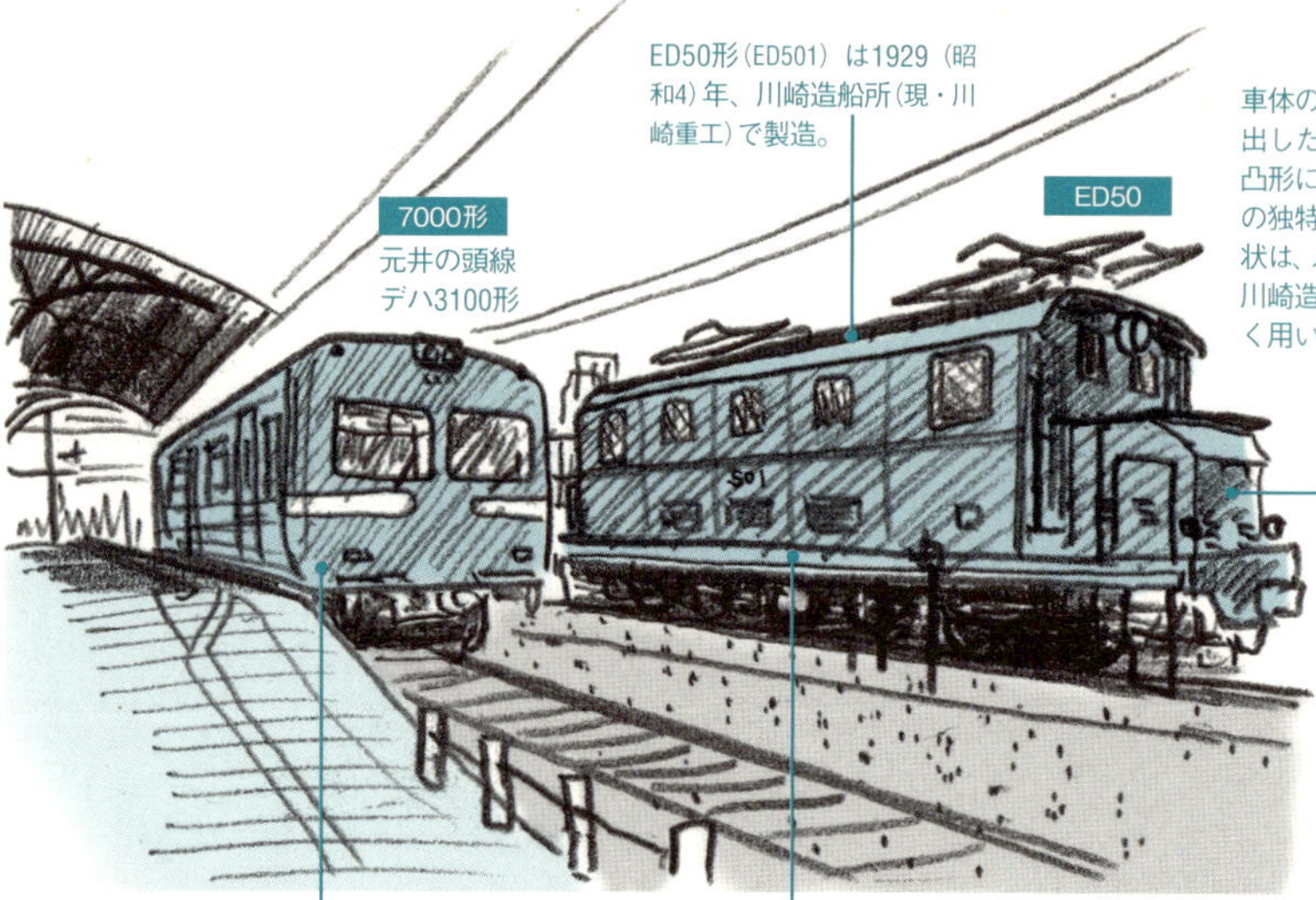
ED50形（ED501）は1929（昭和4）年、川崎造船所（現・川崎重工）で製造。
車体の前に飛び出した機械室。凸形に近い箱形の独特な車体形状は、メーカーの川崎造船所がよく用いたもの。
7000形
元井の頭線
デハ3100形
ED50
501
東京の京王井の頭線で運用された3000系の中間車・デハ3100形を改造した7000形。
2015（平成27）年3月に廃車となってからは、岳南富士岡駅構内に留置されている。

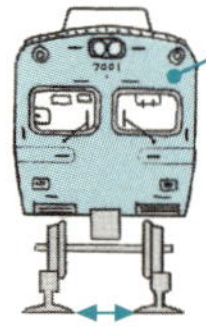
7001
軌間：1067mm

7000形はオレンジに白とされてきたが、2016（平成28）年3月20日から7001のみ京王時代を思わせるブルーグリーンに変更された。また2両編成で運用される8000形はライトグリーンとなっている。

data

運行区間：吉原～岳南江尾
開業：1949（昭和24）年11月18日
動力：直流1,500V
路線総延長：9.2km

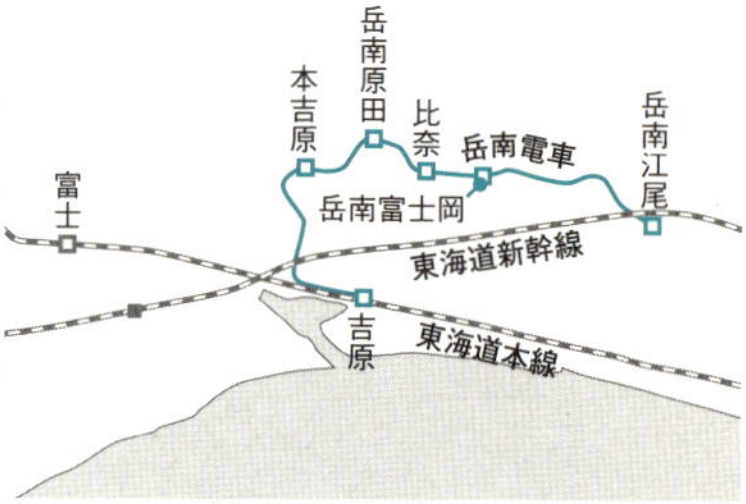
岳南原田
本吉原
比奈
岳南電車
岳南江尾
富士
岳南富士岡
東海道新幹線
吉原
東海道本線

静岡

夜の工場群に美しく映える 京王からの移籍車両

岳南《がくなん》電車 岳南線

2014（平成26）年、鉄道路線として初めて日本夜景遺産に認定された静岡の岳南電車は1949（昭和24）年開業の戦後生まれの鉄道路線だ。

開業から長らく、富士市内の製紙工場で作られた製品などの貨物輸送が主な収益源だった。しかし、2012（平成24）年に貨物輸送を廃止すると鉄道事業を分社化、現在の社名へと改称した。

日中は単行の7000形、朝夕のラッシュ時には2両編成の8000形で運行する。なお月1～2回、8000形の後方車両を消灯し、沿線の夜景を楽しむイベントが実施されている。

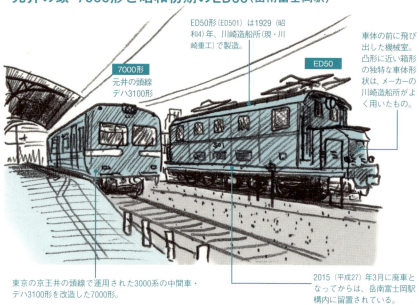

12

工場の中を縫うように敷かれたレール･岳南原田駅

岳南電車の沿線にはパルプ工場、自動車部品工場などが建ち並び、昭和50年代までは貨物の運輸収入が旅客輸送の収入を大きく上回っていた。しかし、2012（平成24）年に貨物輸送が廃止され、現在は旅客輸送のみとなっている。

岳南電車の主な貨物輸送品目は、付近にあるパルプ工場で使われる材料や、工場で製造された紙製品だった。

工場からトラックで運ばれた荷物はここでコンテナに積まれ、起点の吉原を経由してJRに乗り入れていた。

岳南原田駅付近にあったコンテナ2両分の小さな貨物用ホームは、現在も残る。

貨物専用線の方が多かった岳南原田駅構内

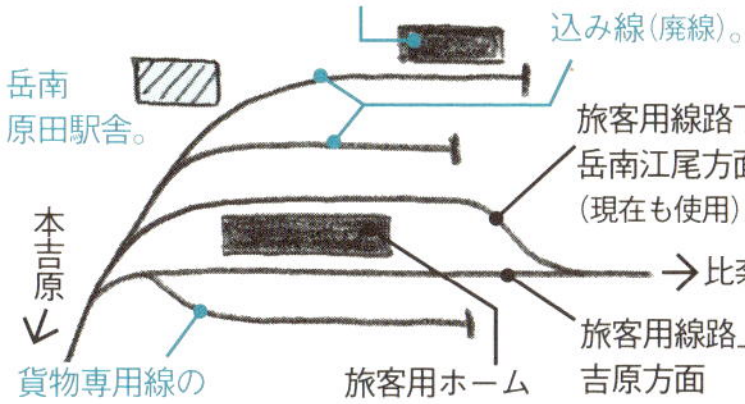
貨物積込みホーム（現在は不使用）。
貨物専用線の引き込み線（廃線）。
岳南原田駅舎。
旅客用線路下り岳南江尾方面（現在も使用）。
本吉原
→比奈
旅客用線路上り吉原方面（現在も使用）。
貨物専用線の引き込み線（廃線）。
旅客用ホーム（現在も使用）。

貨物取扱い当時の面影を残す岳南富士岡駅の駅舎

2013（平成25）年4月、鉄道線の運営部門を分社化し、社名が岳南電車となった。

小児断片と綴じ穴（15頁参照）。

28-2-28
(岳南電車)
岳南富士岡から
(吉　原)→
490円
小児240円
東海会社線
190円区間
発売当日限り有効
下車前途無効
小児　90円
東海吉 190
小0

東海会社線はJR東海を示す。

きっぷの地紋は富士山

きっぷの地紋※はオリジナルで、富士山をモチーフにしている。

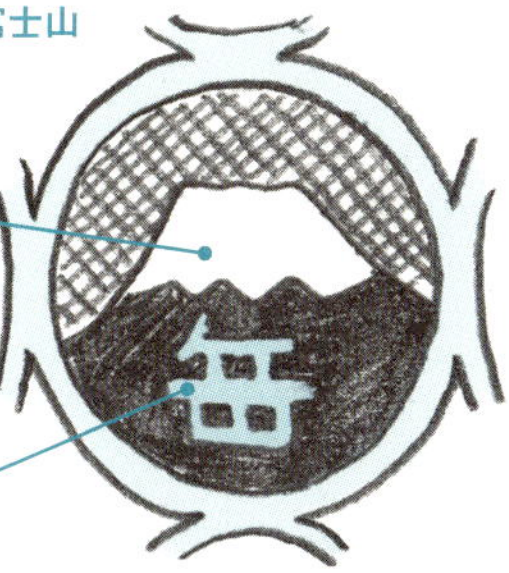

岳南鉄道の社紋にも使われている、岳南電車の頭文字「岳」をあしらったロゴ。

1974（昭和49）年10月、「旅客及び荷物営業規則」が「旅客営業規則」に改訂され、大貨物・小荷物という呼称はなくなった。窓口横にかけられた看板はそれ以前の古いものだ。

平日朝だけ有人駅の岳南富士岡

出札口の上には各駅から見える富士山の写真が掲示されている。

岳南富士岡は平日6:50～9:10のみ駅員が配置される。

手小荷物を送る際の窓口が残る。昭和50年代前半までは年間200万円を越す手小荷物の運輸収入があった。

大貨物扱所

※：乗車券表面の下地に印刷された模様。

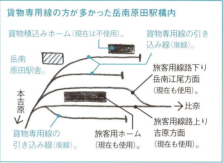

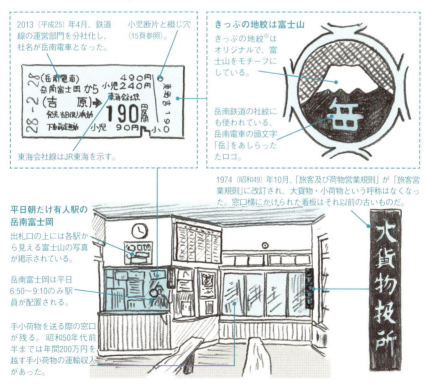

レトロな木の渋い色で構成されたデハニ52の車内

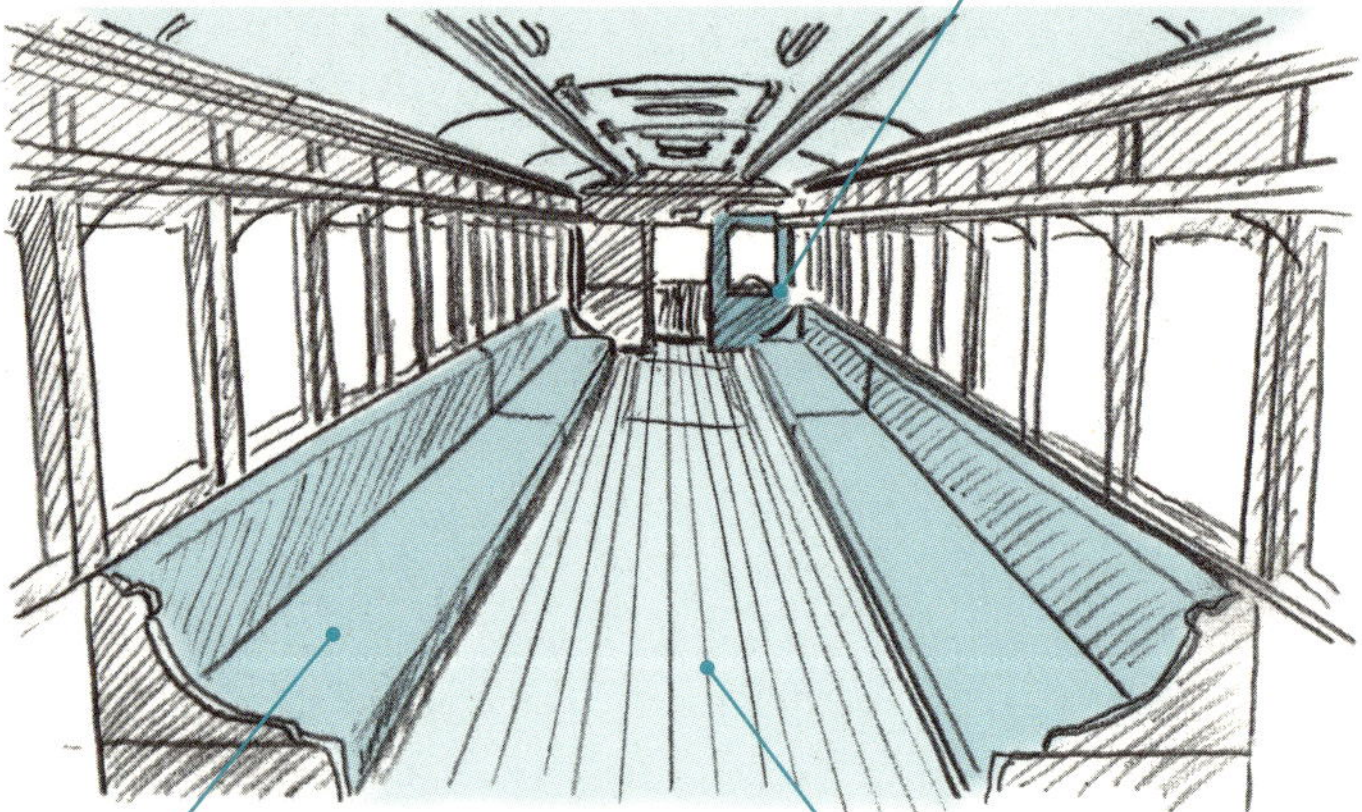
車両の型式番号のデハニの「ニ」は荷物室を示している。定期運用されていた頃、荷物室は運転席の右後ろに設けられていた。
シートは赤のモケットが使われている。営業運用されていた頃にはセミクロスシートだったが、映画のロケに使われるにあたり、ロングシートへ改装された。
油を引いた板張りの床の車内

軌間：1067㎜

1000系は東急1000系の中間車を先頭車改造して誕生。はがきによるデザイン投票を受付け、デハニ50と同じオレンジに白帯となった。なお、車体は塗装ではなく、変更・復元のしやすいラッピング※1とされている。

data

運行区間：電鉄出雲市〜松江しんじ湖温泉（北松江線）、川跡〜出雲大社前（大社線）
開業：1914（大正3）年4月29日　動力：直流1，500V　路線総延長：42.2km

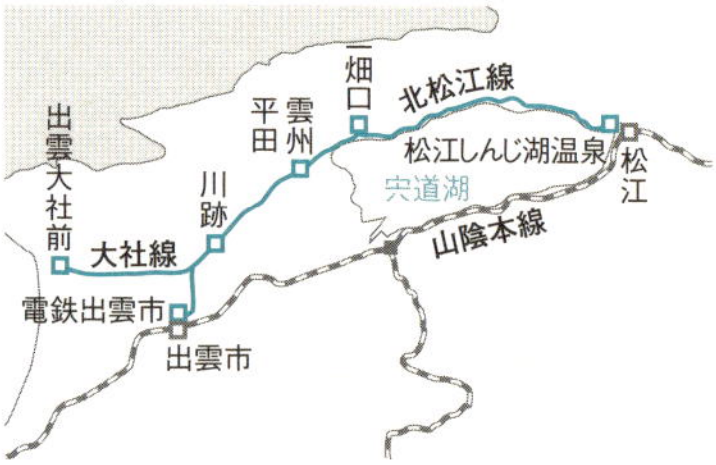
出雲大社前
大社線
電鉄出雲市
出雲市
川跡
平田
雲州
一畑口
北松江線
松江しんじ湖温泉
松江
宍道湖
山陰本線

島根

出雲参詣から一畑参詣へ 100年以上続く人気ご当地線

一畑《いちばた》電車 北松江線・大社《たいしゃ》線

当初の計画では出雲大社へ向かう参詣客輸送を目的とする路線だった。ところが、国鉄大社線の敷設計画が持ち上がり、一畑寺（通称一畑薬師）の参詣客輸送へと方向転換。1914（大正3）年に、一畑軽便鉄道として運行開始した。

その後、松江への延伸や大社線の開業を果たし、戦後は地域に散らばる小さな路線を買収、一畑百貨店を開店するなど、経営多角化を図るが、モータリゼーションとともに勢いはやや衰えた。

元東急や元京王の車両のほか、国内最古級のデハニ50形など、移籍車、生え抜きともどもファンを楽しませている。

13

映画にも出た！ 手動扉の古い電車・デハニ52

出雲大社前駅構内に、1928年に製造されたデハニ52が留置されている。1996（平成8）年9月まで定期運用され、晩年はお座敷列車として団体客専用となっていた。2009（平成21）年8月、映画『RAILWAYS 49歳で電車の運転士になった男の物語』に使われ、話題となった。

乗降口の扉は手動式となっており、安全基準を満たすことができなかったことから、2009（平成21）年3月に営業運転を終了している。

単行での運用が基本のため、車両の両端に貫通扉は設置されていない。

車体側面、乗降口の横に、自重33.6トン、荷重1.0トンと車両の仕様が記されている。なおデハニの「デ」は電動車、ハはイロハの「ハ」で3等車、「ニ」は荷物室を備えた車両であることを示す。車体の色はオレンジに白帯。

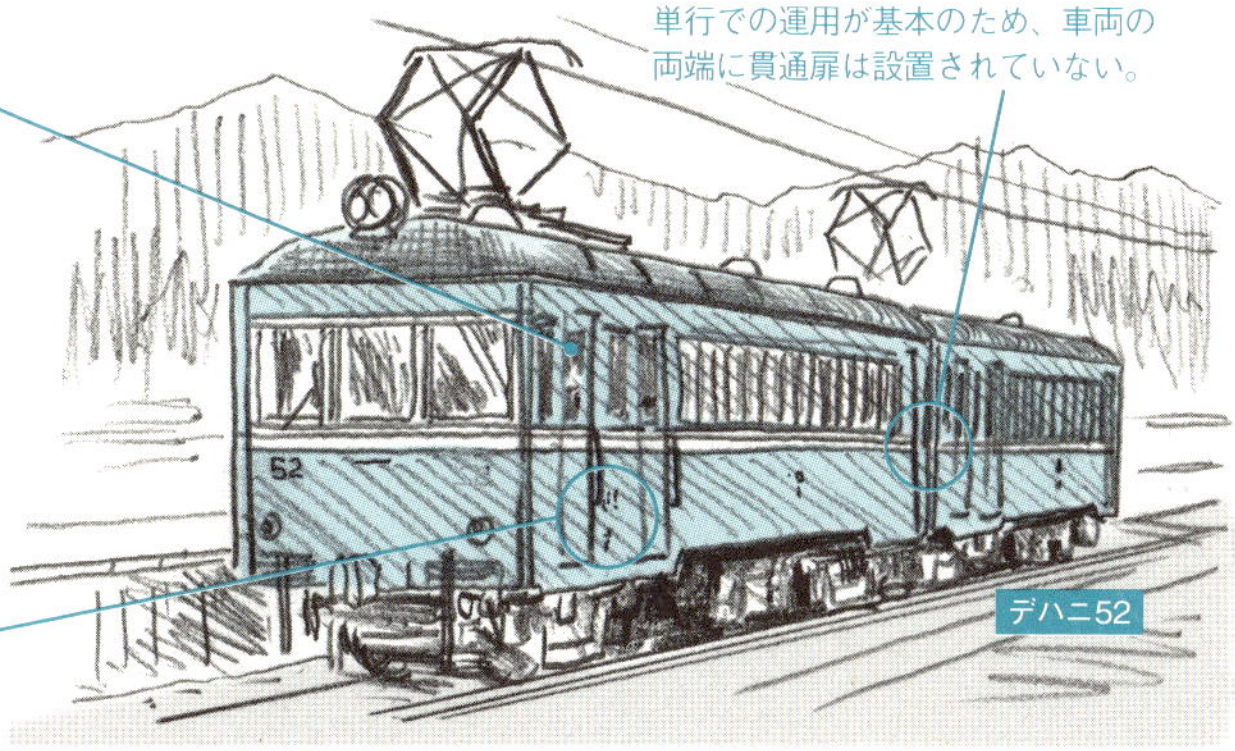

デハニ52

出雲大社の最寄り駅は西洋建築

出雲大社前の駅舎は、かまぼこ形のヴォールト天井※2やステンドグラスなど、随所に凝った意匠が見られる。

駅舎正面の窓には色のついたガラスが使われている。

駅舎の右手にはかつて、多客時に使われた臨時改札があったが、2012（平成24）年9月の改装でカフェとなった。

待合室への入口は正面左右に2つ。

週末に体験運転ができる雲州平田駅

金～日曜日にかけ、雲州平田駅構内150mの区間で体験運転※3ができる。

電動機を制御するマスターコントローラー。

ブレーキ弁。走行時はレバーが左に向いた状態で、減速の際はレバーを手前側にする。

正面には定時運行のための懐中時計（鉄道時計）を収納するケースがある。

出札口の上部は、かつては観光案内地図が描かれていた。現在はポスターなどが掲示されている。

半円形の左右と正面、3カ所に窓口がある。

出札口は幾何学模様

出札口には幾何学模様の装飾が施されている。

※1：イラストや写真等を印刷したフィルムを車体に貼付ける方式。※2：中世ヨーロッパの建築に多い様式で、アーチを組み合わせたドーム天井が特徴。※3：体験運転当日は車両構造などについて講習を受けたのち、体験運転ができる。料金は￥12000～￥13000（1～2日間）で、2カ月前から予約を受け付けている。なお、体験運転に使われるのはデハニ53。

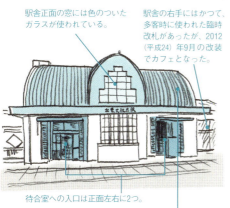

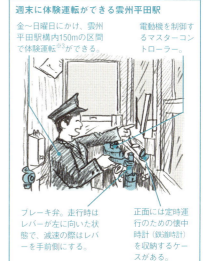

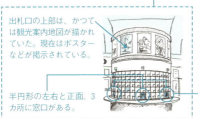

旅客輸送の終点も工場の真ん中・三菱自工前駅

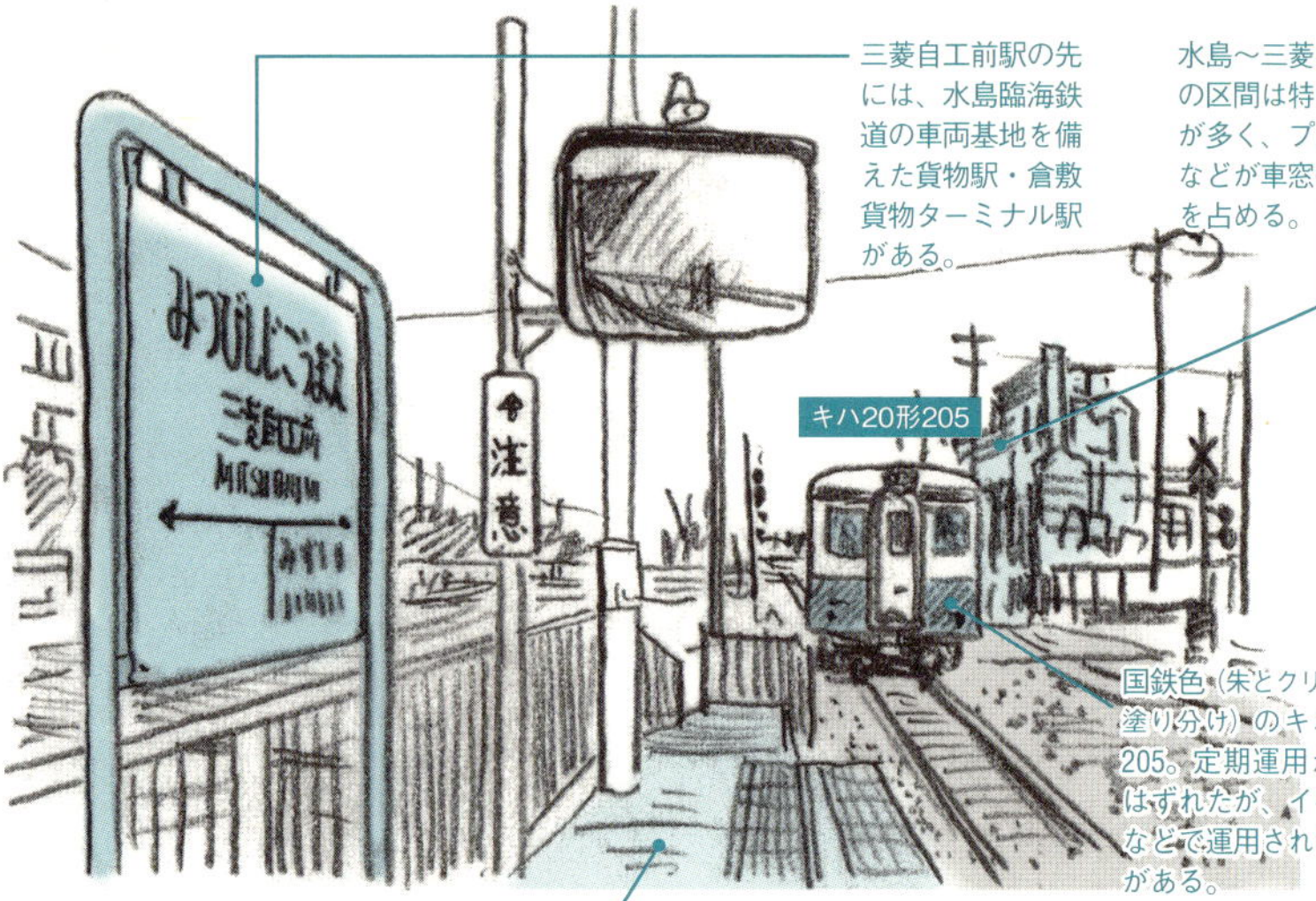
三菱自工前駅の先には、水島臨海鉄道の車両基地を備えた貨物駅・倉敷貨物ターミナル駅がある。
水島～三菱自工前の区間は特に工場が多く、プラントなどが車窓の多くを占める。
注意
キハ20形205
国鉄色（朱とクリームの塗り分け）のキハ20形205。定期運用からははずれたが、イベントなどで運用されることがある。

旅客営業区間の終点・三菱自工前駅。利用客の多くは、駅名の元ともなっている三菱自動車工業水島製作所に勤める人たちだ。

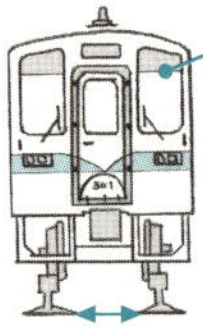

MRT300はキハ20形の代替車として導入した自社発注車。301、302がクリームにブルーの帯（側面は濃淡2色）、303～306はブルーで側面にひまわりのラッピングがされ「ひまわり号」の愛称が付けられた。

軌間：1067㎜

data

運行区間：倉敷市～倉敷貨物ターミナル
開業：1943（昭和18）年6月30日
動力：ディーゼルエンジン（全線非電化）
路線総延長：11.2km

山陽新幹線
倉敷
倉敷市
山陽本線
水島臨海鉄道
宇野線
三菱自工前
水島

岡山

旅客より貨物で潤う一大工業地帯の主要線

水島臨海鉄道 水島本線

むき出しのパイプラインが並ぶ水島臨海工業地帯をゆく水島臨海鉄道。主な輸送は貨物だが、沿線の工場に勤める従業員の通勤の足としても重要だ。

戦時下の1943（昭和18）年、三菱重工水島航空機製作所により開業。戦後は倉敷市が運営する公営交通となり、1970（昭和45）年からは第三セクター鉄道として運営されている。

途中駅・水島まではおおむね1時間に2～3往復で、自社発注のMRT300形が1両ワンマンで運行。また、ラッシュ時にはJR久留里線※1で走ったキハ37などが投入される。

※1：千葉県内のJR路線では唯一の非電化路線で、木更津～上総亀山を結ぶ。※2：2016（平成28）年8月下旬に線路や踏切などの撤去作業が行われている。※3：安全な走行のため、線路のメンテナンスを行うこと。

圧巻の長大編成が見られる! 港湾地帯に広がる貨物専用線

全国でも屈指の港湾地帯・水島にレールを延ばす水島臨海鉄道。工場の構内に引き込み線は延びていないが、貨物への比重は高く、安定した営業係数を保つ。それを示すかのように、同社ではディーゼル機関車＋貨車の長大な編成が運用される機会が少なくない。

水島臨海鉄道の心臓部・倉敷貨物ターミナル

三菱自工前から西へ1kmほどの場所にある。水島機関区には、水島臨海鉄道の車両点検・修理や、塗装の変更などを行う水島工場がある。

水島機関区の構内には、工場内や洗浄台のレールなどを含めると9本もの留置線がある。

水島臨海鉄道旅客線・専用線（貨物線）

倉敷市から南、路線末端部の水島駅周辺には東西に専用線が分岐している。

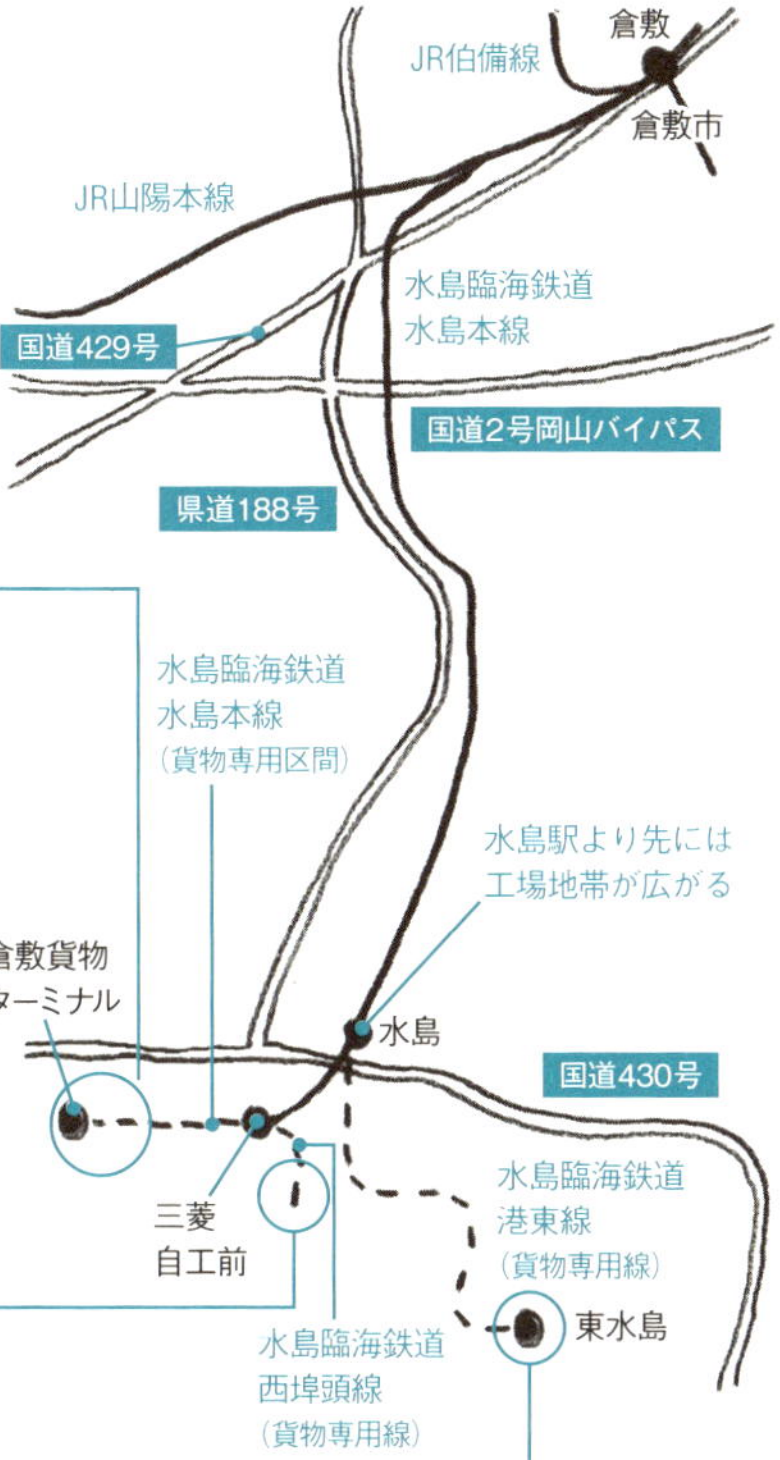
倉敷
JR伯備線
倉敷市
JR山陽本線
水島臨海鉄道
水島本線
国道429号
国道2号岡山バイパス
県道188号
水島臨海鉄道
水島本線
（貨物専用区間）
水島駅より先には
工場地帯が広がる
倉敷貨物
ターミナル
水島
国道430号
三菱
自工前
水島臨海鉄道
港東線
（貨物専用線）
東水島
水島臨海鉄道
西埠頭線
（貨物専用線）

休止線・西埠頭線

貨物専用線の西埠頭線は1997（平成9）年10月以降列車が行き来しておらず、事実上の休止扱いとなっている※2。

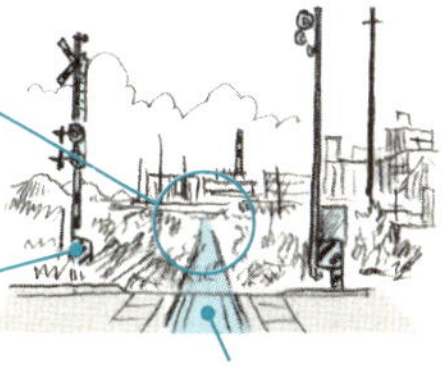

西埠頭駅から周辺の工場内へ線路が延びていたが、現在、レールは撤去されている。

西埠頭駅構内の手前に踏切があるが、遮断機ははずされ、動いていない。

西埠頭駅構内は保線※3がされておらず、草が伸びてしまっている。

コンテナ中心の貨物専用駅・東水島

12フィートコンテナ※4を中心に、車扱貨物※5などを扱う。JR以外の民営会社が所有するコンテナも多い。

かつては東水島からさらに専用鉄道が分岐し、燃料輸送や化学薬品も扱っていたが、いずれも現在は廃止されている。

※4：JR貨物ではほかに20フィート、31フィートのコンテナを保有（換気が可能な通風式や荷崩れ防止装置付など数種類ある）。※5：コンテナでは不可能な化学薬品などの輸送方式で、貨車1両につき1単位の荷物として扱われる。

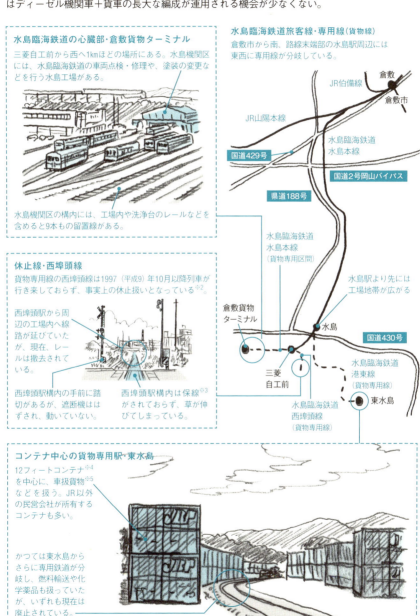

雀田駅舎を挟んだ0番線、1番線の三角ホーム

小野田線で運用されている123系は、荷物車を改造して生まれた。

本山本線の分岐駅雀田

民間にきっぷの発売業務を委託している簡易委託駅で、平日朝5:30〜18:00、土日休日は5:30〜17:00まで窓口が開く。

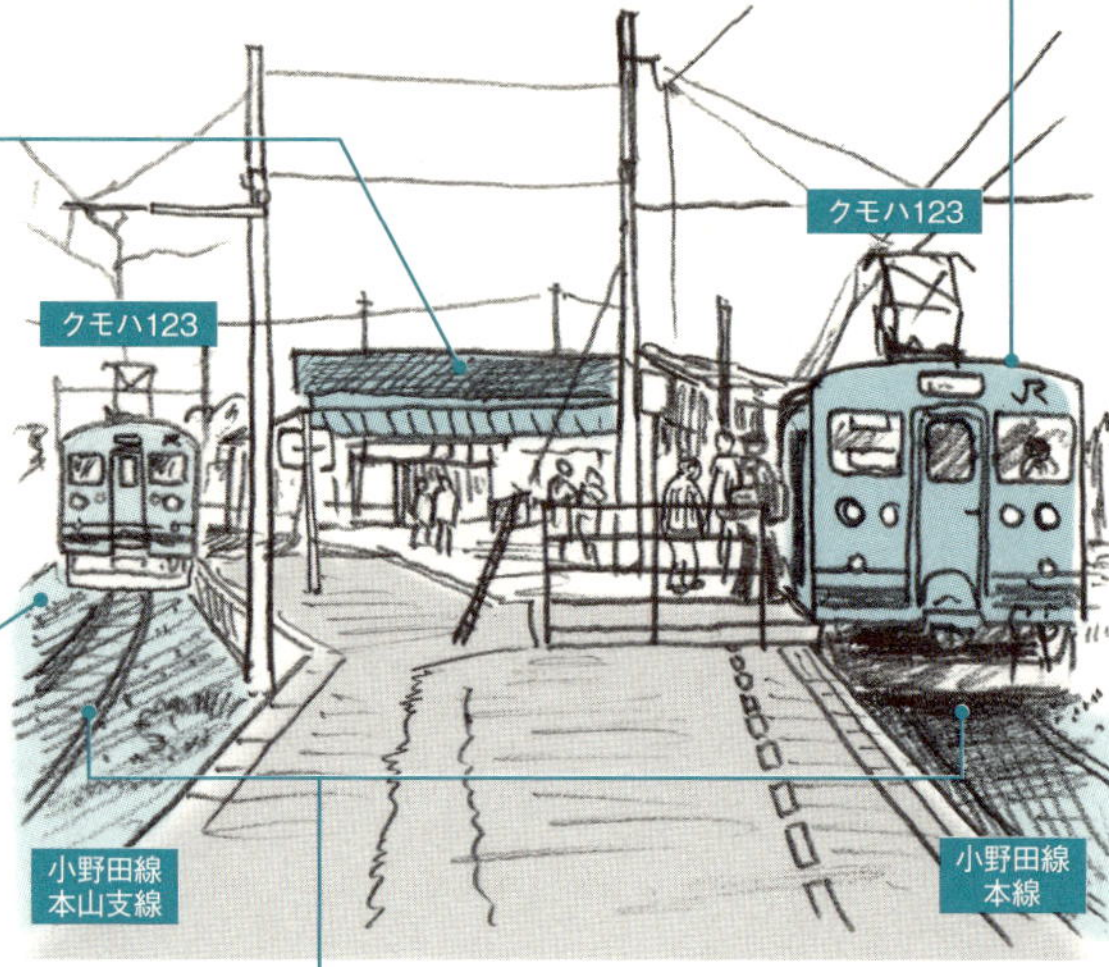

本山支線の0キロポスト[※1]。

向かって左側の0番線が本山支線、右側が1番線で手前方面が小野田方面、奥へ向かうのが宇部新川方面。

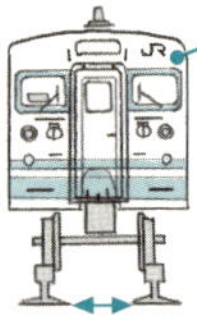

軌間：1067mm

クモハ123は国鉄時代、大阪・吹田工場で荷物車を客車に改造。乗降扉がやや内側に窪んでいるのがその名残だ。車体色はクリームを基調に、下部に太・細2本の青帯。また、前面の運転席窓回りも青く塗られている。

data

運行区間：居能〜小野田（本線）、雀田〜長門本山（本山支線）
開業：1915（大正4）年11月25日
動力：直流1，500V
路線総延長：13.9km

山口

セメント輸送で栄えた変則線形の元産業鉄道

JR西日本 小野田線

小野田線はかつて地元・宇部の石炭と、県中部の美祢《みね》地区で産出する石灰石、さらにこれを使ったセメントの輸送を目的とした産業鉄道として栄えた。

これら、貨物輸送の全盛期には営業係数[※2]もかなり優秀だったが、その貨物営業は昭和20年代後半から段階的に廃止。1986（昭和61）年3月に全廃となってからは旅客営業のみとなっている。

なおかつては、クモハ42形などの「旧型国電[※3]」が運用され、全国の鉄道ファンを集めた。現在はクモハ123形が走るが、こちらも製造から30年が経過、運用路線の限られた貴重な車両だ。

※1：路線のスタート地点として定めた「起点」に立つ標識。路線の途中には、ここからの距離を示した「距離標」が立つ。※2：当該の路線が100円の営業収入を得るために必要な費用の目安。人件費ほかの支出を、旅客・貨物収入などで割ることで算出する。

15 セメント町と小野田線のいまむかし

小野田線はかつて、路線名となっている小野田セメント（現太平洋セメント）と深いつながりをもっていた。工員の通勤で賑わった時代もあったのだが、セメント生産が中止となると利用客は減少。現在では多くの駅が無人駅となっている。

小野田軽便鉄道のセメント町駅として開業（現小野田港駅）。当時は、現在の南小野田駅のある場所にあった。

セメント生産中止にともなう規模縮小や、マイカーの普及などにより利用客は減少。現在は無人駅となっている。

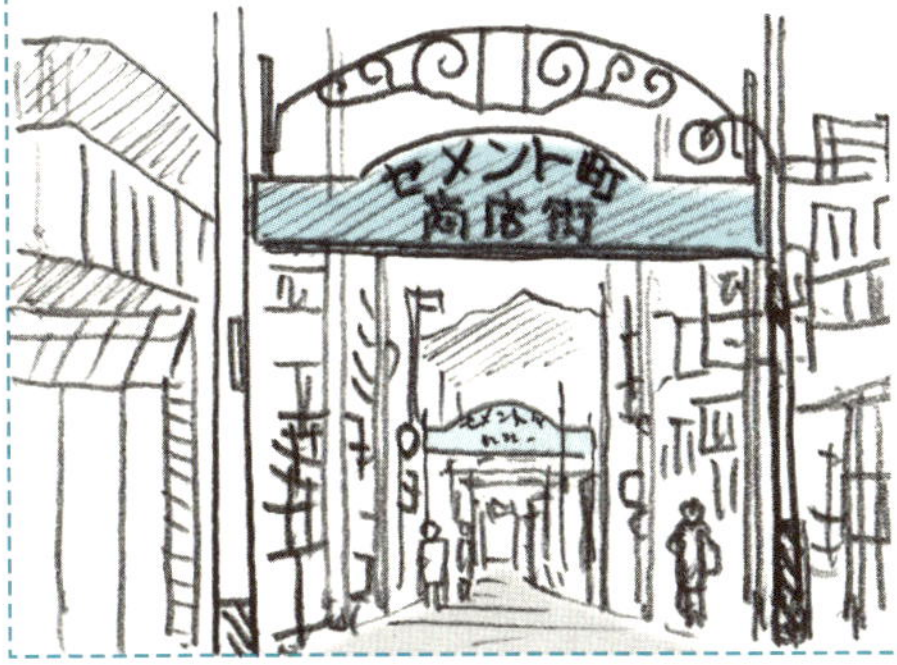

かつては アーチ形看板もあった「セメント町商店街」

南小野田駅の東側にその名も「セメント町商店街」がある。かつてはこのようなアーチ形看板が立ち、大いに賑わった。現在もその面影が商店の看板に残っている。

1881（明治14）年の創業の小野田セメントが「セメント町」の由来。

南中川駅のきっぷは駅前商店で

きっぷをの委託販売先である駅前商店では米やたばこ、食品などが売られている。

きっぷは常備式

駅名の前に記された○ムのマークは無人駅を示している。

「南中川」の駅名はきっぷに印刷されたもので、こうした乗車券は「常備式」と呼ばれる※4。

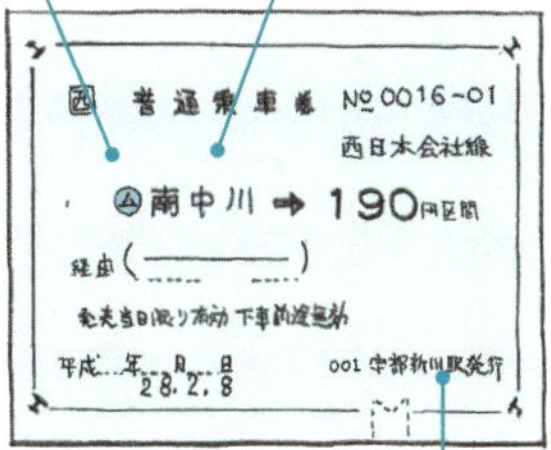

南中川駅の管理駅は宇部新川。

※3：1957（昭和32年）に製造された通勤形電車・101系より前に製造された電車、およびその改造車をさす。※4：駅名や金額などが印刷されておらず、発着駅を駅員が手書きしたり、印を押して発行する乗車券は「補充式」。

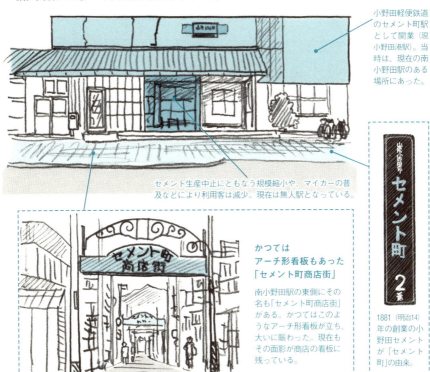

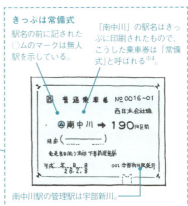

2016（平成28）年12月5日に廃線の留萌〜増毛区間

キハ54の北海道仕様車は特に気象条件の厳しい留萌本線、宗谷本線などで運用される。

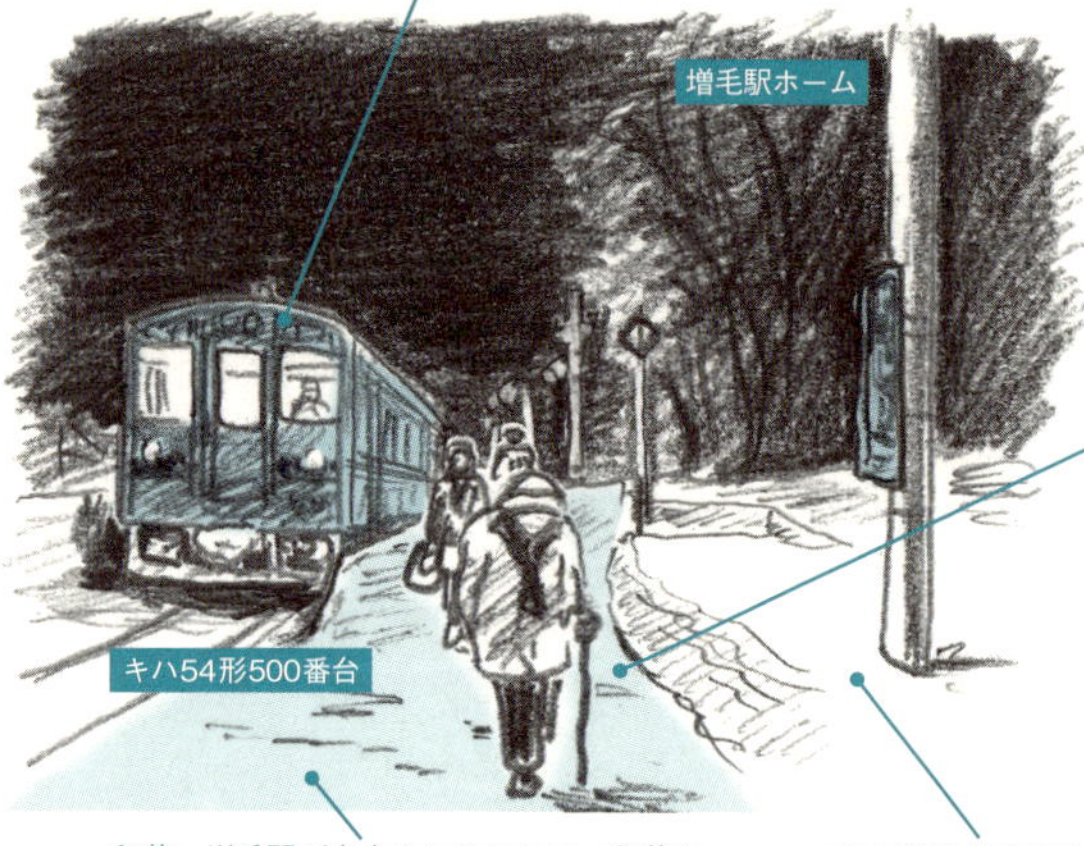

増毛駅の駅前には、映画『駅 STATION』に登場した風待食堂がある。元は多田商店という雑貨店だった建物で、現在は「増毛駅前観光案内所」になっている。

留萌〜増毛間が廃止されることで、留萌本線はJR本線のなかで一番距離の短い本線となる。これまでは、筑豊本線の66.1km。

無人駅の増毛ではホームの除雪は保線区員が行っている。

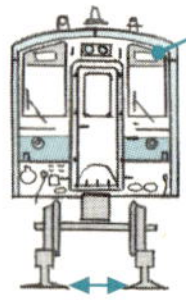

キハ54形500番台は北海道のなかでも酷寒地を走る、宗谷本線や釧網本線、根室本線に留萌本線などで運用されている。ステンレス軽量車体に赤帯を巻き、屋根と正面、側面の接合部には白のFRP材※1が使われている。

軌間：1067mm

data

運行区間：深川〜増毛
開業：1910（明治43）年11月23日
動力：ディーゼルエンジン（全線非電化）
路線総延長：66.8km

北海道

JR本線で一番距離の短い非電化の「本線」ローカル線

JR北海道 留萌本線

留萌本線はかつて、良港として知られた留萌港と、内陸部の主要都市・深川とを結ぶ重要な路線だった。その歴史を振り返ると、まず1910（明治43）年に深川〜留萌が開業、その11年後に増毛まで延伸した。この頃には石炭や木材、海産物などの輸送で大いに賑わった。

また、テレビドラマにちなんだSLの運行や映画ロケでの使用、さらに髪の毛が増えるという増毛駅の「縁起もの」入場券など、数多くの話題を提供した。2016（平成28）年12月に留萌〜増毛間が廃止されるなど、苦しい経営が続いているが、ぜひ訪れてほしい路線だ。

16　明日萌《あしもえ》駅のある恵比島《えびしま》駅は「だるま駅」

明日萌駅としてドラマ「すずらん」に登場した恵比島駅には、貨車（車掌車）を転用した待合室が建っている。こうした貨車転用駅は「足がない」ことから「だるま駅」と呼ばれる。

積雪の多い地方の駅では、煙突が雪により破損しないように竹製の補強が設置される。

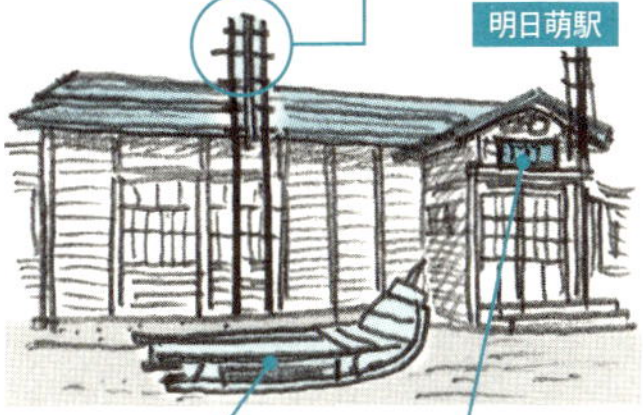

明日萌駅前には馬（ば）そりが置かれている※2。

「明日萌」はアイヌ語のアシリ・モイ（新しい淵の意味）を意味するが、架空の駅名。

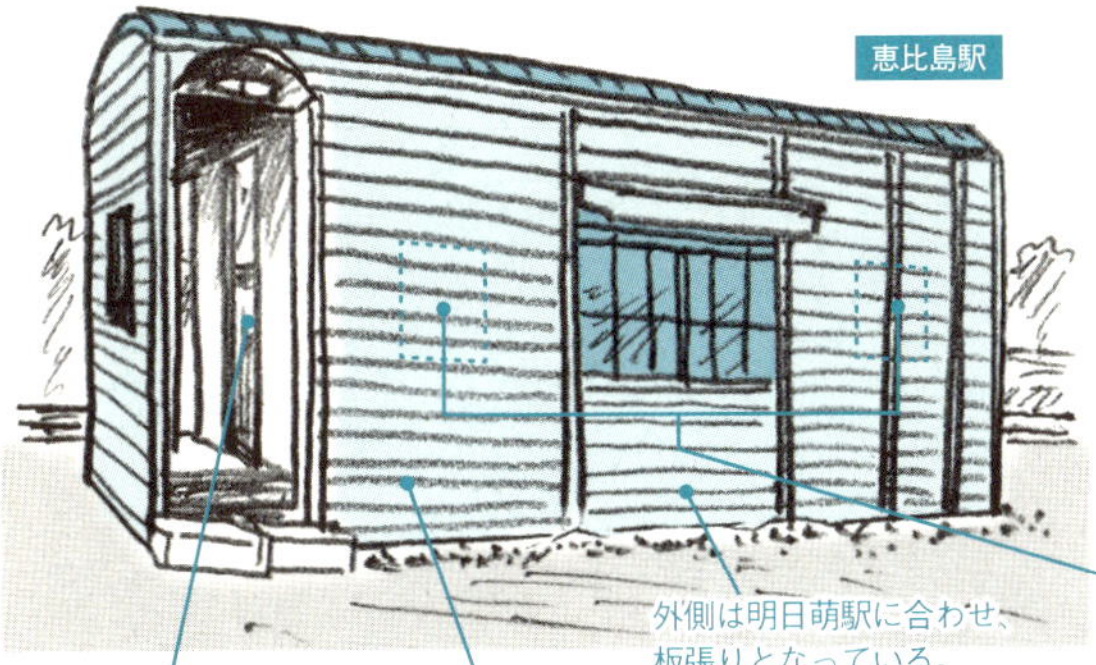

外側は明日萌駅に合わせ、板張りとなっている。

窓は本来4つあるうち中央の2つだけが使われ、東端側の2つはふさがれている。

駅舎への入口。

貨車として走っていた時代

製造会社はゴミ収集車、廃棄物処理機械などを製造する滋賀県守山市の富士車輌。

ヨ3500形は車掌車とよばれる、貨物列車の最後尾に連結される車掌乗務用の車両。

北海道に多かった、住民のための「仮乗降場」

北海道、なかでも留萌本線には全国版の時刻表に掲載されていない「仮（臨時）乗降場」がかつてはたくさんあった。仮乗降場は各地の鉄道管理局※3が独自に設置した駅で、小さな集落の便宜をはかるためのバス停のような停車場だった。1987（昭和62）年4月の民営化とともに仮乗降場の呼称は廃止され、廃駅となったところと駅に昇格したところがある。

木造の待合室は裸電球がぶら下がり、ベンチが置かれているだけの簡素な造り。

北秩父別の「秩父別」の元はアイヌ語の「チックシベツ」で、「通路のある川」を意味している。

仮乗降場だった留萌本線の駅は、どこも板張りの小さなホームとなっている。

留萌本線の元仮乗降場

駅名	開設年月日
☆北秩父別（秩父別～石狩沼田）	昭和31年7月1日
☆真布（石狩沼田～恵比島）	昭和31年7月1日
東幌糠（峠下～幌糠）	昭和38年12月1日
平成18年3月18日廃止	
桜庭（幌糠～藤山）	昭和38年12月1日
平成2年10月1日廃止	
☆阿分（礼受～舎熊）	昭和38年12月1日
信砂（礼受～舎熊）	昭和38年12月1日
1993（平成5年）2月2日、増毛方へ42m移動	
☆朱文別（舎熊～増毛）	昭和38年12月1日
☆箸別（舎熊～増毛）	昭和38年12月1日

※図中の☆の駅は現存。

※1：プラスチックを繊維で補強し、強度を高めた素材。繊維強化プラスチックとも。※2：昭和30年代に自動車が登場するまでは、馬そりは重要な交通手段だった。※3：1987（昭和62）年の国鉄民営化まで北海道から九州までに設置されていた、国鉄の地方支社ともいうべき管理局のこと。

風光明媚な入江の水際をゆくキハ2500形ディーゼルカー

自社発注のディーゼルカー・キハ2500形。平日朝のラッシュ時などを除き、単行での運転が基本だ。

干潮時には違う表情も

気象庁のホームページの「潮位表」で、付近にある口之津の潮位がわかる。

島鉄本社前〜南島原間では、海面のすぐそばをレールが走る。

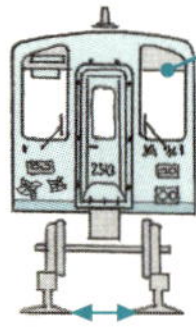

軌間：1067mm

1994（平成6）年登場のオリジナル車両キハ2500・2550は鮮やかな黄色、下部に青の帯と塗色が一新された。側面には「島原の子守歌」をモチーフにしたイラストが描かれ、正面にも風ぐるまが配されている。

data

運行区間：諫早〜島原外港
開業：1911（明治44）年6月20日
動力：ディーゼルエンジン（全線非電化）
路線総延長：43.2km

長崎

有明海の眺望が美しい島原半島を巡る非電化私鉄

島原鉄道線

有明海、橘湾、大村湾という3つの海に囲まれた街・諫早から、島原半島の東海岸に沿ってグルリ。2008（平成20）年に島原外港〜加津佐が廃線となるまで、島原鉄道は私鉄では日本最長クラスの非電化路線だった。現在でも営業キロ43・2キロ、車窓に広がる海を見ながらの旅は「昔ながらのローカル線」の雰囲気でいっぱいだ。

なお現在の運用車両は、キハ2500形および2550形の2系統のみだが、かつて国鉄形気動車キハ20形やキハ4500形など、運用車両の豊富さが特徴だった時代もあった。

17 目の前に広がる有明海の水平線

島原半島の沿岸に沿って走る島原鉄道。いくつかの駅は海際にホームがつくられており、満潮の際にはしぶきを浴びそうな場所である。

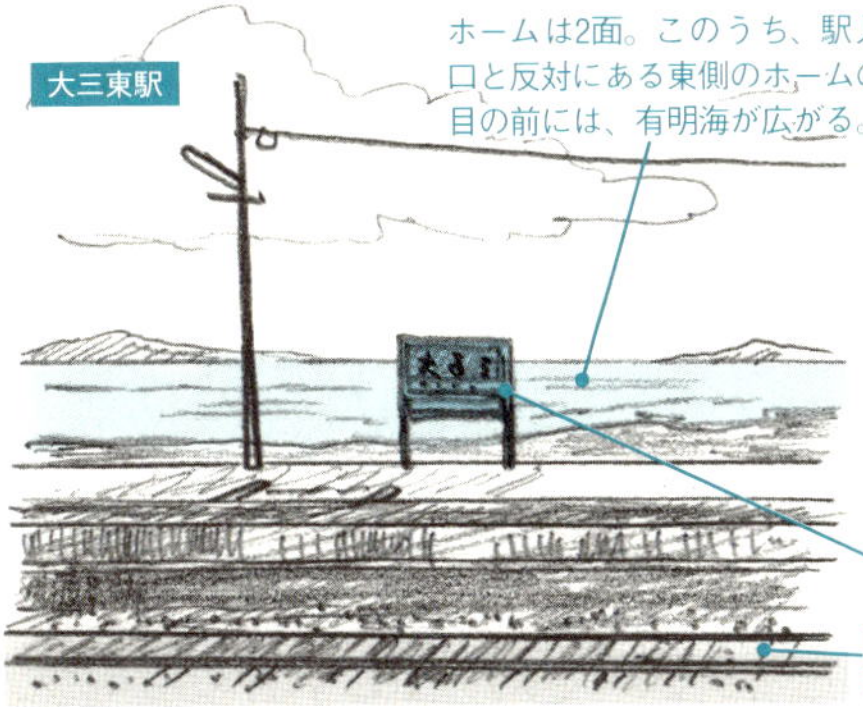
大三東駅
ホームは2面。このうち、駅入口と反対にある東側のホームの目の前には、有明海が広がる。
大三東と書いて「おおみさき」と読ませる難読駅。
1980（昭和55）年2月から無人駅となったが、現在も一部の列車の交換（単線区間での列車同士の行き違い）が行われる。

古部駅
海を背にして待合室が建つ。

古部駅。ホームは島式の1面2線で、1968（昭和43）年3月までは駅員が配置されていた。

廃線となった「南目線《なんもくせん》※」

島原鉄道はかつて78.5kmという長大な非電化路線だったが、2008（平成20）年4月に島原外港〜加津佐間が廃線となり、43.2kmに短縮した。半島の北、諫早〜南島原は北目線、南島原〜加津佐は南目線と呼ばれていた。

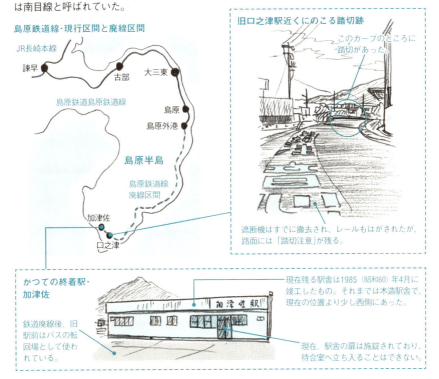

島原鉄道線・現行区間と廃線区間

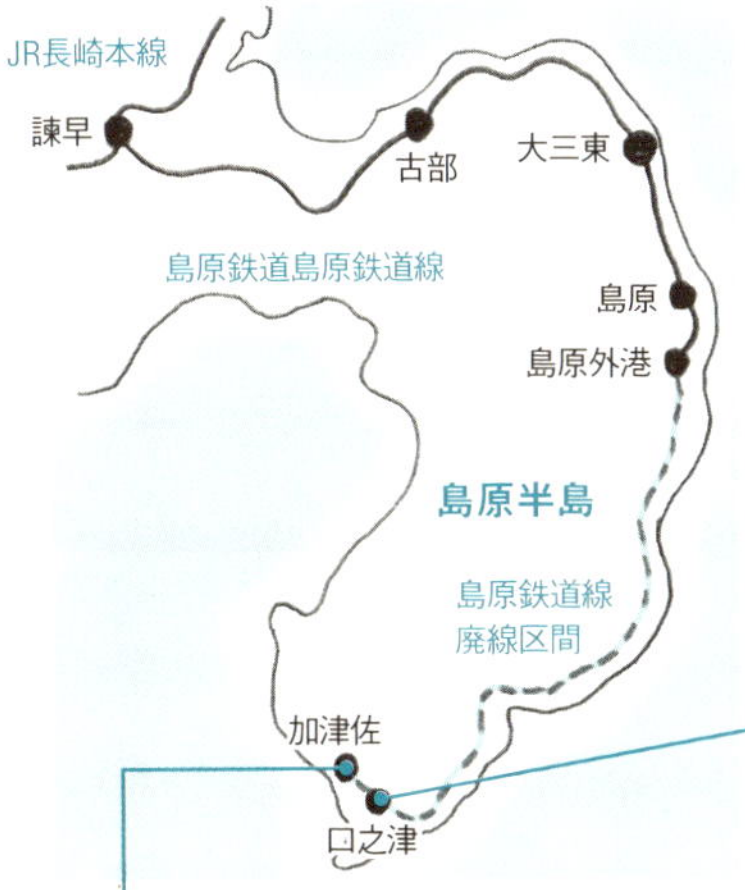
JR長崎本線
諫早
古部
大三東
島原鉄道島原鉄道線
島原
島原外港
島原半島
島原鉄道線
廃線区間
加津佐
口之津

旧口之津駅近くにのこる踏切跡

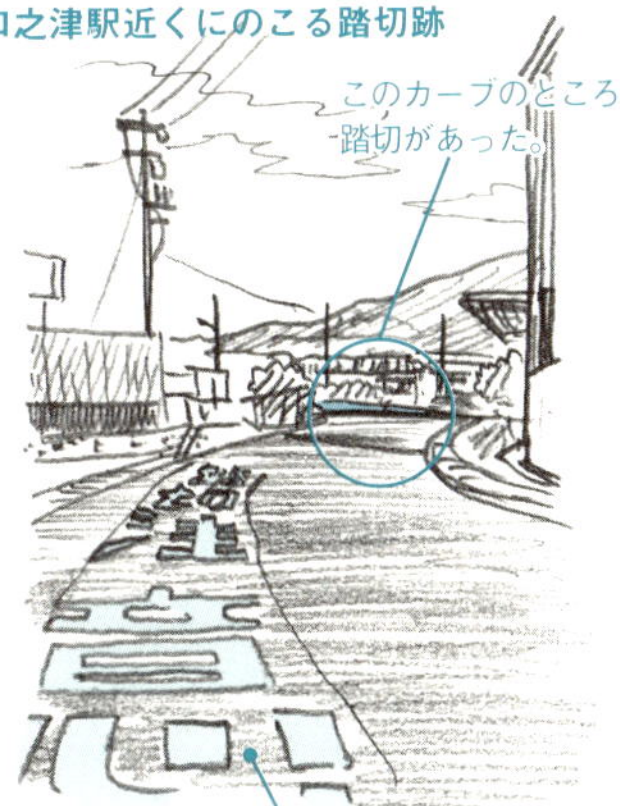
このカーブのところに踏切があった。

遮断機はすでに撤去され、レールもはがされたが、路面には「踏切注意」が残る。

かつての終着駅・加津佐

加津佐駅
現在残る駅舎は1985（昭和60）年4月に竣工したもの。それまでは木造駅舎で、現在の位置より少し西側にあった。
鉄道廃線後、旧駅前はバスの転回場として使われている。
現在、駅舎の扉は施錠されており、待合室へ立ち入ることはできない。

※：路線名は「南へ行くこと」を意味する「南目」（「北へ行く」は「北目」）という島原地方の言葉から付けられたもの。

80年前の超レトロな木造駅舎が残る肥前長野駅

外壁は下見板張り、屋根はセメント瓦葺き。
2015（平成27）年2月、戸口の補修などが行われた。
駅員の宿直室は物置のようになっていたが、補修後は畳が張り替えられるなどしている。

ひぜんながの
肥前長野
HIZEN NAGANO
(佐賀県伊万里市)
おおかわの
OKAWANO
もものかわ
MOMONOKAWA
国鉄時代に使われていた駅名標。
駅舎の南側にある倉庫は1935（昭和10）年、開業時に建てられた。

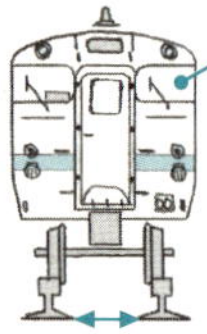
JR九州のキハ40、47系は白に濃紺の帯が標準色で、側面は窓下と上部（接合部下）に濃紺の帯が敷かれている。筑肥線のキハ40もこのカラーで、ほかに非電化区間では125形も運用され、こちらは明るい黄色一色。
軌間：1067mm

data
運行区間：姪浜〜伊万里（唐津〜山本間は唐津線所属）
開業：1923（大正12）年12月5日
動力：直流1，500V（姪浜〜唐津）、ディーゼルエンジン（非電化）（唐津〜伊万里）
路線総延長：68.3km

姪浜
筑肥線
唐津
虹ノ松原
唐津線
肥前長野
伊万里
長崎本線

福岡
佐賀

JR九州 筑肥線

歴史も線形も複雑 電化・非電化混在の長線

姪《めいの》浜《はま》〜唐津〜山本〜伊万里を結ぶ筑肥線。このうち、唐津〜山本は唐津線と事実上の共用区間で、やや複雑な路線配置となっている。

　全体を見渡すと、東と西とでずいぶんと雰囲気が変わる。東側は姪浜で福岡市営地下鉄1号線（空港線）に乗り入れ、都会の活気に満ちている。これに対し山本より西の非電化区間は無人駅が多く、山あいの小さな集落や田園風景などが美しく、車窓もローカル線としての色が濃い。

　この非電化区間では通常キハ125形が単行運転しているが、国鉄時代から残るキハ47形も健在である。

無人駅から行く日本三大松原の一つ･虹ノ松原

三保《みほ》の松原（静岡県）、気比《けひ》の松原（福井県）と並び「日本三大松原」と称される佐賀県・唐津市の虹の松原。この名勝は、筑肥線の虹ノ松原駅が最寄りとなる。

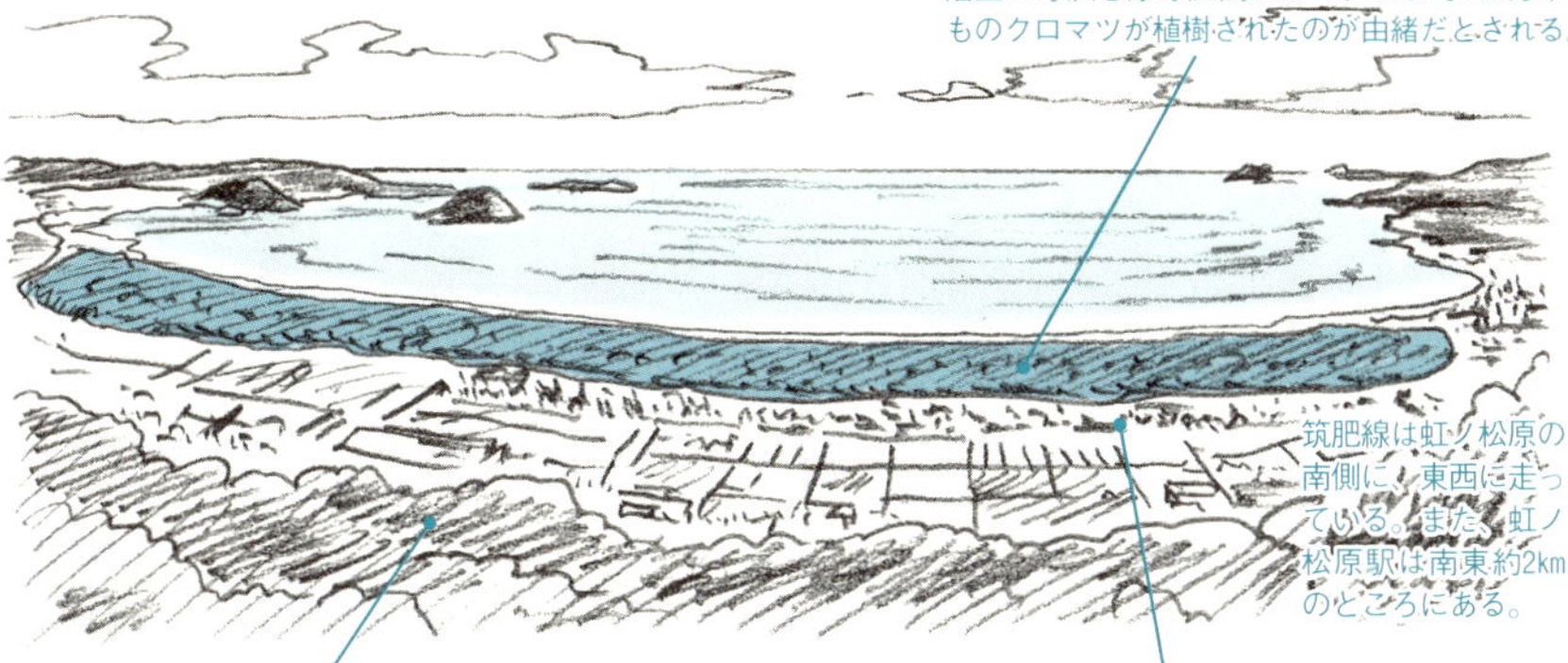
17世紀初頭、豊臣秀吉に仕えたという初代唐津藩主の寺沢志摩守広高により、およそ100万本ものクロマツが植樹されたのが由緒だとされる。
筑肥線は虹ノ松原の南側に、東西に走っている。また、虹ノ松原駅は南東約2kmのところにある。
海岸線はおよそ4.5kmもの長さがある。

こちらも秀吉がルーツの「松原おこし」

松原おこし

豊臣秀吉に菓子を献上したのが、「松原おこし」の由緒だとされている※1。一見すると固そうだが、意外にやわらかく、しょうがの香りがきいている。

おこしを三角形にパッケージしてあるのは、松浦佐用姫伝説※2に登場する鏡山をイメージしたもの。

無人化で小さくなった虹ノ松原駅の駅舎

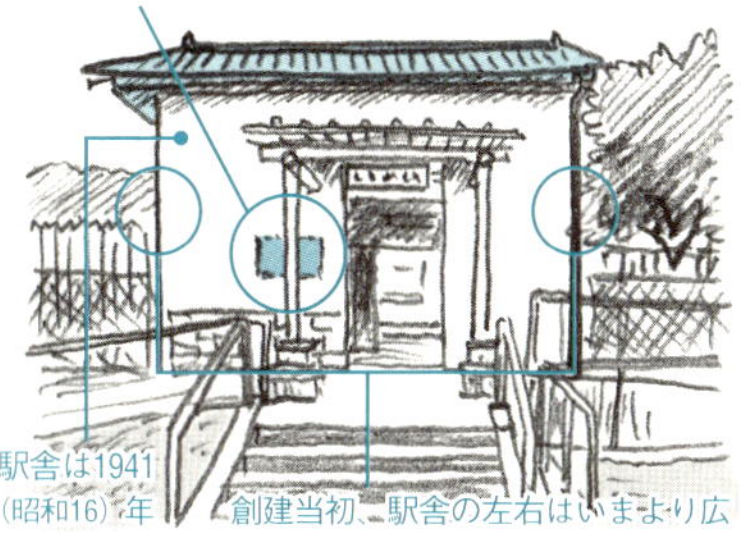
2011（平成23）年8月まで掲示されていた「簡易委託駅」の案内の跡。
駅舎は1941（昭和16）年11月に創建された。
創建当初、駅舎の左右はいまより広かったが、1972（昭和47）年の無人化による改修で小さな駅舎になった。

地下鉄の開通でルート変更

筑肥線は、1983（昭和58）年まで博多から（旧）東唐津を経由し、伊万里までを結ぶ非電化ローカル線だった。1983（昭和58）年、福岡市営地下鉄が開通すると、博多方面の便宜をはかるべく筑肥線も高架化・電化され、松浦川下流を渡す橋梁が新設されて旧ルートは廃止されている。

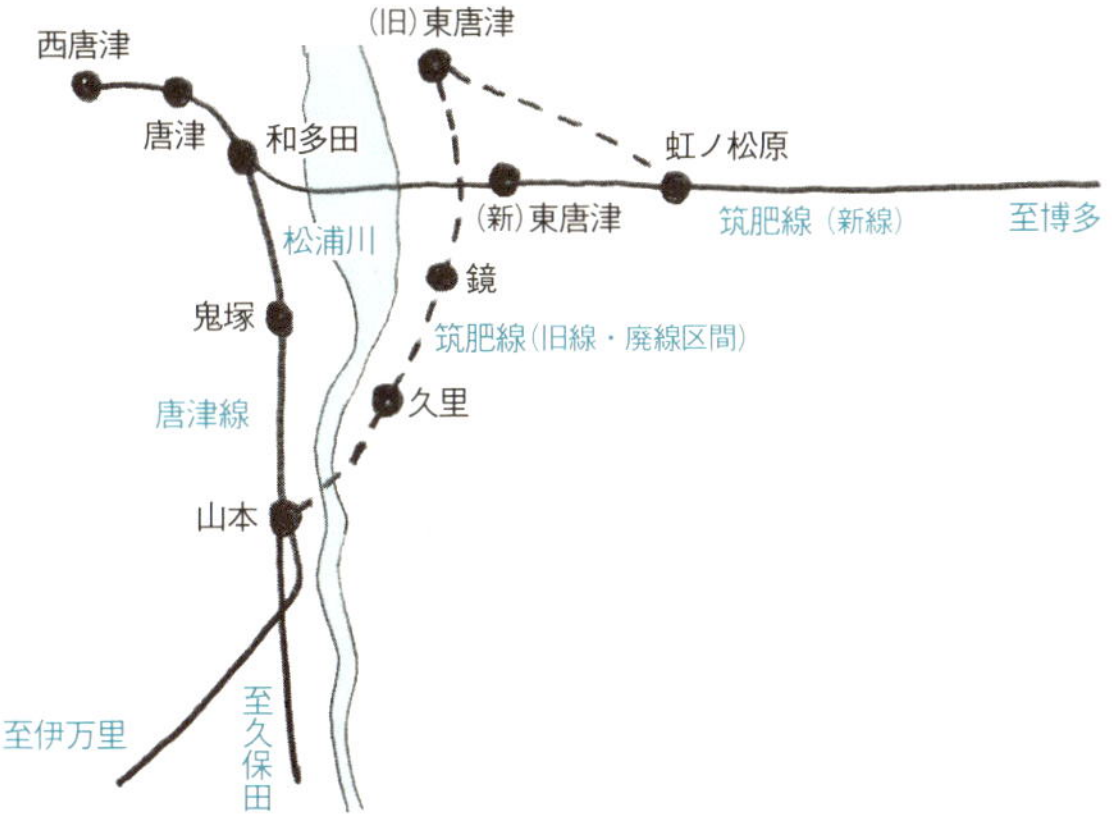
西唐津
唐津
和多田
(旧)東唐津
虹ノ松原
(新)東唐津
筑肥線（新線）
至博多
松浦川
鏡
筑肥線(旧線・廃線区間)
鬼塚
久里
唐津線
山本
至伊万里
至久保田

※1：秀吉が虹ノ松原を通りかかった際、唐津市・鏡山の麓にある鏡神社の大宮司の娘が干飯と黒砂糖を混ぜた菓子を献上したとされる。※2：6世紀頃とされる伝承で、新羅へと出征した恋人・大伴狭手彦（豪族）を鏡山の頂上で見送った佐用姫が離別に耐えられず、七日七晩泣き通した末に、石と化したという。

美濃赤坂駅の広い貨物ホームと比べ小さな旅客用施設

貨物専業線・西濃鉄道の喫茶店

美濃赤坂駅前には貨物専業の民営鉄道・西濃鉄道が経営する喫茶店がある※1。

旅客用ホームの南側には、貨物線業線・西濃鉄道の美濃赤坂機関区がある。

貨物ホームと比べると旅客用ホームは小さく、1面1線しかない。

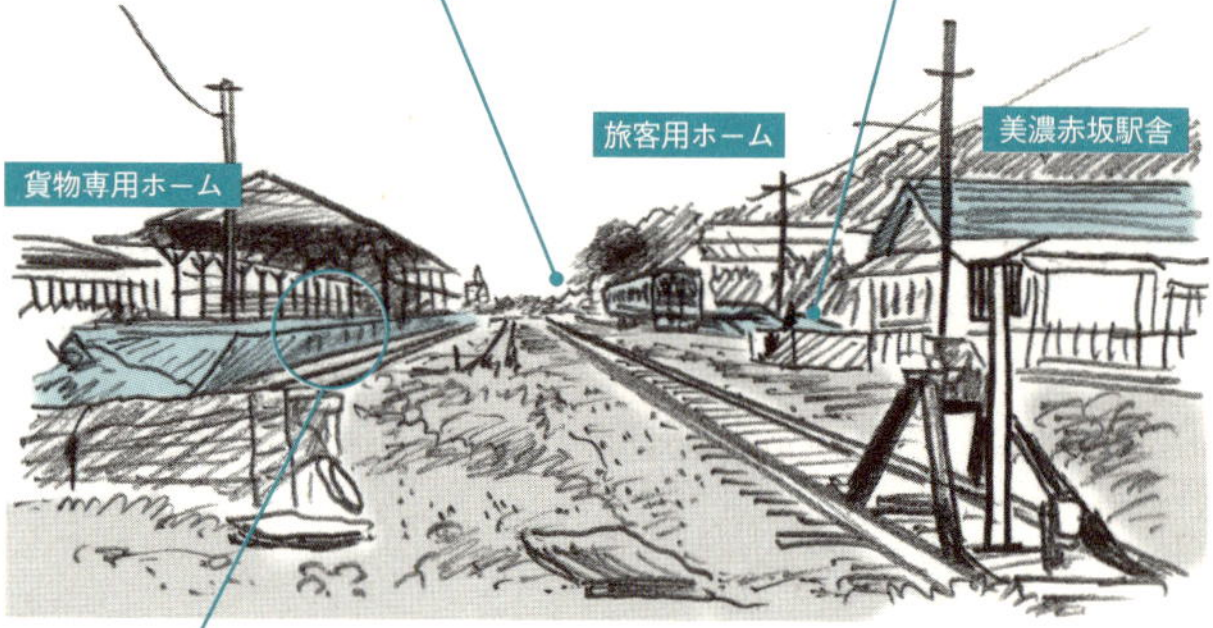

貨物専用ホームは、現在も石灰石の輸送で使われている。

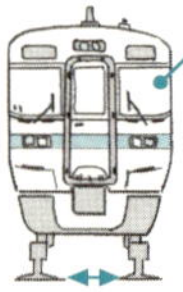

美濃赤坂支線で運用されているのは313系3000番台。2両編成で運用されている。カラーは側面がステンレス車体にJR東海のカラー・オレンジ、正面は白に同じくオレンジ帯だ。

軌間：1067mm

data

運行区間：大垣〜美濃赤坂
開業：1919（大正8）年8月1日
動力：直流1,500V
路線総延長：5.0km

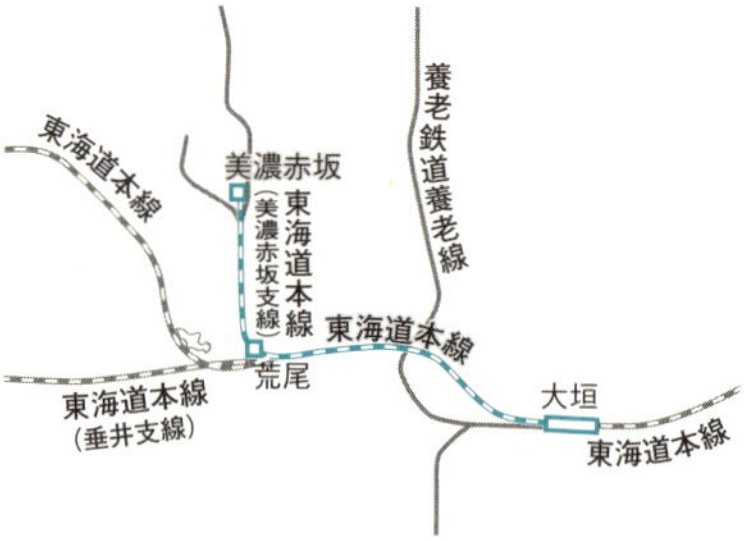

岐阜

JR東海
東海道本線美濃赤坂支線

国内きっての基幹路線から飛び出した小さな盲腸線

東海道本線・大垣駅の3番線は、切り欠き式ホーム※2で、ここから発着しているのが美濃赤坂支線だ。

大垣〜美濃赤坂はわずか5・0㎞、所要時間7分という小さな路線だが、あくまで東海道本線の一部とされており、美濃赤坂支線という路線名は通称だ。

この小さな支線は、美濃赤坂近くの金《かな》生山《ぶやま》から採掘される石灰石や大理石の輸送を目的として、1919（大正8）年に開通。終点・美濃赤坂駅から先は貨物専業線の西濃鉄道に接続し、石灰石を積んだ貨車の長大な編成をディーゼル機関車が引く姿が見られる。

※1：西濃鉄道は美濃赤坂から発着、かつては旅客輸送も行っていた。なお、西濃鉄道は国鉄（当時は鉄道省）気動車が他社線へ、初めて乗り入れた鉄道でもある。※2：長方形のホームの一部（両端どちらかの一部）を切り取り、そこに線路を通したホーム形状（上から見た形状はノコギリをヨコに倒したようになる。

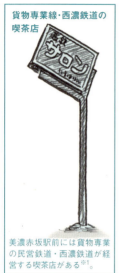

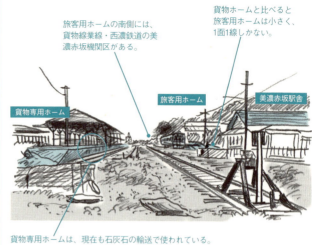

国鉄初の内燃動車は美濃赤坂支線で走った

キハニ5000は国内初の自走可能なガソリンエンジン搭載客車で、美濃赤坂支線で初めて運用された（JR北海道苗穂工場に保存※3）。

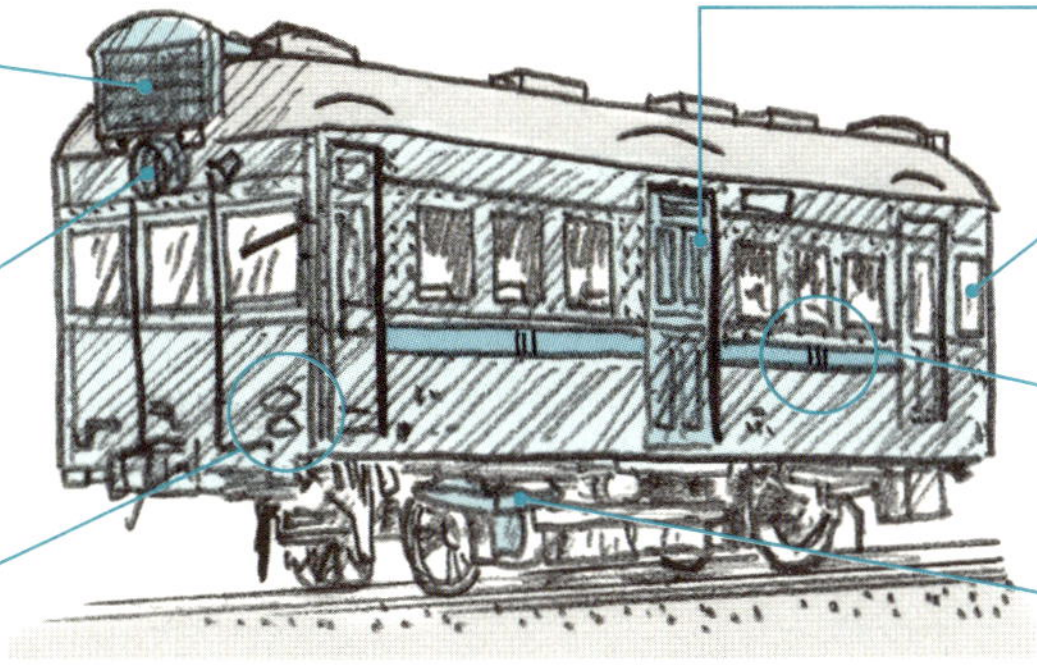
正面上部の目立つ機器はエンジン冷却用のラジエーター※5。
前照灯は蒸気機関車「D51」などにも使われていたLP42形。
車体の製造会社は汽車製造。
乗降口は車体中央に1カ所あるだけだった。
車内の端に荷重1tの荷物室があった。
車体の帯は赤で、三等車を示している※4。
台車は重ね板バネによる支持。

開業当初から貨物が主流だった

美濃赤坂支線は1919（大正8）年8月、石灰石や大理石などの貨物輸送を目的に開業した。当初から旅客輸送も行っていたが、こちらは「副業」の感が強かった。なお、美濃赤坂駅は1960年代には東京からの夜行普通列車（大垣夜行）の終着駅だったこともある。

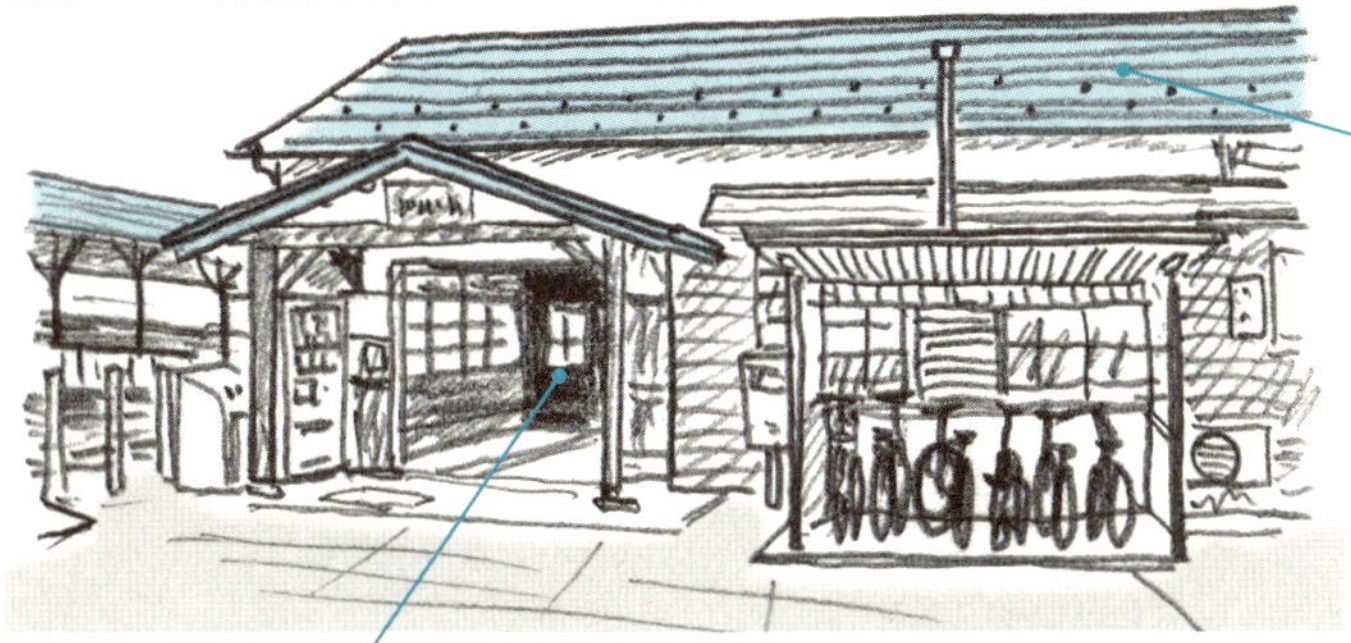
木造の駅舎は1919（大正8）年8月、美濃赤坂支線の開業とともに建てられたもの。

盛期の面影残る駅舎内

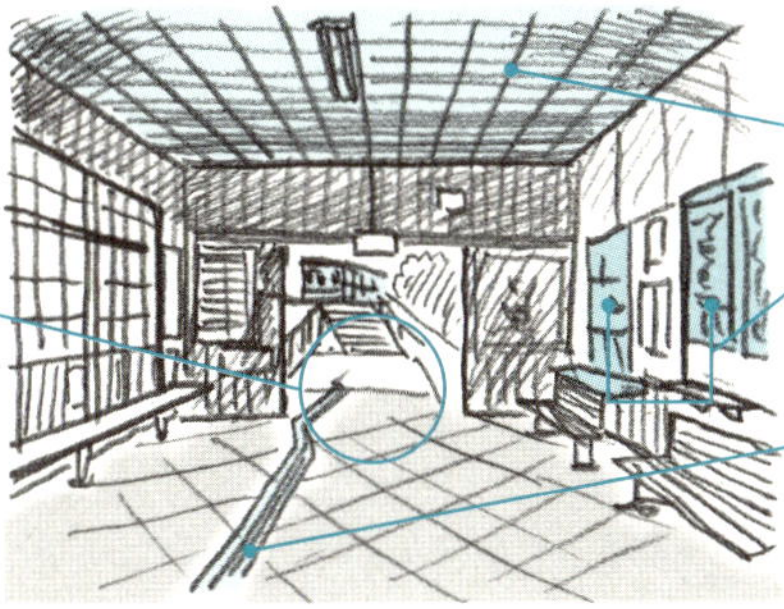
格子状に組まれた天井。
出札窓口や手小荷物用の窓口は、板でふさがれている※6。
以前はホームへの入口に改札ラッチがあったが、現在は撤去されている。
ラインタイプ※7の点字ブロックが駅舎の中を通過している。

※3：毎月第2、第4土曜（5～8月には第1土曜にも）の午後に工場内の見学が可能で、キハニ5000も見ることができる。※4：1等車の帯は白、2等車は青。※5：車内の暖房はラジエーターに使われる冷却水による温水暖房だった。※6：美濃赤坂駅は1971（昭和46）年5月1日に無人化。※7：「線状タイプ」と呼ばれ、進行方向を示す。ほかに突起の並んだ点状タイプがあり、ホームの端などに用いられる。

元は本社事務所だった洋風駅舎・新八日市駅

近江鉄道の前身の湖南鉄道時代、2階は本社事務所だった。駅員室に2階へ通じる階段がある。
窓口での出札業務は平日7:00〜8:50という、ごくわずかな時間のみ（土日祝は終日無人）。
出札口脇にある部屋は、湖南鉄道時代に使われていた「特等待合室」※1。
木製の改札ラッチ。

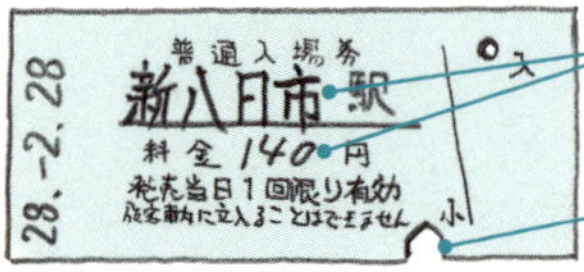
普通入場券
新八日市駅
料金 140円
発売当日1回限り有効
旅客車内に立入ることはできません
28.-2.28
入
小

駅名と金額はスタンプ、手書きの「補充式」※2となっている。

近江鉄道では、いまでも改札パンチを使っている。

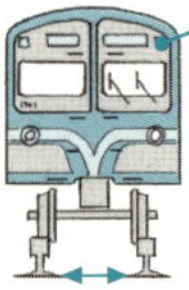

軌間：1067mm

2013（平成25）年6月から運用開始した900形は西武から新101系電車を譲渡した車両で、個性的な車体色となった。琵琶湖をイメージした濃紺に、ピンクの帯、乗降扉にはイルカのイラストというものだ。

data

運行区間：米原〜貴生川（本線）、高宮〜多賀大社前（多賀線）、近江八幡〜八日市（八日市線）
開業：1898（明治31）年6月11日
動力：直流1，500V
路線総延長：59.5km

北陸本線
湖西線
米原
彦根
多賀大社前
近江鉄道本線
愛知川
近江八幡
新八日市
日野
大津
東海道新幹線
近江鉄道八日市線
貴生川
草津線

滋賀

近江鉄道本線 多賀《たが》線・八日市《ようかいち》線

関西屈指の古参路線は西武からの譲渡車が多数

近江鉄道の創立は古く、1896（明治29）年にまで遡る。鉄道路線の開業はその2年後で、彦根〜愛知川が最初だった。その後、滋賀県内に段階的に路線を広げ、ほぼ現在の形となったのは1931（昭和6）年のこと。戦時中の1943（昭和18）年には箱根土地※3の傘下となり、現在は西武グループの傘下。

旅客輸送とは別に、セメント原石や石油、ビール輸送などで相当量を誇った貨物輸送は、1988（昭和63）年で廃止されたが、これに従事した旧型車両の電気機関車が、引退後も彦根駅構内に展示されており、必見である。

現役の駅舎が文化財級

さらに古い「明治生まれ」の駅舎・日野駅

駅舎は1900（明治33）年の創建から116年目となるが、大きな改修も受けずに使われている。

駅舎内には、近江鉄道系列の「近江タクシー」の事務所がある。

駅舎の平面に設けられた車寄せの拝み※4には、先の尖った特徴的な装飾が施されている。

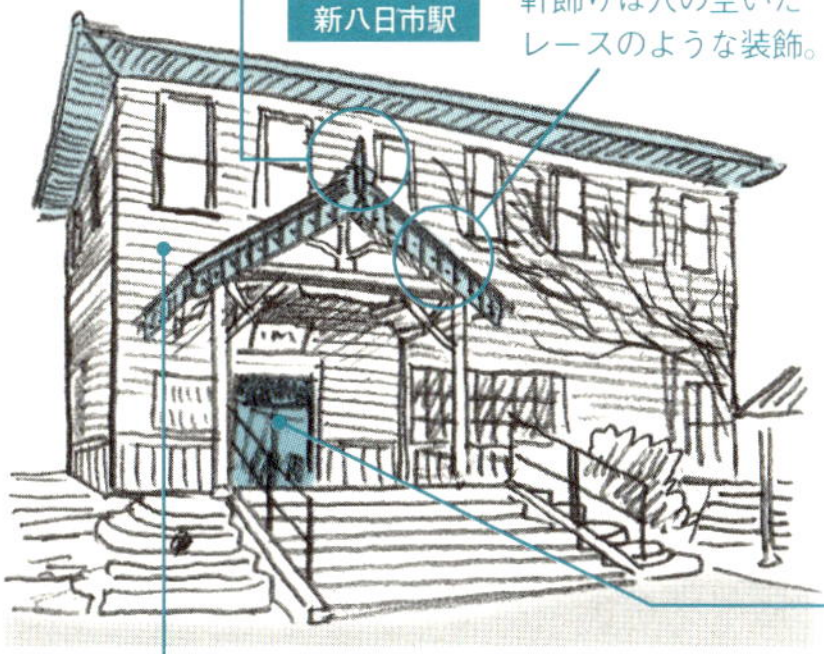
新八日市駅

軒飾りは穴の空いたレースのような装飾。

壁面はうすい緑色に塗られている。1922（大正11）年の創建当時は、ずいぶんモダンな建物だったに違いない。

彦根駅構内では貴重な車両を公開

近江鉄道の彦根駅構内には、運用をはずれた貴重な保存車両が数多く眠っている。それらは年に数回、「近江鉄道ミュージアム」として展示公開されている。

伊那電気鉄道、国鉄、西武を経て近江鉄道に譲渡された凸形電気機関車のED313。

基地内に建つ資料館には、過去に使われたヘッドマークやタブレット閉塞器などが展示されている。

ED313
ロコ1101
ED14-2号機
ED14-3号機
ED14-4号機

鉄道省時代の1926（大正15）年、アメリカのゼネラル・エレクトリック社から輸入したED14形4号機。

凸形電気機関車ロコ1101は妻面のボンネット脇に乗降口があり、正面から見ると左右非対称の形をしている。

ED14の2，3号機は水色と黄色の標準色のまま、4号機は国鉄時代の茶色一色となって近江鉄道ミュージアムに保存されている。

近江鉄道ミュージアム（彦根車庫）の電気機関車

型式	製造会社	製造年	主電動機・総出力	車体寸法（全長×全幅×全高）(mm)
ED141～144	ゼネラル・エレクトリック社（アメリカ）	1926（大正15）年	MT8形（4基）・244kW	11200×2740×3912
ED311～315	芝浦製作所（電気品）・石川島造船所（車体製造）	1923（大正12）年	MT4形（4基）・340kW	11760×2540×4242
ロコ1101	東洋電機（電気品）・日本車輌（車体製造）	1930（昭和5）年	TDK550-D形（4基）・41kW	10306×2520×4150

※1：この部屋が使われていた大正～昭和初期、近江鉄道では「特等」「並等」という2種の等級があった。なお、この特等待合室は、現在は板でふさがれている。※2：乗車券に駅名・金額が印刷されているものは「常備式」。※3：「箱根土地」はのち、国土計画、コクドと発展、2006（平成18）年にプリンスホテルに吸収された。※4：左右の破風が合わさった、屋根の頂部。

いまだ残る厚紙きっぷ――

硬券の残る鉄道・印刷会社

ICカードの普及により、きっぷを買って鉄道に乗る機会は年々少なくなっている。かつては都心部でも窓口で「○○まで、1枚」という乗客と駅員とのやりとりが見られたが、現在では地方の小さな無人駅にもICカードの読み取り機を設置したところが増えている。

それでも、昔の味わいを求めて出かける鉄道ファンに向けて「硬券」を残している鉄道会社がある。大井川鐵道（12頁）や銚子電鉄（24頁）、岳南電車（32頁）などだ。

これらの硬券を印刷する会社も少なくなっているが、東京・千代田区にある山口証券印刷はそのひとつで、昭和の時代から私鉄各社の硬券を印刷している。業務の中心はギフトカードやプリペイドカードなどに変わったが、いまだに昔と変わらぬ技術で硬券の印刷を続ける貴重な企業だ。

そのほか、最近では個人向けにオーダーメイドの硬券印刷をするところもいくつかあり、名刺代わりに自分だけの硬券を印刷する人もいるようだ。

いまも残る出札口の風景

岳南電車（32頁）の岳南原田駅では、平日の通勤通学時間帯に駅員を配置して出札口できっぷを売っている。同線に自動券売機は設置されておらず、きっぷはすべて硬券となっている。

出札口の上には行先別の乗車料金を掲示。岳南電車ではJRへの連絡乗車券を備えているが、かつては私鉄→国鉄→私鉄と3つの路線を経由する「3線連絡乗車券」を売る鉄道会社もあった。

出札口の脇に、かつて乗客の手荷物の輸送を扱った「手小荷物窓口」が残されている駅も少なくない。

きっぷの収納箱

きっぷの裏には「券番」と呼ばれる番号が記され、収納箱はきっぷが売れると番号が繰り上がって（あるいは繰り下がって）、何枚売れたかがわかるようになっている。

岳南電車も硬券を残している鉄道会社のひとつ。社紋入りの入場券は、コレクターの人気アイテムだ。

きっぷに日付を入れる日付印字器

窓口の脇に設置された乗車券の日付印字器には、右の天虎工業（現在は営業休止）製のほか、菅沼タイプライター（現在のスガヌマ）製があった。

この隙間にきっぷを通すと日付が印字される。

2章

必要性を再認識、路面電車とモノレール

かつては、全国の街に「市電」と呼ばれる路面電車が走っていた。しかし道路の下を地下鉄が通り、自家用車が街にあふれると、それらの市電は一つ、また一つと姿を消していった。それでもなお、現役で走り続ける路面電車、そして空をゆく「昭和の新交通」モノレールがいま、面白い。

製造当時のパーツが多く残るマニア垂涎の200形

乗降口にある両替機付き運賃箱は、小田原機器製。

運転席の後部に行き先を表示するサボの収納箱がある。

床は木目や節が美しい板張りとなっている。

シートは向かい合わせのロングシートで、赤のモケット生地が張られている。

車両の前後に「ごめん」

江戸時代に高知への移住者に対して課税や諸役を免除したことが「ごめん」の地名の由来だとされる。

菱形のサボは、ホルダーの下部2辺で固定される。

軌間：1067mm

200形の車体デザインは都電・6000形を参考にしている。塗色は窓上から屋根がグリーン、その下はクリームを基調に、ブルーの帯が一本。さらに客室の最下部には鮮やかな赤というとさでん交通の標準色。

data

運行区間：はりまや橋～伊野（伊野線）、後免町～はりまや橋（後免線）、高知駅前～桟橋通五丁目（桟橋線）
開業：1904（明治37）年5月2日
動力：直流600V
路線総延長：25.3km

高知

国内最大級「路面電車」は交差点でレールが十字に

とさでん交通伊野線・後免《ごめん》線・桟橋線

高知の市街地から郊外にまで路線網をめぐらせ、とでん（土電）の愛称で知られる土佐電気鉄道と、県内最大のバス会社・高知県交通が統合、２０１４（平成26）年に設立されたとさでん交通。

総延長25・3キロと、路面電車としては国内屈指の規模※1を誇る。なかでもみどころは高知駅前から南へ路線を延ばす桟橋線と、東西に広がる後免線・伊野線が平面交差をするはりまや橋交差点付近だ。また、車両は主力の６００形・２００形のほか、欧州から来た外国電車、開業当時の車両を復元した維新号、超低床車のハートラムなど、バラエティに富む。

日本唯一の路面電車同士の平面交差

アメリカでは比較的多く見られる平面交差（ダイヤモンドクロッシング）だが、日本では旧国鉄が事故防止のため、一部の貨物線以外では平面交差を採用せず、その他の会社線でも積極採用されなかった。路面電車どうしの平面交差は、とさでん交通のはりまや橋停留場付近のものが現存では国内唯一である。

桟橋線の「はりまや橋停留場」。左奥が桟橋通五丁目方面。

伊野線の「はりまや橋停留場」。向かって右奥が伊野方面。

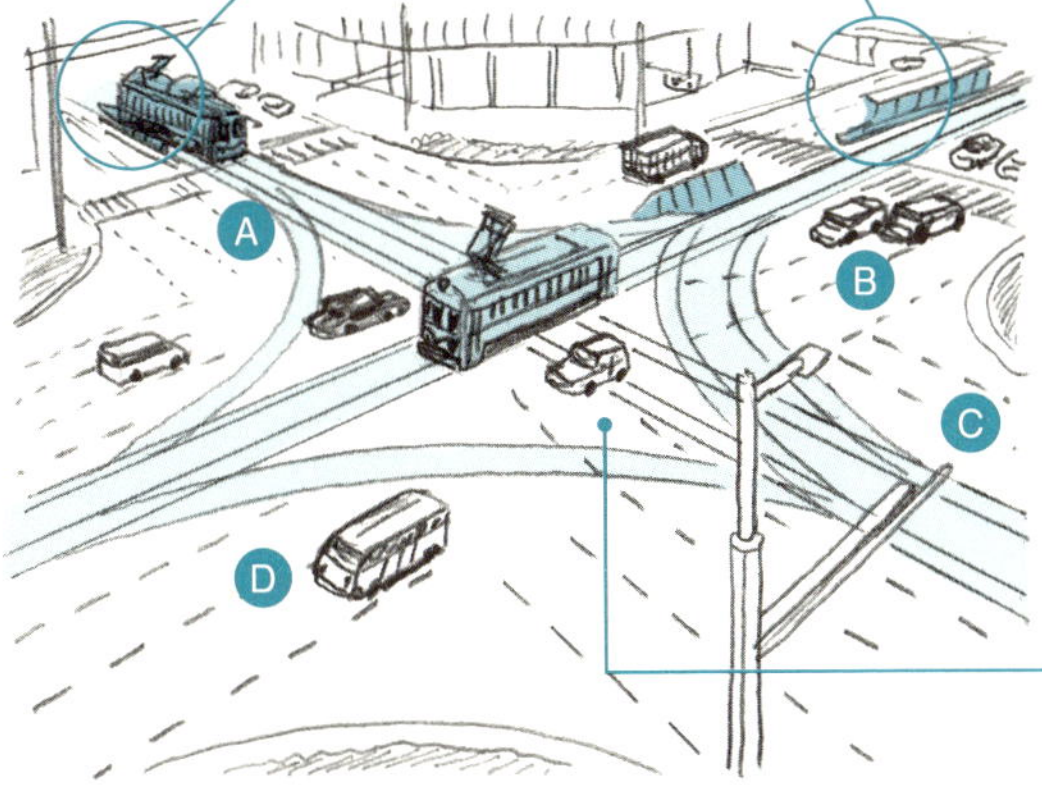

はりまや橋停留場の線路配線図

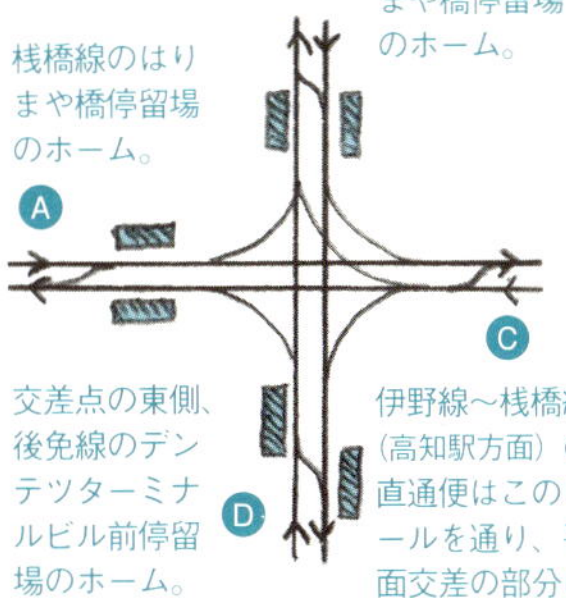

Ⓑ 伊野線・はりまや橋停留場のホーム。

桟橋線のはりまや橋停留場のホーム。Ⓐ

交差点の東側、後免線のデンテツターミナルビル前停留場のホーム。Ⓓ

Ⓒ 伊野線～桟橋線（高知駅方面）の直通便はこのレールを通り、平面交差の部分は通過しない。

単線区間ではタブレット交換も

とさでん交通伊野線ではタブレット交換のようすを見ることができる。

「乗降中」を知らせるLEDライト。

単線区間では2つの信号所[※4]、あるいは交換設備のある朝倉電停で列車交換を行う。

単線区間で使用される「タブレット」

「タブレットキャリア」と呼ばれる、閉塞（衝突を防ぐための信号保安システム）に使われる金属板（タブレット）を入れるケース。革製で丸い輪のような形状となっている。

金属板を入れる袋部分。ポーチのような形をしており、ベルトで口を閉める。

鉄道事業法では中央にあけられた穴の形により第1～第4種とし、多くの鉄道会社ではこれを基本としている[※2]。

砲金[※3]、もしくはジュラルミン製で大きさは直径約10cm、厚さ約1cm。

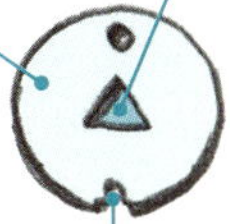

きっぷの改札パンチのように、周囲に付けられた切り欠きにはさまざまな形状がある[※5]。

※1：3路線合計の総延長25.3kmは軌道を走る「路面電車」としては国内最長。※2：穴の形は第1種が丸、2種が四角、3種が三角、4種が楕円。※3：銅と錫の合金で摩耗や腐蝕に強い。※4：伊野線には市場前、中山という2つの信号所がある。※5：凸形や四角のほか、縦に切れ込みが入っただけのものもある。

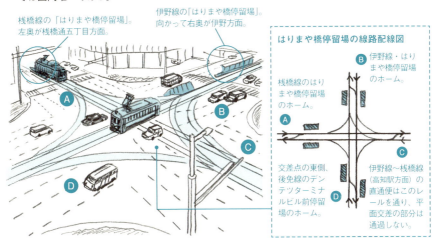

北海道

冬は「雪かき電車」も走る札幌市街の環状線

札幌市電一条線 山鼻西線・山鼻線ほか

すすきの～西4丁目間は直線距離にして500mほどしかないが、かつてこの2つの停留場間には線路がなく、8・5㎞の区間を大回りして結んでいた。しかし、2015（平成27）年12月、この区間に狸小路停留場を新設、環状線へと生まれ変わり、東京・山手線のような「内回り」「外回り」の運行形態へと生まれ変わった。

札幌市電の名物のひとつは、札幌に冬の訪れを告げるブルーム式除雪車だ。回転式の竹製ブラシ（ササラ）が雪を掃き出すことから、ササラ電車とも呼ばれ、雪の朝、始発前に線路の除雪にあたる。

降雪時の名物・ササラ電車「雪10形」

初代のササラ電車「雪1形」のブルームは、チェーンで回転させていた。これが騒音の元になったため、2号機の「雪10形」ではブルームの駆動方式を油圧式とした。

210形212号
電車事業所
停留所付近

電車事業所（車両基地）の手前で、軌道は右手（北方向）に90度カーブする。

すすきの方面からカーブを曲がらず、直進するレールが車両基地の中へと延びている。

運転席の窓には雪を降り飛ばして視界をよくする「旋回窓」がついている。

制御器はアメリカにあったウェスティングハウス・エレクトリック社製※1。

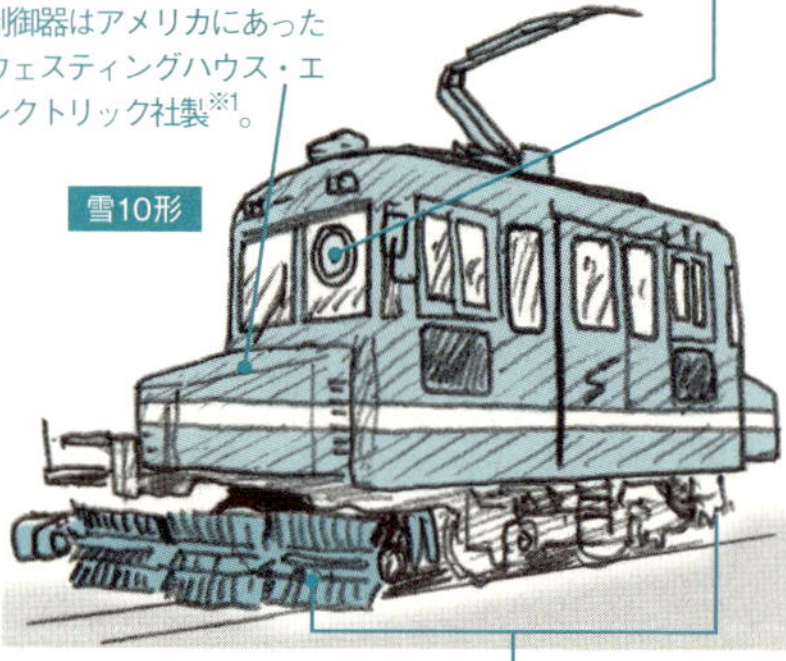
雪10形

除雪に使われる「ブルーム」と呼ばれるブラシは竹製。車体の前後、合わせて800本もの竹の束が装着されている。

軌間：1067mm

「親子電車」のうちの「親」「M101」は現在も運用についている。車体の中央より下がダークグリーン、上が濃いベージュで帯の色は白、正面は中央下方に直線的に折れるヒゲ状となっている。

data

運行区間：西4丁目～西15丁目（一条線）、西15丁目～中央図書館前（山鼻西線）、中央図書館前～すすきの（山鼻線）、西四丁目～すすきの（都心線）
開業：1910（明治43）年5月1日
動力：直流600V
路線総延長：8.9km

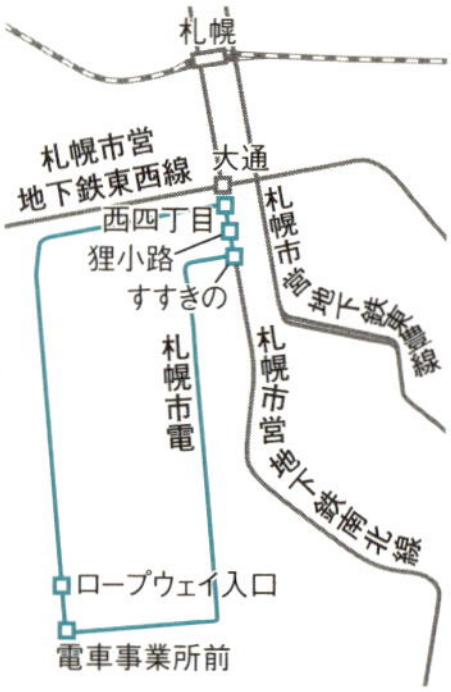
札幌
札幌市営地下鉄東西線
大通
西四丁目
狸小路
すすきの
札幌市電
札幌市営地下鉄東豊線
札幌市営地下鉄南北線
ロープウェイ入口
電車事業所前

※1：アメリカの老舗電機メーカー。1990年代にメディア事業に進出するも業績は伸びず、1999（平成11）年に消滅した。
※2：このとき、連結器が撤去され、単行運転可能となった。

画期的・実験的だった札幌市電の鉄道車両たち

札幌市電ではかつて「親子電車」と呼ばれる2両固定編成の車両や、低床式路面軌道としては史上唯一のディーゼルカーなど、試験的な車両が運用された。

連結車

車体の前面、および乗降口の脇には2両編成での運用を示す「連結車」の表示があった。

「親」だけになった親子電車

1971(昭和46)年、親子電車のうち「子」にあたる付随車のTc1が廃車となった。M101はワンマン改造を受けて現在も運用についている。

2015(平成27)年、行先表示器がLEDに改造されている。

1981（昭和56）年、排障器がマイナーチェンジされた。

元の親子電車

製造当初、集電装置はビューゲルだったが、のちにZ形パンタグラフに改造された。

Tc1の廃車後、M101はワンマン化改造を受けている[※2]。

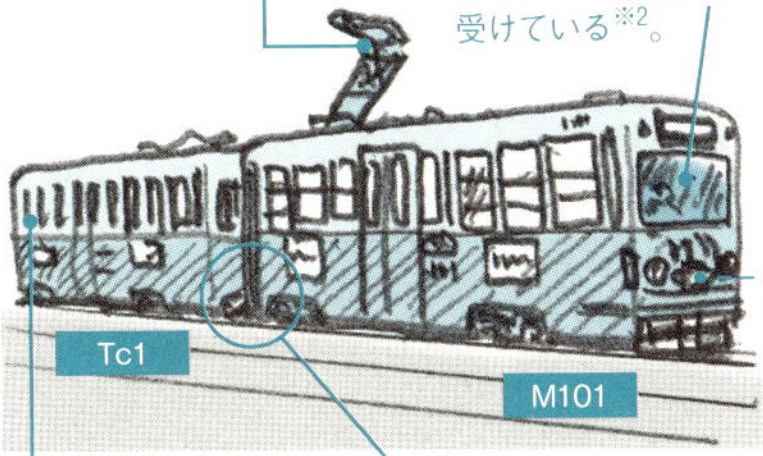

Tc1には車掌のみが乗務。

貫通扉はなく「親」と「子」の間は、行き来できなかった。

路面電車のディーゼルカー

札幌市電では1967(昭和42)年まで、全国で唯一の「路面ディーゼルカー」が走っていた。

ディーゼルエンジン搭載のため、当然ながらパンタグラフはない。

機関はいすずのバス用エンジン（120馬力）で、車体の床下中央に設置された。

D1020形は1960（昭和35）年製造の「路面ディーゼルカー」3次車[※3]。

観光名所・藻岩山も札幌市電で

藻岩山へのロープウェイ「札幌もいわ山ロープウエイ」は、2011（平成23）年に駅やゴンドラ等の施設が更新された。

250形のベンチレーターは方向幕の上に設けられている。

大型車250形

1948（昭和23）年に製造された500形の部品を流用して製造された。

※3：第1弾はD1000形で、1958（昭和33）年の登場。翌年、マイナーチェンジの第2弾D1010を製造、D1020の製造はさらに翌年。なお、D1040形（1041）が札幌市交通資料館（札幌市南区）で静態保存されている。

「箱館ハイカラ號」は明治の市電を再現

記念にとっておきたいきっぷ

発券の際は、車掌が乗車区間に合わせて金額欄にパンチで穴をあける。

2009（平成21）年から、きっぷには函館市電の車掌をモチーフにしたキャラクター―が描かれている。

籐を加工して造った自然素材のつり革。

天井はダブルルーフ（二重屋根）で、明治期の鉄道車両を思わせる。

ハイカラ號の車掌は、函館市交通局の臨時職員として採用された女性が担当。乗車券販売や、事故時の対応などについて3～9日程度の研修をうけたのち、乗務に着く。

床下に装備された電動機ほか、機器類の点検はこの扉を開けて行う。

軌間：1372mm

500形（501、530）2両のうち530は大きな改造を受けずに残されている。車体の色も下部が深いブルー（マジュルカブルー）、上部がオレンジに近いベージュ（マンチェアサンドライト）とデビュー当時のままに残る。

data

運行区間：函館どつく前～函館駅前（本線）、松風町～湯の川（湯の川線）、十字街～谷地頭（宝来・谷地頭線）、函館駅前～松風町（大森線）開業：1897（明治30）年12月12日 動力：直流600V 路線総延長：10.9km

北海道

観光・生活に欠かせない坂の街・函館の路面電車

函館市電本線 宝来《ほうらい》・谷地頭《やちがしら》線ほか

馬車鉄（軌）道にルーツをもつ点や、冬にササラ電車が走るところなどは、同じ道内の札幌市電（54頁）と共通。しかし、函館には地下鉄がない分、より市民の足として欠かせない存在になっている。また沿線には五稜郭公園、旧函館区公会堂、金森赤レンガ倉庫群、元町教会群など名所や名建築が並び、観光路線としても重宝されている。2系統いずれの両端もそれぞれ、湯の川・谷地頭という名湯の最寄り停留場だ。

なお除雪車を開業当初の姿に復元した「箱館ハイカラ號」は、例年4月中旬～10月末まで運行される。

ハイカラ號(30形)はササラ(除雪)電車の生まれ変わりだった

ハイカラ號のルーツは1910(明治43)年、日本車両製造東京支店により製造された成宗《せいそう》電気軌道39号電車で、1918(大正7)年に函館水電が購入した。当初は旅客車として運用されたが、のち除雪用のササラ電車に改造され、現在の姿になったのは1993(平成5)年のことだ。

集電はZ形パンタグラフによる。

函館市交通局30形
現在は函館博物館郷土資料館となっている「旧金森洋物店」※1。末広町電停のそばに建つ。

前照灯の脇には縦に「箱館※2ハイカラ號」と書かれている。

前方に装着した「救助網」は軌道内に人が落ちた際、車体の下に巻き込まないためのもの。

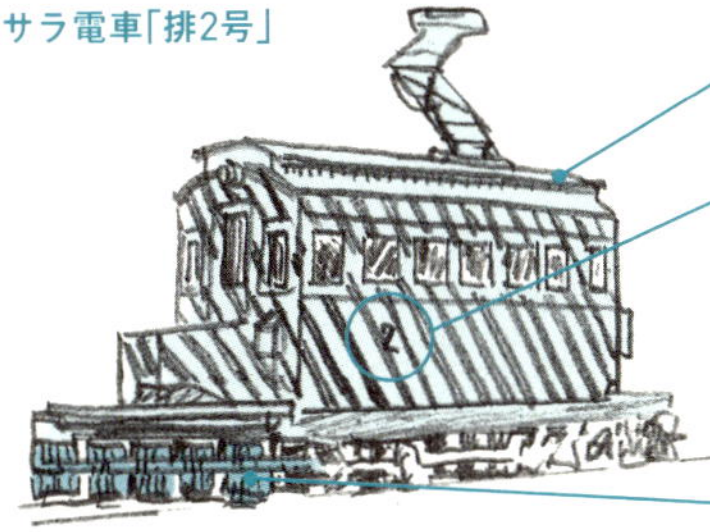
ササラ電車「排2号」
ササラ電車時代も屋根はダブルルーフだった。
ハイカラ號の種車はササラ電車の排2号。さらにそのルーツは1918(大正7)年、千葉県成田市成宗電気軌道から譲渡を受けた39号電車。
39号電車のササラ電車への改造は1937(昭和12)年。札幌市電と同じくブラシは竹製で、車両の前後に計430束を装着していた。

戦後の大量輸送に活躍した大型車

500形は全長13050mm、定員80という大型で、戦後、函館市電の主力車として活躍した。1948(昭和23)～50年にかけて30両が製造されたが、現在残るのは501、530の2両だけとなっている。

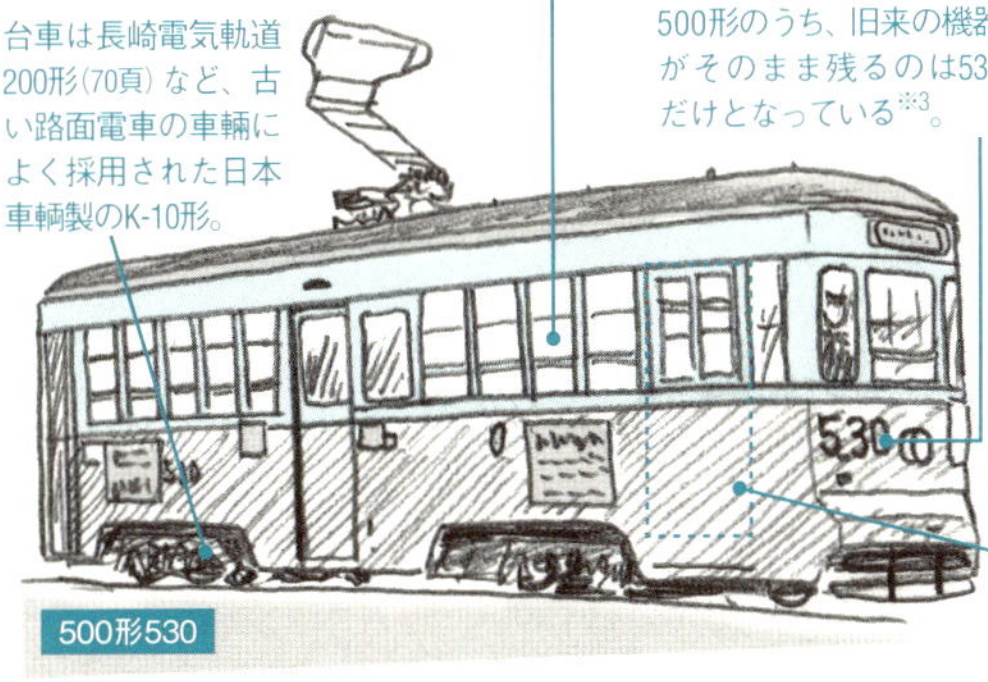
台車は長崎電気軌道200形(70頁)など、古い路面電車の車輛によく採用された日本車輌製のK-10形。
500形のうち、旧来の機器がそのまま残るのは530だけとなっている※3。
ワンマン化改造の際、運転席横の乗降口が埋め込められ、片面の乗降口は中央と車端部1カ所の計2カ所となった。
500形530

つり革、降車を知らせる押しボタンは、アルミ製の独特なものが使われている。
定員は80名、 うち座席定員は28名。1950(昭和25)年の製造当初、シートは板張りだったという。現在はブルーのモケットとなっている。

※1：函館は歴史的に火事が多かったことから煉瓦造でつくられた雑貨店。※2：1869(明治2)年に「箱館」から「函館」へと改められている。※3：500形のもう1両、501は廃車された505の台車を流用し、車体も新造されている。

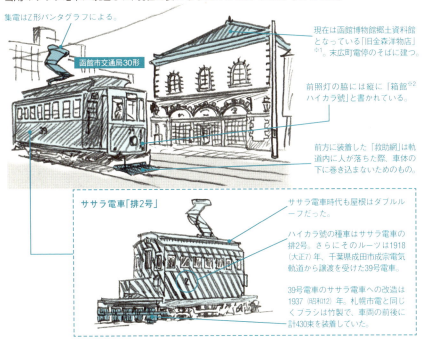

南富山駅舎の屋上にある研修用踏切警報器・パンタグラフ

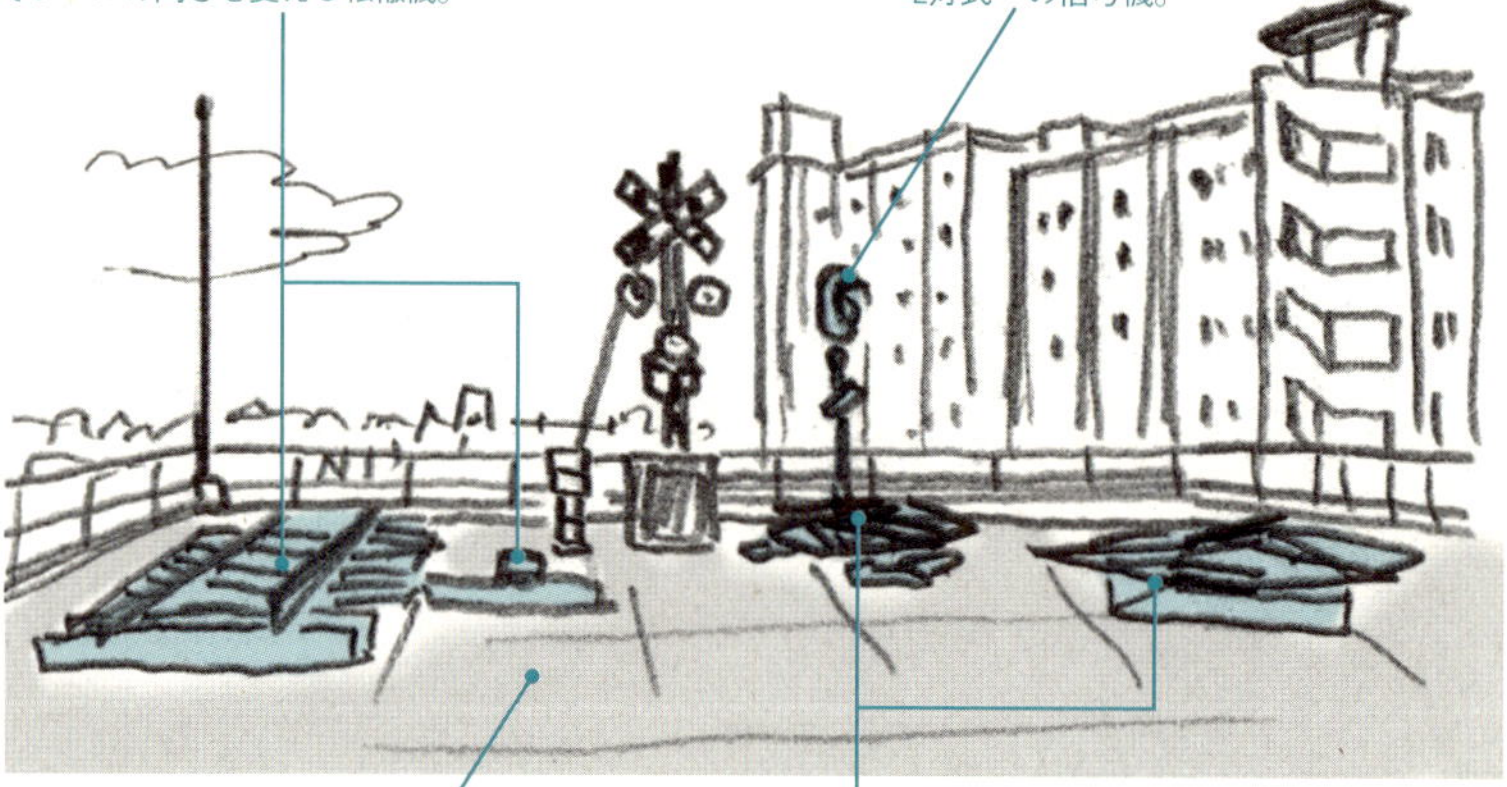
短くカットされたレールと、ポイントでレールの向きを変える転轍機。
2灯式[※1]の信号機。
普段、関係者以外が屋上に立ち入ることはできないが、不定期で行われる車両基地の撮影会などの際に開放されることがある。
パンタグラフは鉄道線用の菱形と、市内軌道線で使われているZ形の2種類が設置されている。

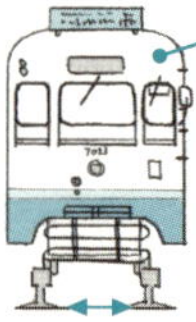
軌間：1067mm

7000形は長らく下部が濃緑色、上部がクリームという塗り分けだったが、1993（平成5）年に下部裾回りが青緑、それより上がクリームで、側面に赤帯、正面は青緑の上に沿って赤帯という塗色に変更された。

data

運行区間：南富山駅前～富山駅（1系統）、南富山駅前～大学前（2系統）、富山駅～富山駅（環状線）（3系統）
開業：1913（大正2）年9月1日
動力：直流600V
路線総延長：7.6km

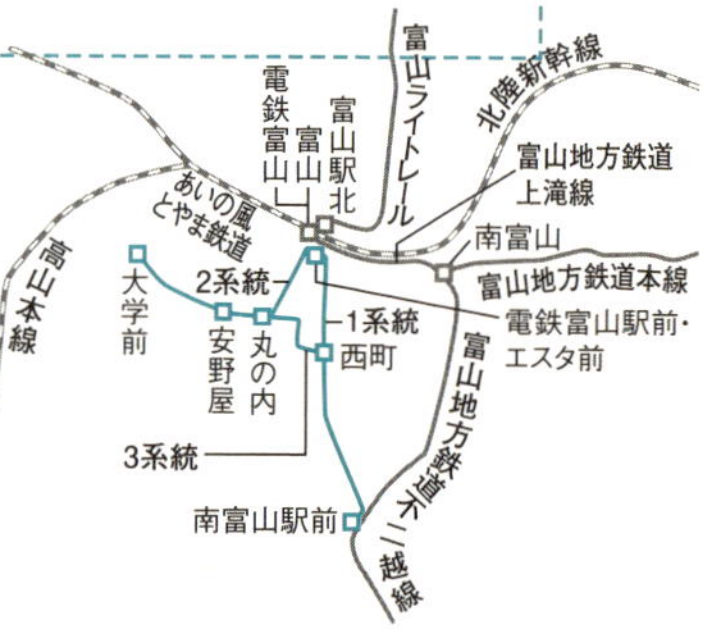
富山ライトレール
北陸新幹線
電鉄富山
富山
富山駅北
富山地方鉄道上滝線
あいの風とやま鉄道
南富山
富山地方鉄道本線
高山本線
大学前
2系統
安野屋
丸の内
1系統
西町
電鉄富山駅前・エスタ前
3系統
南富山駅前
富山地方鉄道不二越線

富山

旧型車両が多く残るも新企画にも続々着手

富山地方鉄道 富山市内軌道線

富山市内軌道線は、富山市内で富山地方鉄道が運営する軌道線の総称、利用者向けには「市内電車」と案内されている。また富山市が運営する文字通りの「市営電車」だった時代の名残で、単に「市電」と呼ばれることもある。

高度成長期の後、路線の廃止が相次いだが、環境にやさしい路面電車を見直そうという世界的な流れの中で、新たな計画に、次々と着手。環状線の復活や全面低床車・ICカードの導入、さらにはJR富山港線を軌道化した富山ライトレールとの接続も予定するなど、数々の取り組みが注目を集めている。

路面電車と鉄道線のジャンクションは絶好の撮影スポット

市内軌道線、不二越《ふじこし》線、上滝《かみだき》線と3つの路線が集まる南富山駅。このうち専用軌道を走る上滝線・不二越線はそれぞれ南富山を起点・終点※2としながら同じホームと線路を使っている。一方、市内軌道線はすぐ隣に別のホームをもつ。

市内軌道線・デ7000形の一部の車両の側面上部には電照式の広告が設置されている※4。
1968（昭和43）年竣工の駅舎は3階建てで、普段、乗客が利用できるのは待合室や改札のある1階部分のみ。2階は運転士、車掌など乗務員の休憩室（仮眠室）、3階は研修室と運転士の養成所になっている。
10030形
駅員は終日配置されており、窓口できっぷを買うことができる（乗車券は連綴式の軟券）※3。
デ7000形
鉄道線のホームは島式1面2線。
南富山は市内軌道線の起点駅でもある。市内軌道線のホームは駅舎の脇にあり、乗車ホームと降車ホーム相対式の2面1線。

製造当時からの姿で残るデ7000形
7018は以前、側面上部に広告を搭載していた時期もあったが、現在は撤去された。

側面の窓は大型のバス窓。

7000形のなかでは最晩年の1965（昭和40）年製造。

7000形のうち、7018のみ車体下部が緑、上部がクリームの旧塗装となっている。

乗降扉は前端と中央の2カ所で、いずれも片引戸。

橋の架け替えで複線化を実現（富山大橋→新富山大橋）

神通川にかかる富山大橋は1935（昭和10）年の竣工で、当時から市内軌道線の軌道が敷かれていた※5。
富山大橋の架けかえと同時に、架線柱はセンターポール式とされた。先端には左右に枝分かれした照明灯が付いている。
「セントラム」の愛称が付けられた9000形電車。
旧富山大橋では強度の問題などから、単線区間とすることが義務づけられていいたが、新富山大橋となり、全線にわたって複線化が実現している。

※1：赤・黄・青(緑) で示す信号は「色灯式信号機」と呼ばれ、2〜6灯式まである。※2：上滝線の起点、不二越線の終点。※3：「連綴式」はミシン目で切り離すタイプのきっぷ。※4：正面・側面の屋根上に、電照式広告を設置している。※5：現在の橋は2012（平成24）年に完成した新富山大橋。

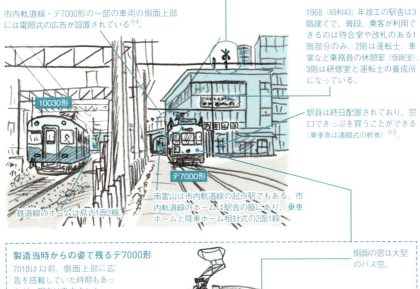

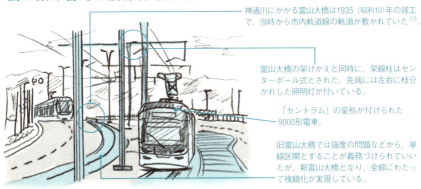

通町筋停留所から熊本城を望む「熊本市電幹線」

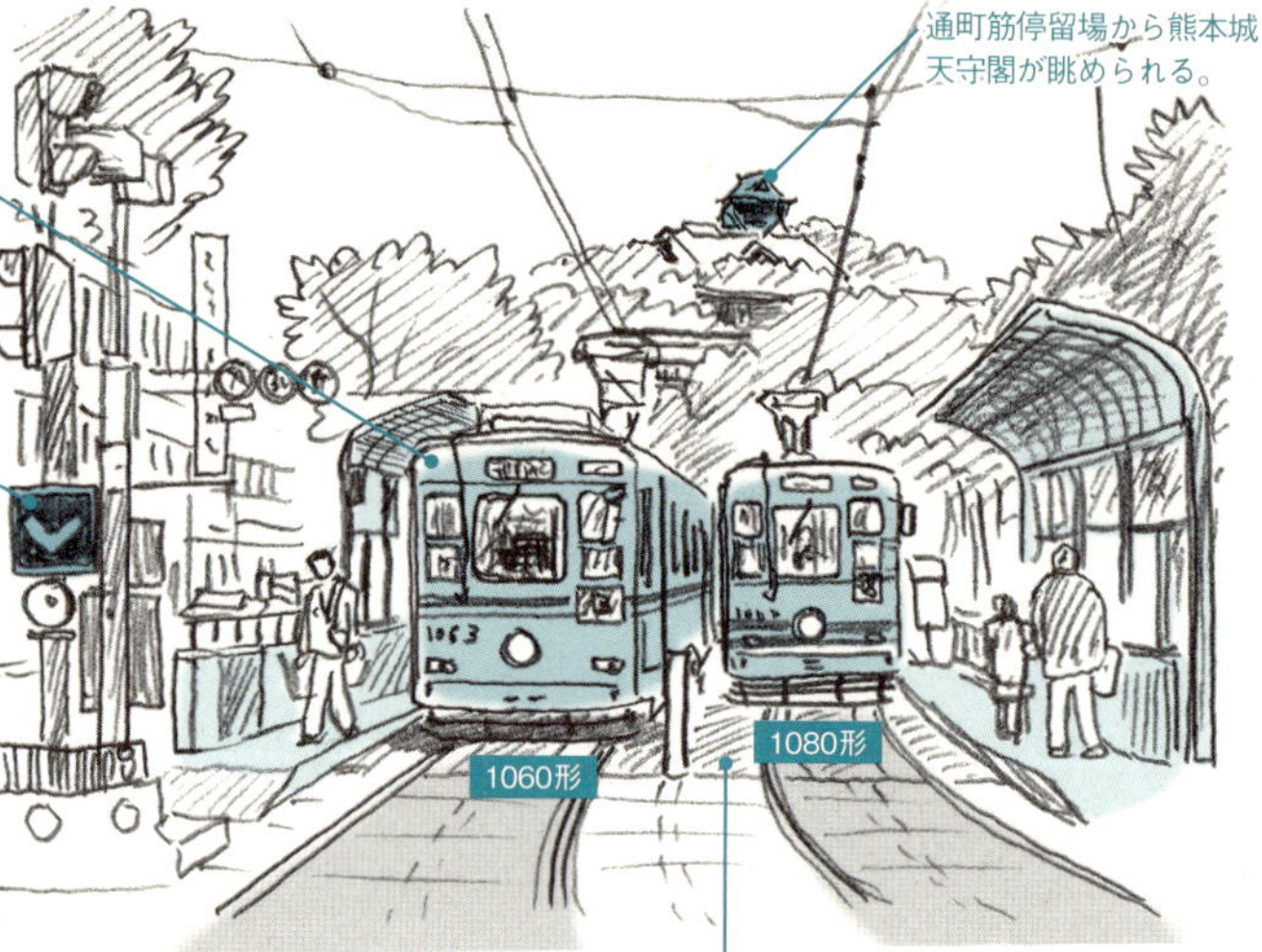
通町筋停留場から熊本城天守閣が眺められる。
熊本市電でもっとも古い1060形1063は1951（昭和26）年、大阪堺市にあった廣瀬車輌の製造。
電停（市電停留場）の安全地帯を示す標識。
通町筋停留場の開設は1924（大正13）年8月で、当時は手取本町という停留場名だった※1。
1060形
1080形
「市電緑のじゅうたん事業」※2にともない、通町筋停留場構内の軌道敷にも芝が貼られている。

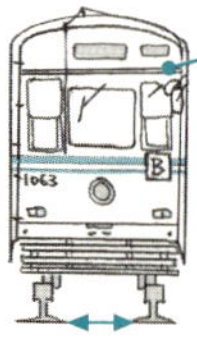
1063は1951（昭和26）年に製造された熊本市電最古参の車両で、クリームに太・細2本、濃紺の帯が巻かれた1980年代の旧塗装で運用されている。老朽化が進んだ現在は朝のラッシュ時を中心に運用される。「体験運転イベント」が実施されることもある。
軌間：1435mm

data
運行区間：田崎橋～健軍町（A系統）、上熊本駅前～健軍町（B系統）
開業：1924（大正13）年8月1日
動力：直流600V
路線総延長：12.1km

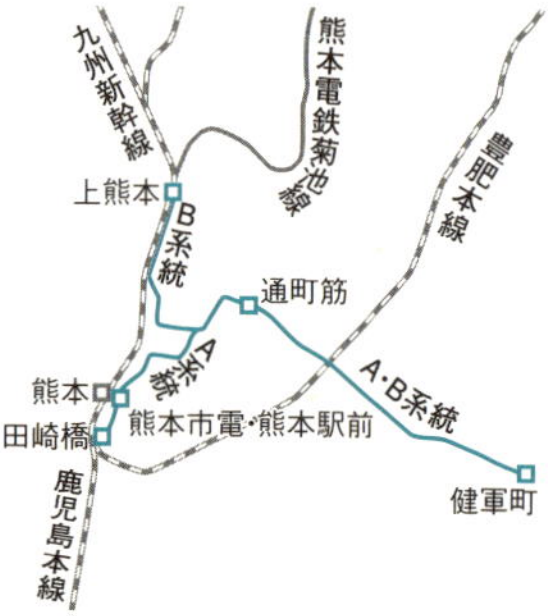
九州新幹線
熊本電鉄菊池線
豊肥本線
上熊本
B系統
通町筋
A系統
A・B系統
熊本
熊本市電・熊本駅前
田崎橋
健軍町
鹿児島本線

熊本

熊本市電幹線 水前寺《すいぜんじ》線・健軍《けんぐん》線ほか

全廃の危機を乗り越え多くの「日本初」をもつ

1924（大正13）年に開通。自家用車の普及が進んだ昭和50年代には廃止の危機もあったが、何とか踏みとどまり※3、現在はA系統が田崎橋・熊本駅前から、B系統が上熊本駅前から辛島町、熊本城・市役所前、水前寺公園などを経由して、健軍《けんぐん》町との間を結ぶ※4。

熊本市電はアメニティや福祉に配慮した「日本初」のタイトルをいくつももつ。軌道初の冷房搭載車（1978年）や、超低床路面電車（1997年）などである。ビール電車「ビアガー電」などのイベント列車や、軌道敷緑化事業にも取り組んでいる。

※1：戦前に廃止されたが、1950（昭和25）年12月16日に再開、現駅名に。※2：2010（平成22）年4月から始まった。※3：バス転換も考えられたが、資金調達できず存続。新車導入など、思い切った施策で復活した。

九州新幹線開通で出現した熊本駅前の「大屋根」

九州新幹線の全通を前にした2010（平成22）年4月、熊本駅前〜田崎橋の区間570mをサイドリザベーション※5し、当初道路の中央にあった軌道敷きを道路寄りに移設する工事が行われた。これにともない、熊本駅前の電停も田崎橋方向70mの位置に移動した。

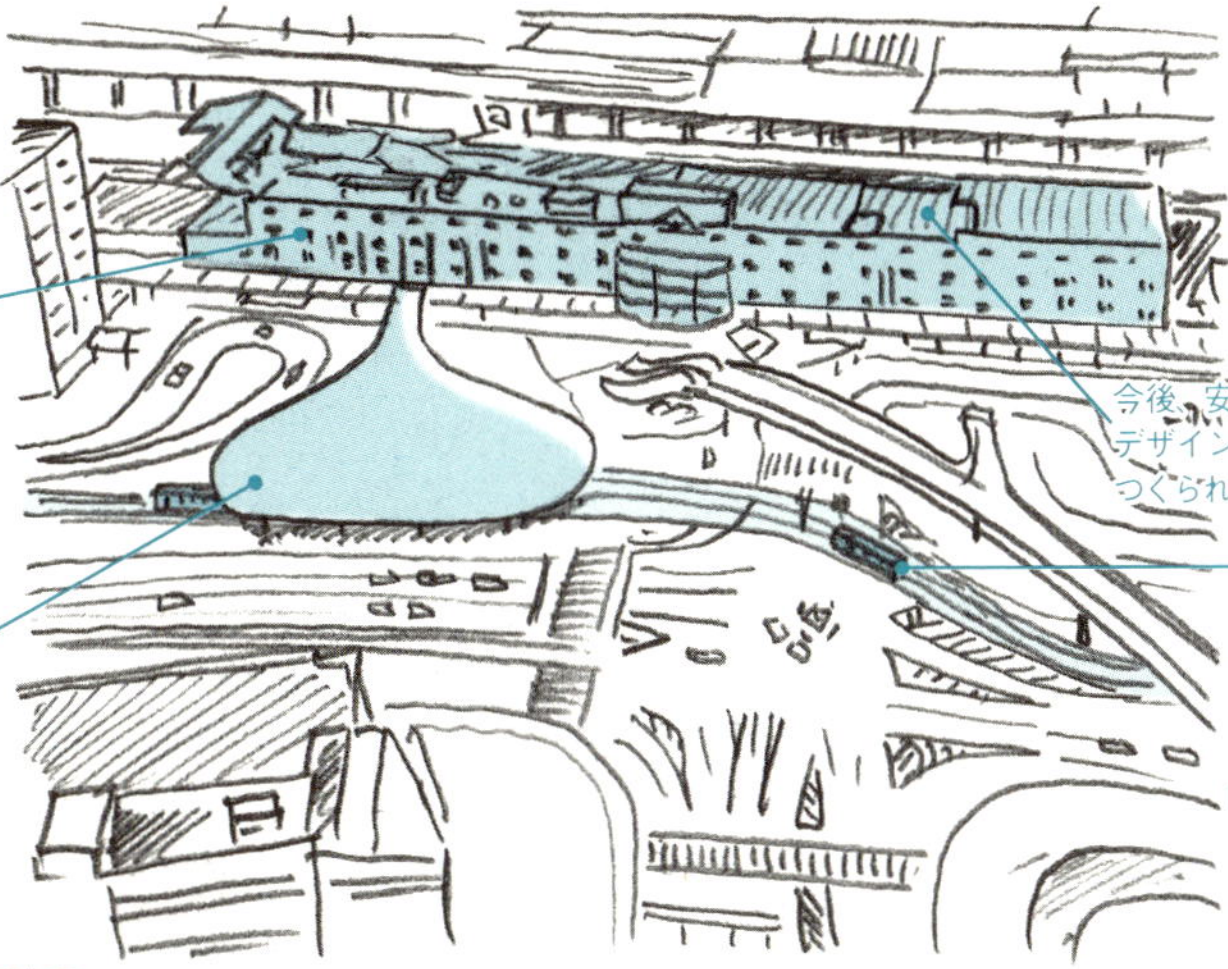

JR熊本駅の駅舎は1958（昭和33）年の完成、1991（平成3）年に改築されたものだ。

熊本駅前電停にかかる「大屋根」。しゃもじのようなデザインは建築家の西沢立衛氏によるもので、大きさ約1,000㎡、地面から天井までの高さは5.7mとなっている。

今後、安藤忠雄氏デザインの駅舎がつくられる予定。

熊本市電

「車軸なし」で車体の超低床化を実現するドイツ・ブレーメン形の9700形

富山地方鉄道市内軌道線9000形（59頁）と同じく、超低床仕様のドイツ・ブレーメン形を採用。車体の艤装は新潟鉄工所（現新潟トランシス）による。

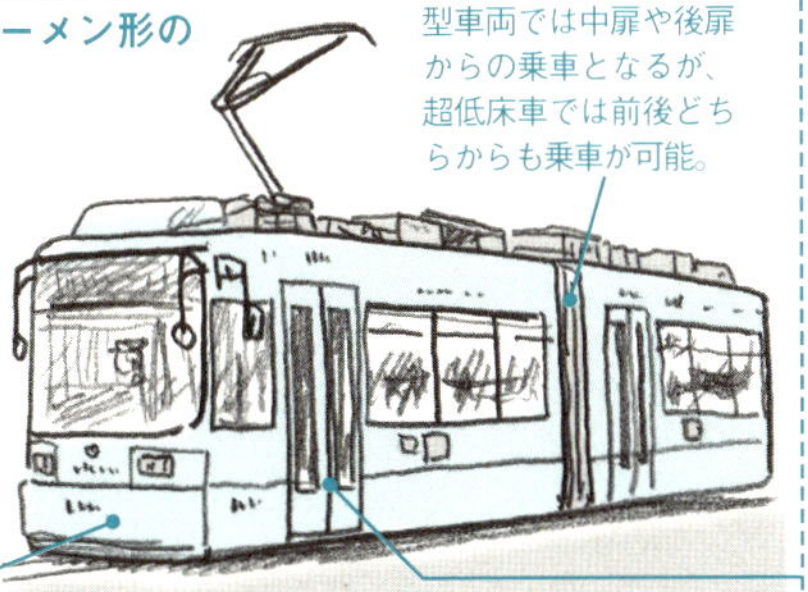

1060形（60頁）など、旧型車両では中扉や後扉からの乗車となるが、超低床車では前後どちらからも乗車が可能。

車体は連接式だが連接部には車輪がない。また、前後どちらの車両も車軸のない独立した車輪を計4輪ずつ装着している。これが車体の超低床化を実現させた。

夏限定の貸し切り「ビアガー電」

ビアガー電は2006（平成18）年からスタートした貸し切り車両で、毎年7〜9月に1日1組限定で運行される（2016年は運行を見合わせた）。

飲食物は利用者の持ち込みとなっている。

通常の運用時に設置されているロングシートは撤去され、窓際にカウンターと28脚の座席が設置される。

※4：2016（平成28）年4月14〜16日に熊本地方を襲った地震の影響で、一時全線を運休したが、4日後の4月20日に全線で運行再開した。
※5：道路の端に軌道敷を設置すること。中央に設置する方式は「センターリザベーション」。

鹿児島市内の繁華街・山形屋前を走り抜ける500形

山形屋の屋上に立つルネサンス様式の塔屋は1916（大正5）年の竣工当時からあったが、現在は1998（平成10）年の改装時に当時の姿に復元されたもの。
山形屋の隣りは美しいアーケードをもつ「中町ベルク商店街（中町通り）」。ベルクとはドイツ語で「山」を意味する。かつて山形屋を「ベルク」と呼んでいたことに由来する。
山形屋前にかかる架線はセンターポール式。
鹿児島市電の緑化整備区間は併用軌道区間全線で、長さ8,900mにも及ぶ。

軌間：1435mm

500形は1969（昭和44）年にワンマン化改造がなされ、正面3枚窓となった（それまでは正面2枚窓）。車体の色は窓回りが山吹色で、窓上から屋根までと窓下から下部が青緑。側面から正面にかけて白い帯を巻き、正面では帯が中央に向かって下方へカーブする。

data

運行区間：鹿児島駅前～谷山（1系統）、鹿児島駅前～郡元（2系統）
開業：1912（大正元）年12月1日
動力：直流600V
路線総延長：13.1km

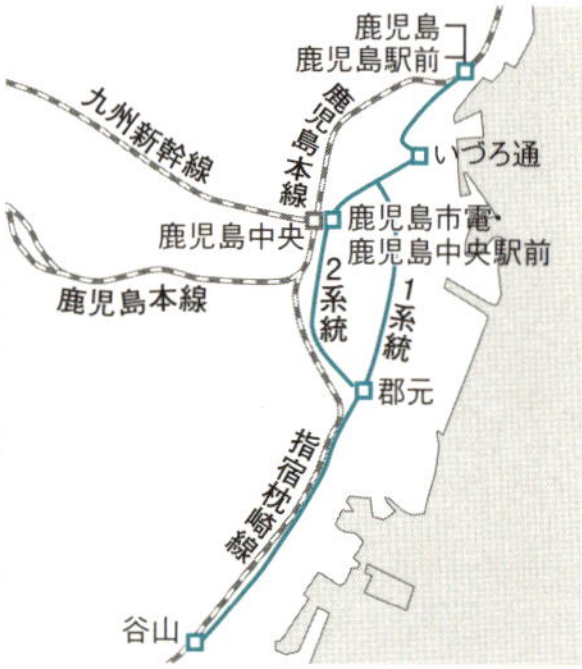
鹿児島
鹿児島駅前
九州新幹線
鹿児島本線
いづろ通
鹿児島中央
鹿児島市電・鹿児島中央駅前
鹿児島本線
2系統
1系統
郡元
指宿枕崎線
谷山

鹿児島

日本最南端の路面電車は芝刈車、散水車も備える

鹿児島市電 谷山線・唐《と》湊《そ》線《せん》ほか

鹿児島市電では他の都市にさきがけ、車両の完全冷房化が実現した。これには、桜島噴火で降灰があると夏でも窓が開けられないという、鹿児島ならではの事情があった。花電車として知られる20形も２００１（平成13）年までは、火山灰の巻き上げを防ぐため、水タンクを取り付け散水車としての機能を備えていた。

また、軌道敷緑化事業で植えた芝のメンテナンスのため、２０１０（平成22）年に世界で初めて芝刈り電車を導入。こちらも散水車を兼ねており、芝への水やりのほか、降灰時にも活躍する。

世界初の芝刈り・散水電車

軌道敷の緑化を進める鉄道路線は全国にいくつかある。鹿児島市電もそのひとつだが、ここでは世界初となる「芝刈り電車」を運行している。また、芝刈り電車は桜島の噴火にともなう振灰からレールを守るための「散水電車」としても運用される。

車内のシートはすべて撤去され、散水装置とステンレス製6000リットルの水タンク、芝刈装置の制御機器などが搭載されている。

芝刈り電車として運用中、方向幕は「芝刈作業中」と表示される。

牽引する500形512から動力を受けるためのジャンパ栓を接続。芝刈装置とブロワは512の乗務員が制御する。

芝刈り電車として出動する際も、車体側面の文字は「散水電車」のまま。

芝刈り電車も鹿児島市電の標準塗装だが、前面の下部と側面2カ所は黄色と黒の警戒色となっている。

旅客車時代の1969（昭和44）年5月にワンマン化改造され、その際に正面窓は2枚から現在の3枚窓に改造されている。

散水ノズルの下には排障器を装備している。

車内に設置された水タンクから送られた水は、車体の前後に装備した散水ノズルにより軌道上にまかれる※1。

芝を刈るカッターの動力は、小型でトルクのある油圧式ポンプ。

刈り取った芝の吸引を制御する電動機「ブロワ」。

刈り取った芝の収納箱。

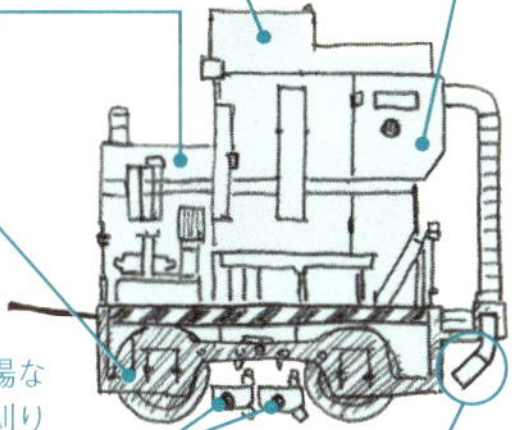

2008（平成20）年に廃車となった500形513の台車「FS67」を流用している。

競技場やゴルフ場などで使われる芝刈り機「リールモア※2」を装備。らせん状になった4枚の刃（カッター）で芝生を刈り取る。

刈り取られた芝はホースを通り、刈芝収納箱に集められる。

おはら祭りで登場する華麗な「花電車」

おはら祭りが近くなると※3、鹿児島市電では花電車と呼ばれる、電飾と造花で飾った車両を走らせる。

車体に装着されたスピーカーから「おはら節」を流しながら鹿児島市内を巡る。

夜間はライトをつけて走行。車体を飾る電飾はおよそ1700個、造花は8500個にも上る。

車体は桜島の写真などで飾られている。

車体の型式番号は「花2」※4。

踊り手であふれるため、おはら祭り当日は1系統の高見馬場～鹿児島駅前、2系統の鹿児島中央～鹿児島駅前の区間で一部の便が運休となる。

踊り手の数はおよそ2万人。

※1：左右の散水幅は約3400mm、最大で毎分200ℓを散水可能。※2：カッターの刈り取り幅は左右最大2569mm。※3：おはら祭りは毎年11月2、3日に行われる。※4：西鉄福岡市内線で運用されていた車両を1979（昭和54）年に譲渡されたもので、車体製造は九州の財閥・深川家が経営していた深川造船所。

ドイツから四国経由で福井へやってきた「レトラム」

ドイツ時代に系統番号が表示されていた小さな窓に行き先が表示される※3。

シュツットガルトで走っていたため、冷房装置がついておらず、夏場は運用をはずれる。

シングルアーム式パンタグラフ※1による集電。

運転席上の方向幕はシュツットガルト市電時代のものがそのまま残されており、ドイツ語の地名（botnang、vogelsangなど）が表示される。

特徴的なデザインの前照灯。その他も含めた車体のデザイン構想は、福井鉄道と越前市の仁愛大学の学生らが共同で行った※2。

F10形「レトラム」

F1000形「フクラム」

塗装はドイツ時代から変わらず、車体上部が白、下部が黄色で境目に黒い帯。

前照灯はタテに2つ。これも日本の鉄道車両では見られない珍しいデザインだ。

正面サイドにはドイツ国旗があしらわれている。

軌間：1067mm

F1000形は、同社50年ぶりの自社発注車で、福井県民からの公募により「FUKURAM」の愛称が付けられた。大きく取った正面窓と側窓回りは黒で、車体の裾はシルバー、それ以外の部分は1次車、2次車、3次車で色の違いをつけている※4。

data

運行区間：越前武生～田原町、市役所前～福井駅（支線）
開業：1924（大正13）年2月23日
動力：直流600V
路線総延長：21.5km

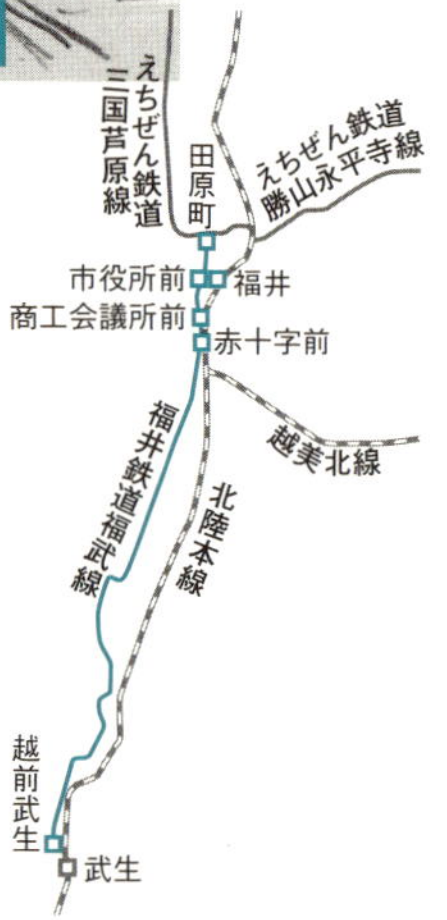
えちぜん鉄道三国芦原線
田原町
えちぜん鉄道勝山永平寺線
市役所前
福井
商工会議所前
赤十字前
越美北線
福井鉄道福武線
北陸本線
越前武生
武生

福井

大型電車が道路を走る「併・専用」軌道両用線

福井鉄道福武《ふくぶ》線

福井鉄道福武線は、ほぼ全線にわたってJR北陸本線（86頁）と並行して走る。赤十字前より南側が鉄道線、商工会議所前（旧称：木田四ツ辻《きだよつつじ》）より北側が軌道線となっている。

かつては道路との併用軌道を、大型の電車が走行する光景がよく見られた。しかし近年、車両の大半が低床車のF1000形を含む路面電車タイプへと置き換わり、ラッシュ時以外で大型車両を見かけることは少なくなってしまった。

なお2016（平成28）年3月からは、えちぜん鉄道三国芦原線※5との相互乗り入れも始まった※6。

※1：菱形のパンタグラフの、前後どちらかのアームを省略した形状の集電装置。屋根上重量の軽減などのメリットがあり、近年では新幹線の車両にもよく採用されている。※2：デザイン案は最終的に6案にしぼられ、県内在住、在勤の人々の投票で決められた。

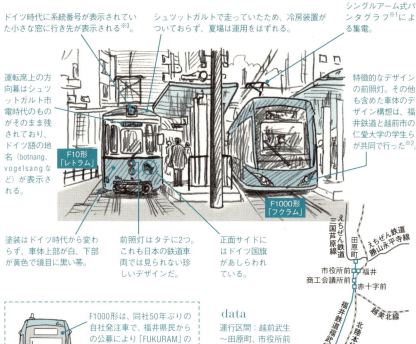

1編成だけ残る2両固定編成の併用軌道向け大型車

専用軌道への乗り入れ運行を行う福井鉄道では、大型の車両が必要となる。そのため、自社発注したオリジナル車が200形で、製造時は201 ～ 203の3編成あったが、現在も現役車両として残るのは203の1編成だけとなっている。

車両の古い銘板

1960（昭和35）年に日本車輌で製造されている。

併用軌道での運用を考え、製造時から排障器を装着している。

かつて、車体の側面に広告看板をつけて走っていた時代もあった。現在広告をつけて走ることはないが、ホルダーは車体に残されている。

2両編成固定での運用で、乗降口は（連結時の）間隔が均等になるように設けられている。

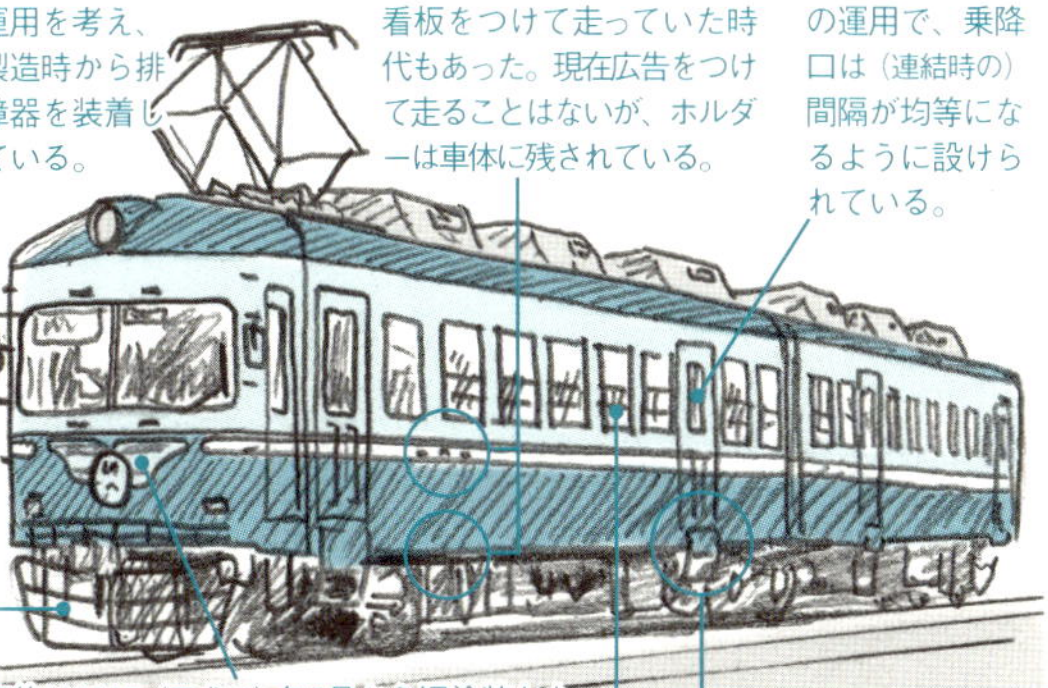

車体は2007（平成19）年5月から旧塗装となり、正面も急行電車用として運用開始した当時を意識したヘッドマーク風の塗装に。

専用／併用両区間走行の証「ステップ」

軌道線の区間ではホームが低くなっており、停車時にステップが降りる。

座席の上部には白いビニール製のヘッドレストが装着されている。

シート配列はドア横がロングシート、それ以外が左右4組の固定式クロスシート。

座席は青いモケットシート。

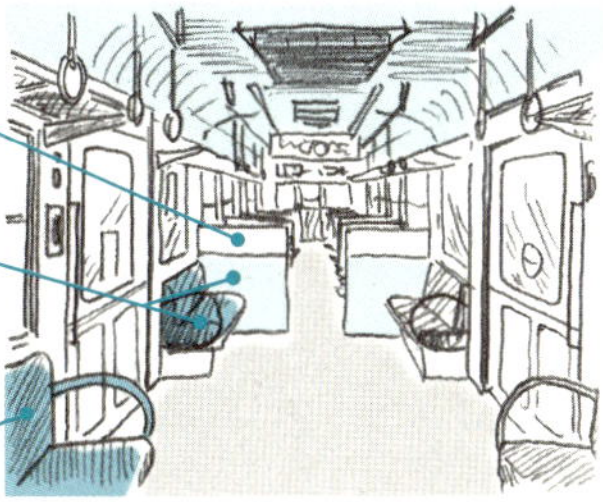

地下鉄車両が生まれ変わった600形

ベースとされたのは名古屋市交通局（名古屋市営地下鉄）1100形だが、他社で廃車となった車両のパーツを組み合わせ、オリジナルに近いような鉄道車両ができあがった。

パンタグラフは、愛知の豊橋鉄道渥美線で廃車となった1900形のものを譲り受けて再利用。

排障器は福井鉄道160形のパーツが流用されている。

実際の鉄道専用線の切れ目から、やや赤十字前駅方向に「鉄軌道分界点」の標識が立っている。

鉄道、併用軌道（一般道にレールが設置された区間）の切れ目は赤十字前～商工会議所前間にある。

※3：「区間急行 田原町ゆき」の場合等は2段（上段が区間急行、下段が行き先）となり、詰まった印象になる。※4：1次車がオレンジ、2次車がブルー、3次車がライトグリーン。※5：福井口～三国港を結ぶ第三セクターの路線。※6：あわら温泉や三国港など、観光地へのアクセスが便利になった。

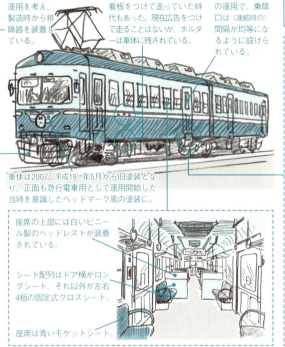

原爆ドームと「被爆電車」650形

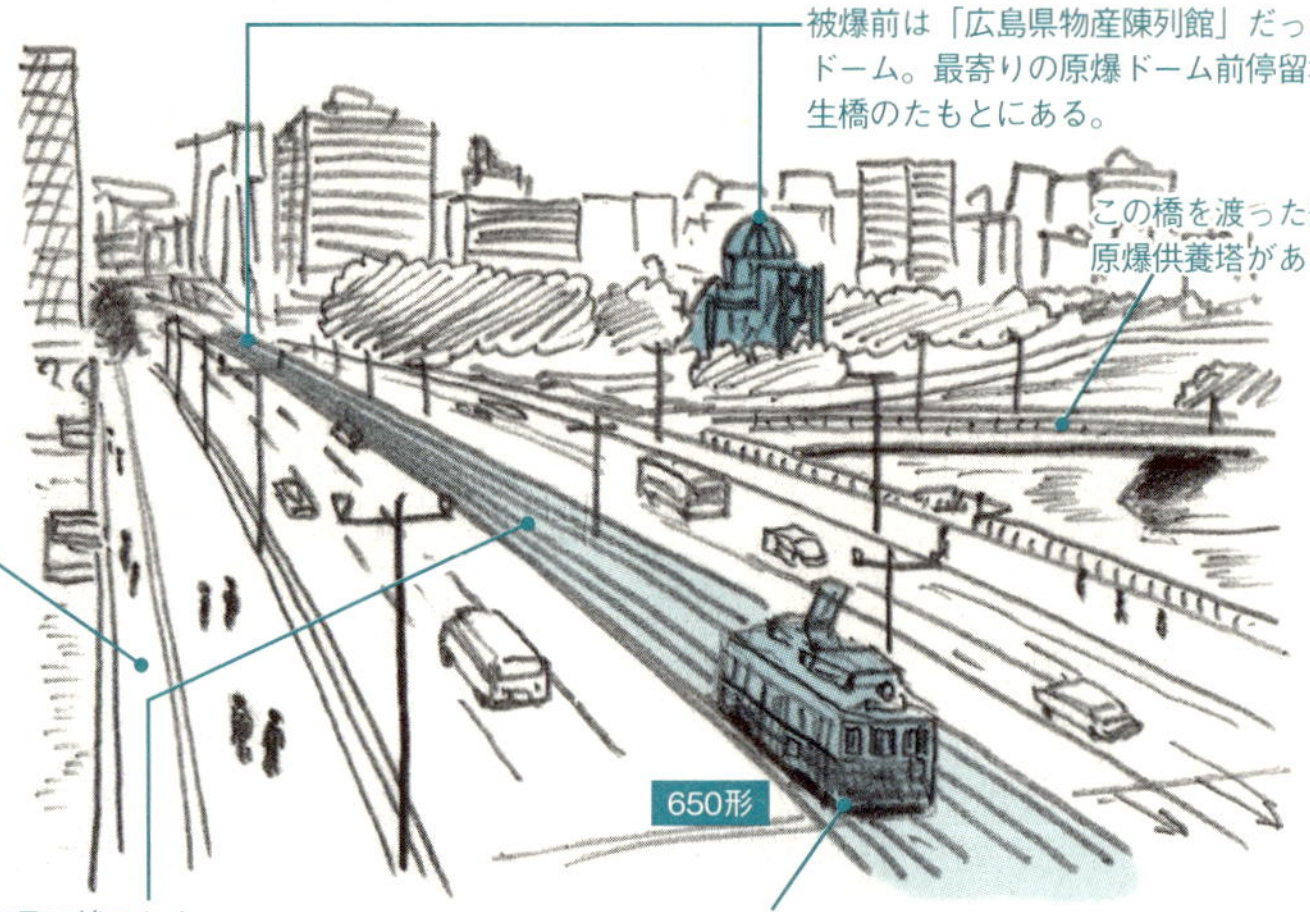

被爆前は「広島県物産陳列館」だった原爆ドーム。最寄りの原爆ドーム前停留場は相生橋のたもとにある。

この橋を渡った先には原爆供養塔がある。

相生橋は本川（旧太田川）と元安川の分岐点付近にかかっている。

1932（昭和7）年12月に竣工した2代目の相生橋から、広島電鉄の併用軌道が敷かれた。現在の橋は1983（昭和58）年10月に完成した3代目。

1945（昭和20）年8月6日の原爆投下時、被爆した車両のうち現在も運用されている被爆電車は650形651、652の2両で、いずれも朝のラッシュ時を中心に運用されている。

軌間：1435mm

650形は原爆の被害を受けたいわゆる「被爆電車」で、651～655の5両のうち、651～653の3両の車籍が現在も残る。車体の塗色は正面窓、側窓より下が濃緑、それより上がベージュとなっている※1。

data

運行区間：広島駅～広電西広島（本線）、紙屋町～広島港（宇品線）、土橋～江波（江波線）、十日市町～横川駅（横川線）ほか開業：1912（大正元）年11月23日（軌道線）動力：直流600V 路線総延長：19.0km（宮島線を含むと35.1km）

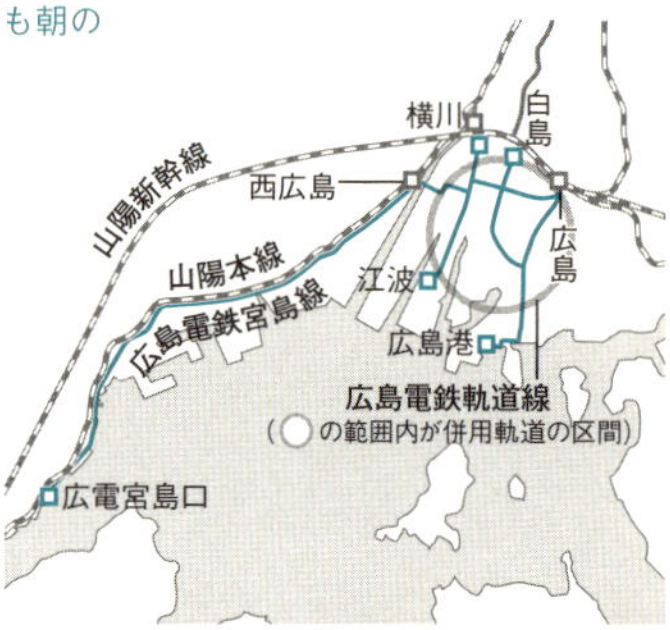

広島

全国の旧型車両が集まる動く路面電車博物館

広島電鉄本線 宇品線・白島線ほか

広島電鉄は宮島線のみが鉄道線で、大部分の路線（本線と宇品・白島・横川・江波・皆実の各線）は軌道線になっている。また、ほぼ全線が道路上に敷設された併用軌道で、宮島線に乗り入れる連接車も道路上の軌道を走行する。

大きな特徴は、さまざまな形式や来歴、塗装の車両が集まり、「動く路面電車博物館」ともいうべき多彩な顔ぶれが揃っていることだ。大正時代に製造された古参車両から最新鋭の低床車まで、また自社発注車や、京都や大阪などで活躍した車両が走るなど、ファンをひきつけてやまない魅力がある。

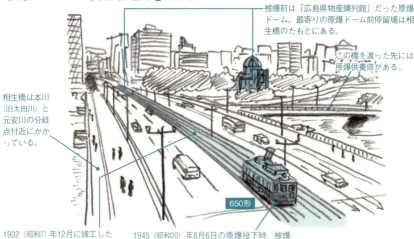

広島電鉄の心臓部・千田車庫

本社ビルのある千田車庫では、広島電鉄の他の車庫[※2]に所属する車両の検査なども行う。いわば広島電鉄の心臓部ともいうべき場所だ。毎年6月10日前後の日曜日には「路面電車まつり」を開催・車庫内の車両を一般公開するほか、中古部品やグッズの即売会なども行っている。

200形は1983（昭和58）年に広島市と姉妹都市提携をしたドイツのハノーバー市[※3]から、1988（昭和63）年に寄贈された。冷房装置がついていないことから、例年11～3月の短期間のみしか見ることができない。

千田車庫は1912（大正元）年11月、広島電鉄の路線開業時から建つ同社でも最も古い車庫。

発電所から変電所へ再生

火力発電所として開設されたが1934（昭和9）年、電力会社「広島電気」から電力を供給し、「千田変電所」に生まれ変わった。

原爆の爆風により被害を受け、1958（昭和33）年に外壁の補修などが施されている。

ボイラー棟。発電所として創建された当時、発電用の燃料は石炭だった。

ホームのない停留場

700形は、1982（昭和57）年に新造された自社発注車。

小網町停留場のある道路は幅が狭く、ホームや安全地帯がない。

海を渡った570形578

サンフランシスコで開催される「トロリーフェスティバル」への参加のため、1986（昭和61）年に同地に渡り、サンフランシスコ市営鉄道へ譲渡された。

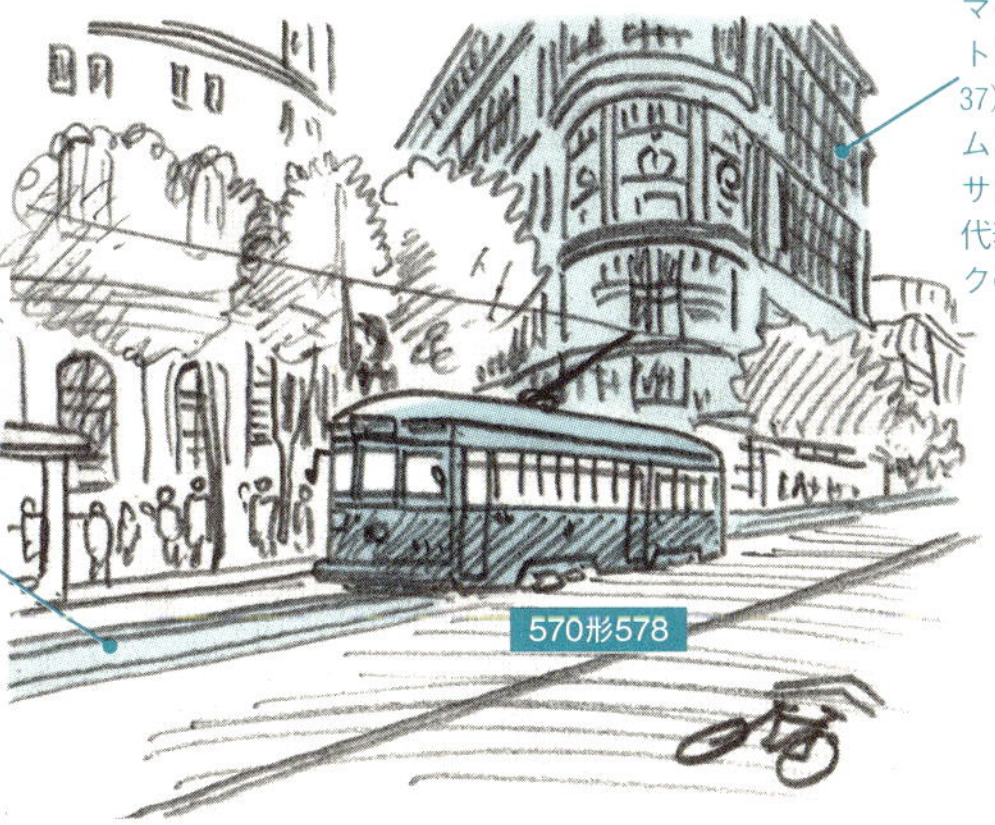

マーケットストリートに立つ1904（明治37）年完成のジェームス・フラッドビル。サンフランシスコを代表するランドマークの一つである。

サンフランシスコ市電では、地下鉄区間を走る路面電車「ミュニ・メトロ」、レトロな車両を集めた路面電車「Fライン」などを運行している[※4]。

※1：被爆当時の塗装は青の濃淡。2015（平成27）年、654号車が当時の色に復元された。※2：千田車庫のほか、荒手車庫、江波車庫の3カ所。※3：ドイツ北部の主要都市で、2000（平成12）年には万博も開催。※4：Fラインには国内外から歴史ある車両が集まり、広島電鉄570形578のほかイタリアからの譲渡車なども運用されている。

日本で唯一現存する「鉄道」×「軌道」の平面交差（直交）

旧型車両の一部は、かつて集電装置にビューゲル（25頁）を使用していたが、1960年代にZ形パンタグラフ[※1]へと改装されている。

交差部分では当然ながら架線もクロスしており、車両が通るたびに大きな火花が散る（スパークする）のが見える。

路面電車（軌道線）とは別に「郊外線」（鉄道線）と呼ばれる区間で運用されているのは700系。1987年、関東の京王帝都電鉄（5000系）からやってきた車両である。

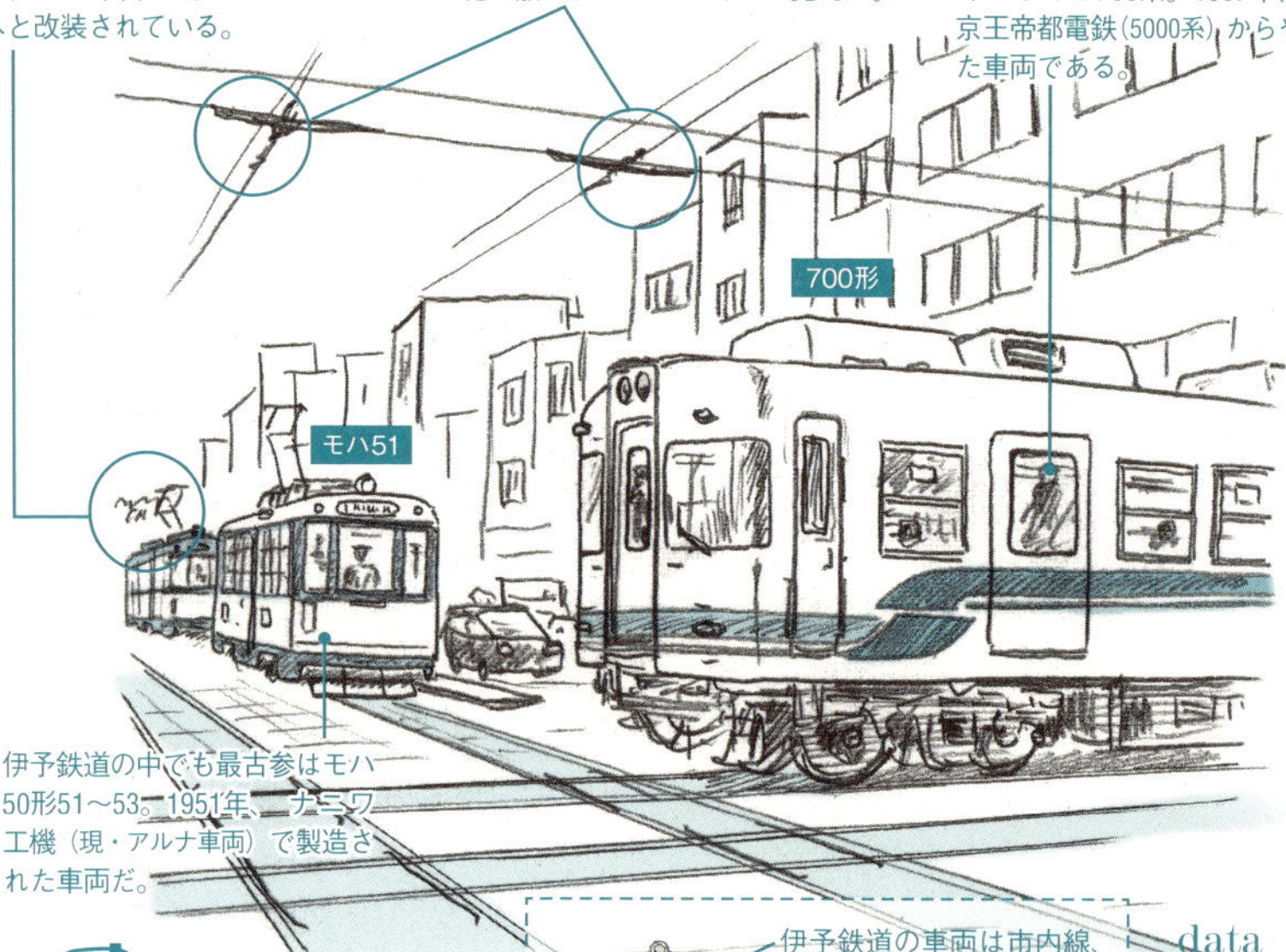

伊予鉄道の中でも最古参はモハ50形51〜53。1951年、ナニワ工機（現・アルナ車両）で製造された車両だ。

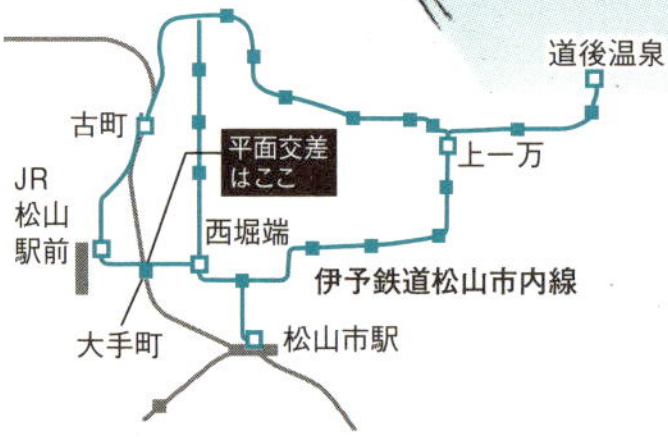

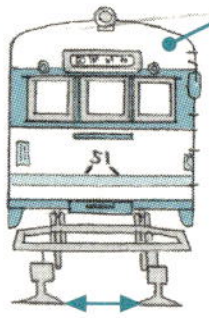

軌間 1067mm

伊予鉄道の車両は市内線、郊外線とも長らくクリームとオレンジのツートンという塗装だった。しかし、2015（平成27）年からは徐々に、赤みの強い鮮やかなオレンジ一色という非常に目を引く塗装へと変更されている。

data

運行区間：松山市〜道後温泉ほか
開業：1888年（明治21）年10月28日
動力：直流600V
路線総延長：9.6km

愛媛

伊予鉄道松山市内線

50〜60年代のなつかしい旧型車が漱石の街をゆく

松山市内をぐるりと巡るように線路を伸ばす伊予鉄道には、鉄道をゆく郊外線と、一般道に敷かれたレールの上を走る併用軌道などからなる松山市内線がある。

このうち松山市内線には、50年選手、60年選手といった古株車両がゴロゴロと残っており、鉄道マニアのなかでもオールドファンと呼ばれる人たちを喜ばせている。また、2001（平成13）年からは夏目漱石の『坊っちゃん』に登場する「マッチ箱のような汽車」を復元したディーゼル機関車、客車（坊っちゃん列車）を新規に導入し、こちらも人気を集めている。

※1：集電装置の1種で、名称はその形状から付けられたもの。高速走行では架線とパンタグラフが離れてしまう恐れがあるため、スピードの出ない路面電車などで多用される。※2：コルゲートとは外板に凸凹状の起伏を設ける工法で、強度アップのほか金属板のゆがみを目立たなくする効果がある。※3：ロープウェイ、リフト共通の乗車料金は片道270円（小人130円）。

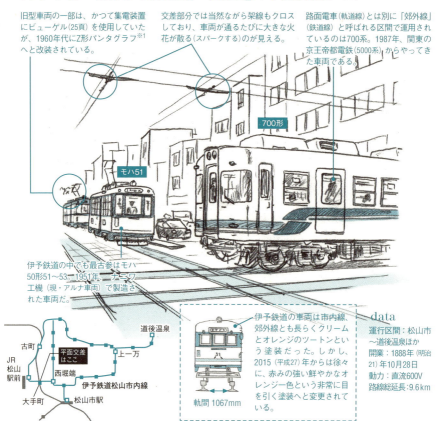

9 バス車両の工法を取り入れたコルゲート車

1960〜62年にナニワ工機（現・アルナ車両）で製造されたモハ50形後期車両には、コスト削減を目指しバスの軽量車体構造が取り入れられた。これによりおよそ3トンの軽量化（総重量16tから13t）が実現したが、劇的なコスト削減には至らず、製造期間は短かった。

「市駅」は伊予鉄道の松山市駅をさす。JR四国の松山駅と区別する、地元・松山の人々の呼び方だ。

車体の脇に掲げられた広告は「一六タルト」「坂の上の雲」など、地元松山の菓子メーカーのものが多い。

1960年から運用を開始したモハ50形の後期形車両（62-69）には、車体に軽量化のためのコルゲート※2が入っている。

伊予鉄道が管理する松山城ロープウェイ

松山城の本丸は標高132m。その8合目まで行けるロープウェイの車窓からは、松山市内が一望できる。

ロープウェイと並んでリフトもある※3。

ディーゼル機関の「坊っちゃん列車」

当初、蒸気機関で復元される予定だった坊っちゃん列車だが、ばい煙が街の空気を汚す恐れを考慮して、ディーゼル機関車による復元車両が製造された。

機関車とともに「マッチ箱」も復元

客車はハ1形1・2A、およびハ31形31。

社内は板張りにニスで仕上げ、三等客車を再現している。

車体の形状は「単端式※5」で、折り返し運転の際は人力での方向転換が必要。

煙突からは黒煙に見立てた蒸気が出る。煙突や蒸気溜の加減弁の形状などが、D1形1とD2形14で異なる※4。

機関車、客車ともに製造は新潟鐵工所（現・新潟トランシス）が担当。D1形は客車を2両牽引するのに対し、D2形の牽引客車は1両となっている。

※4：このイラストはD2形14号機関車。※5：「片運転台車」とも呼ばれ、運転席が片方にしかない車両をいう。

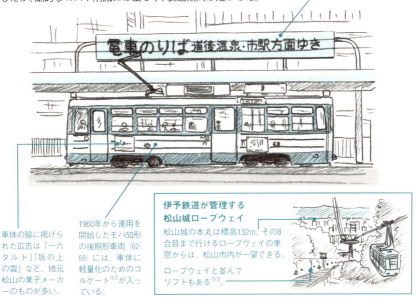

長崎

運行開始から100余年「日本一安い」庶民派路線

長崎電気軌道本線 桜町支線・大浦支線ほか

山の斜面にびっしりと住宅が建つ、独特の景観をもつ港町・長崎に、路面電車の運行が開始されてから100年が過ぎた。現在の運用車両には、超低床車など新しいものもあるが、明治時代に製造された160形（元西鉄）をはじめ、移籍から長い年月が過ぎた元都電や元熊本市電など、懐かしさを感じさせる車両が今も現役で活躍中だ。

なかでも特筆すべきは、運賃で、大人120円という安さもさることながら、距離制ではなく均一制、つまりいくら乗ってもこの運賃なのだ。市民はもとより、観光客にもありがたい鉄道なのだ。

ビルの中を電車がくぐるが駅はなし（松山町～浜口町間）

500形は1961（昭和36）～62（昭和37）年、当時廃止予定だった大阪市電1700形のパーツを譲り受けて新造した鋼体車※1。

長崎西洋館。建物内を軌道が通過しているが中に停留場はなく、法規上は「トンネル」の扱いとなっている。

2006（平成18）年の「路面電車サミット」※2を期に、長崎電気軌道でも軌道敷の緑化に取り組んでいる。

正面は、平面を三枚つなぎあわせた「3面折妻構造※3」。

当初からワンマンカーとして製造され、自動ドアや車内放送の機器などを装備していた。

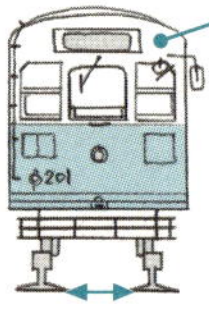

軌間：1435mm

201・202形は戦後の大量輸送に合わせ、日立製作所（201）、日本車両製造（202）の2社で製造された。現在も主力車両として運用されており、色分けは下部がグリーン、上部がクリーム。

data

運行区間：赤迫～住吉（赤迫支線）、住吉～正覚寺下（本線）、長崎駅前～公会堂前（桜町支線）、築町～石橋（大浦支線）、西浜町～蛍茶屋（蛍茶屋支線）
開業：1915（大正4）年11月16日
動力：直流600V
路線総延長：11.5km

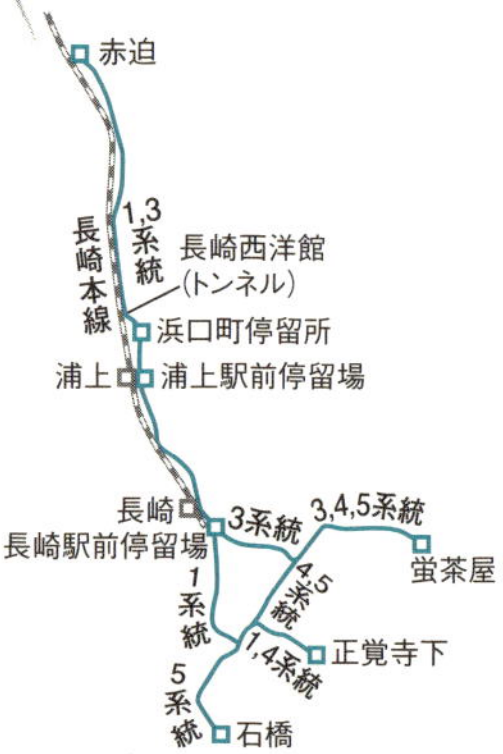

※1：1982（昭和57）年の水害で被害を受けたが修復、5両が運用についている。※2：1993（平成5）年札幌でスタート、以降ほぼ2年おきに開催。※3：製造工程を簡略化、コスト抑制できる。

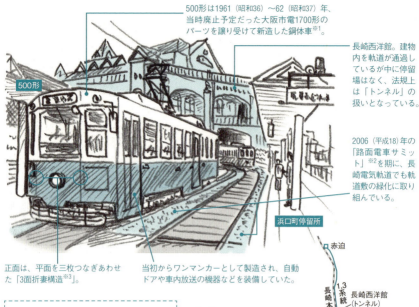

長崎駅前をゆく日本最古の木造電車

160形168は、現在、日本で営業運行されている車両のなかで日本最古の電車（1911年製造）である。元は福岡の西鉄福岡市内線で運用、1959（昭和34）年に長崎電気軌道に譲渡された。1985（昭和60）年からは長崎電気軌道創業時の車体色に変わり、11月16日の開業記念日など、年に数日運用についている。

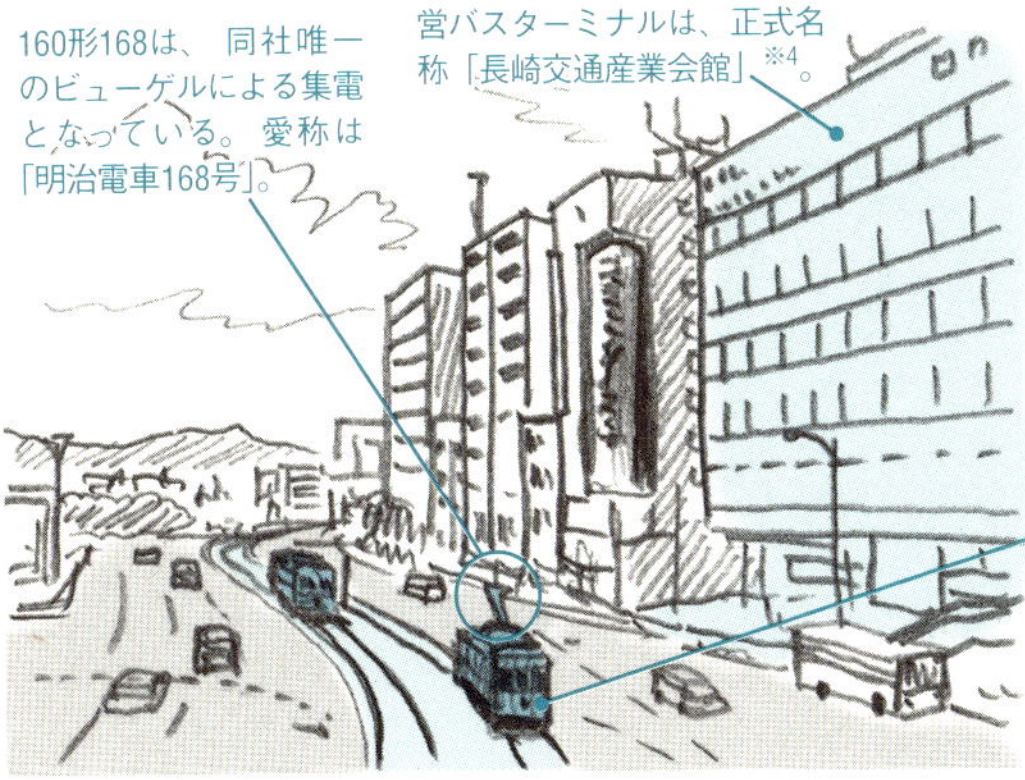
160形168は、同社唯一のビューゲルによる集電となっている。愛称は「明治電車168号」。
長崎駅前に建つ巨大な長崎県営バスターミナルは、正式名称「長崎交通産業会館」※4。

運転席と客席の間に仕切りはなく、乗客は乗務員と共同の乗降扉から乗降する。

天井はダブルルーフで、外の灯りが差し込む「採光窓」がついている。

降車の際は、手を挙げて車掌に知らせる。

県内最南端の停留場・石橋

「石橋」の停留場名は、かつてそばを流れていた川（現在は暗渠）にかかっていた石の橋（大浦橋）に由来するもので、周囲に石橋という地名はない。

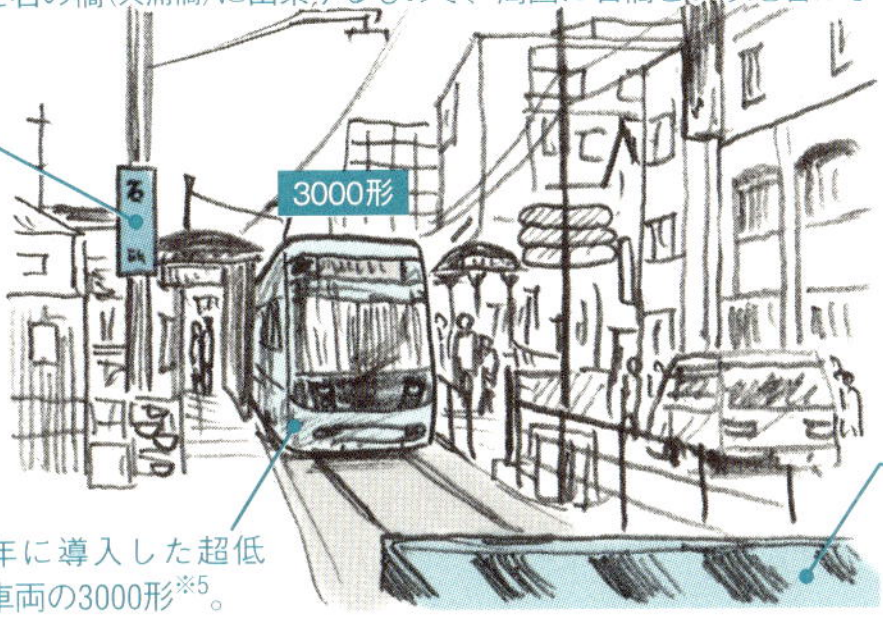
3000形

2004年に導入した超低床形車両の3000形※5。

街の中にある車止め

石橋の車止めは市街地にある。

駅から徒歩圏内に長崎県内の歴史的建造物を集めたグラバー園があり、ホームの端に案内が出ている。

「旧型車の宝庫」長崎電気軌道・浦上車庫

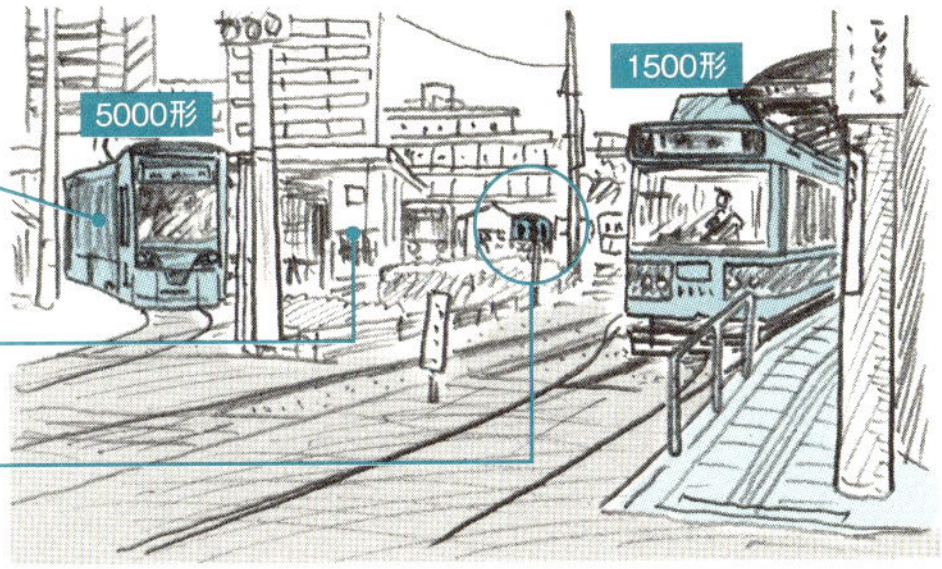
5000形
1500形

車庫は停留場のホームから左手に分岐している。ホームで乗客を降ろした車両はスイッチバックして車庫へ入る。

車両の検査を行う検修庫。屋上は従業員の駐車場として使われている。

毎年11月に行われる「路面電車まつり」では、元仙台市電モハ100形の1050形（1051）など、ふだん車庫内で保存されている車両が公開される。

※4：1963（昭和38）年の竣工から半世紀が経過し移転の噂も。※5：経費削減のため、中間車には台車がない。

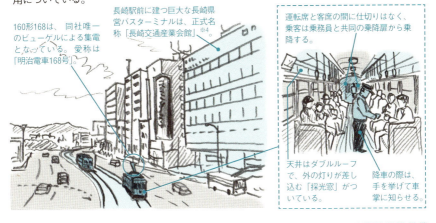

都内随一の急勾配は併用軌道・王子駅付近

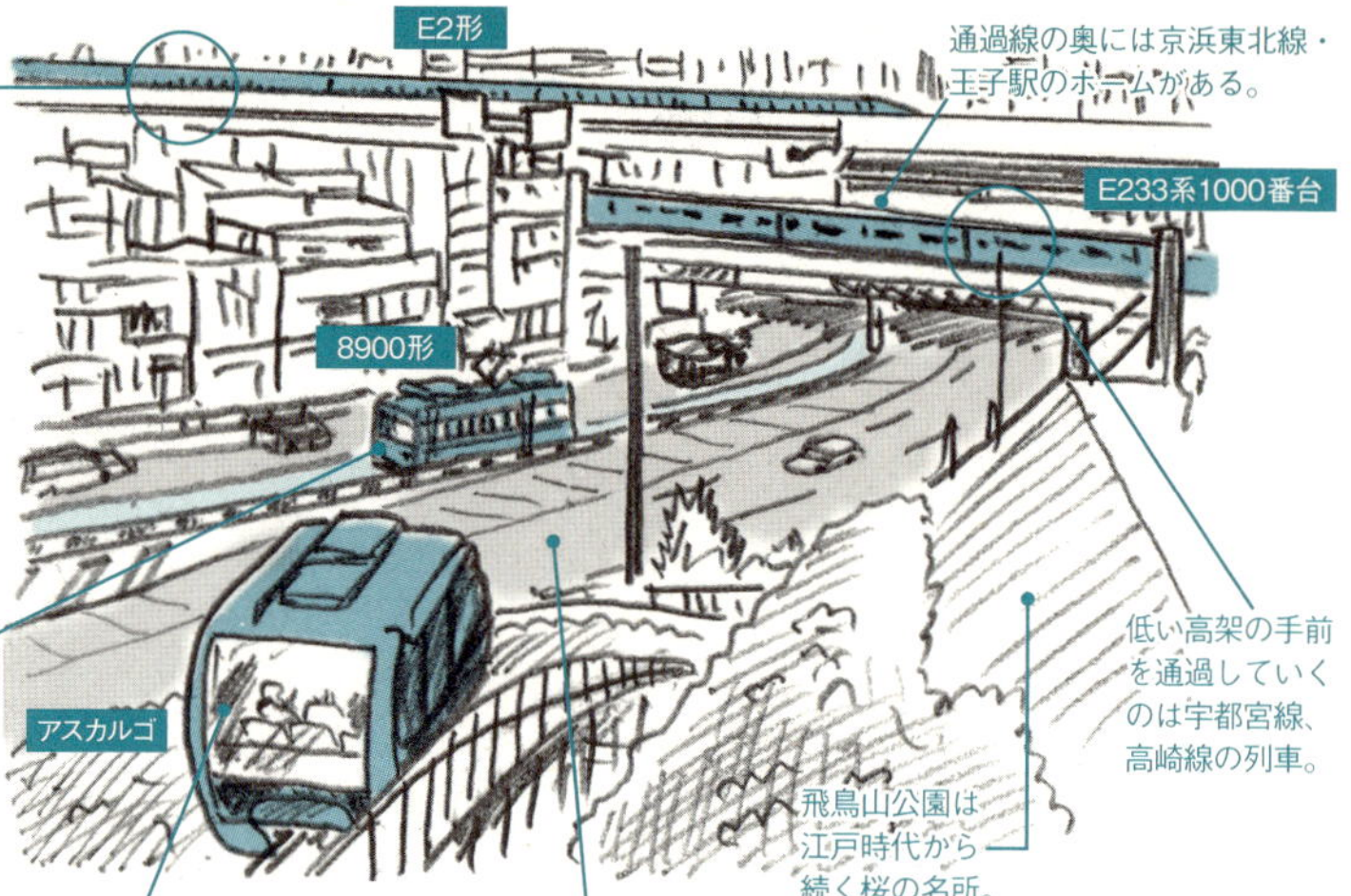
E2形
一段高い高架は東北・上越・北陸新幹線が通過する。
通過線の奥には京浜東北線・王子駅のホームがある。
E233系1000番台
8900形
飛鳥山付近は66.7‰※1という都内一の急勾配（左手が坂上）となっている。
アスカルゴ
低い高架の手前を通過していくのは宇都宮線、高崎線の列車。
飛鳥山公園は江戸時代から続く桜の名所。
飛鳥山公園の入口まではモノレールが発着している※3。
軌道の脇を走る道路は国道122号※2。

軌間：1372mm

7000形は1954（昭和29）～1956（昭和31）年の3年間で93両も製造された量産車で、順次、車体更新されてはいるものの、現在も10両が在籍している。2013（平成25）年11月9日から、7001は車掌が乗務していた昭和40年代のカラーリング（黄色に赤い帯）となった。

data

運行区間：三ノ輪橋～早稲田
開業：1911（明治44）年8月20日
動力：直流600V
路線総延長：12.2km

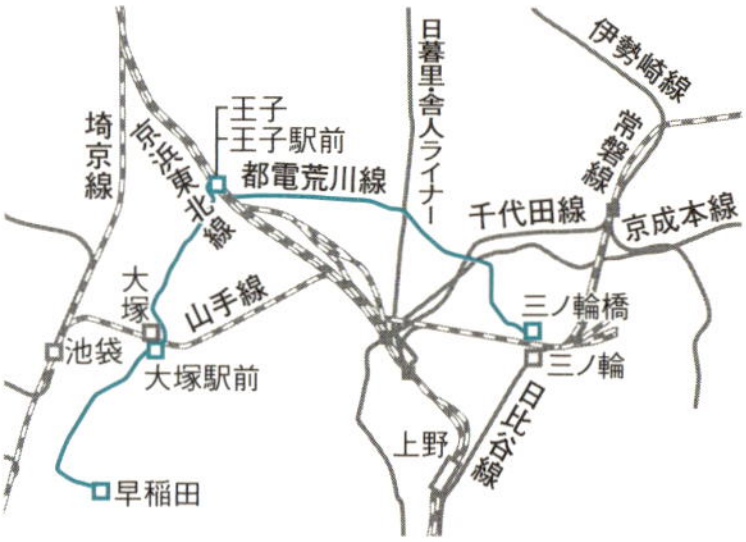
埼京線
京浜東北線
王子
王子駅前
都電荒川線
日暮里・舎人ライナー
伊勢崎線
常磐線
千代田線
京成本線
大塚
山手線
池袋
大塚駅前
三ノ輪橋
三ノ輪
上野
日比谷線
早稲田

東京

2系統の合併でできた都電最後のサバイバー

東京都交通局 都電荒川線

早稲田から三ノ輪橋まで、都電荒川線全線の所要時間は1時間弱。総延長12・2キロは、最盛期の都電路線の約5％に過ぎない。かつての都電が、いかに都区内全域に規模を広げていたかを示す数字ではないだろうか。

荒川線のルーツは、王子電気軌道という民間の会社によって敷設、運営された路線である。それが、のち1942（昭和17）年に当時の東京市に買収され、都電27・32系統として運行することになった。都電ほかの路線が廃止された後の1974（昭和49）年に、これら2つの系統を統合し荒川線と改称、現在に至る。

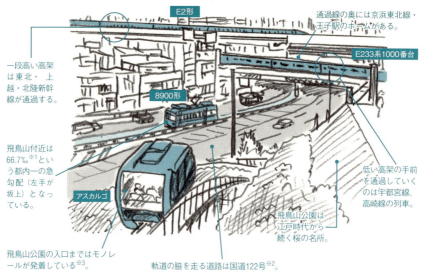

直線的なデザインの新型車8900形と三ノ輪橋停留場

都電の車両はこれまで、比較的丸みを帯びたデザインの車両が多かった。これに対し新型車の8900形は、直線を多用した独特の外観となっている。1次車～3次車で車体の色は変わり、2016年8月にはイエローを使った4次車が登場した。

2007（平成19）年の改装でホームの塀は板張りになった。

ホーローの看板が貼られるなど、レトロな雰囲気を演出している。

1913（大正2）年4月1日、王子電気軌道の三ノ輪橋停留場として開業した。

古いアーケードを抜けて停留所へ

「王電」こと王子電気軌道時代の1927（昭和2）年に創建された梅沢写真会館。いまでも「王電ビルヂング」と呼ばれることがある。

三ノ輪橋停留場は「三ノ輪橋商店街」の先にある。

正面両脇ガラスで高い安全性も

正面両脇にもガラスを配置し、運転士の視野を拡大して安全性の向上が図られている。

正面ほか、すべてに平面ガラスにすることでコスト削減を実現した。

都内では珍しい警報器も遮断機もない踏切

私道上にある踏切で、利用者は少ない。

東池袋四丁目～雑司ヶ谷の区間にある。

正式名は「早稲田18号踏切」。

「ふみきりちゅうい」の標識はあるが、警報器も遮断機もない第４種踏切。

※1：‰（パーミル）は1000mの区間で66.7mの高さを登る勾配を示す。※2：東京都豊島区と栃木県日光市を結ぶ164.1kmの街道で古くは足尾銅山の銅を運び「あかがね街道」とも呼ばれた。※3：車両はカタツムリに似た外観から「アスカルゴ」という愛称が付けられている。

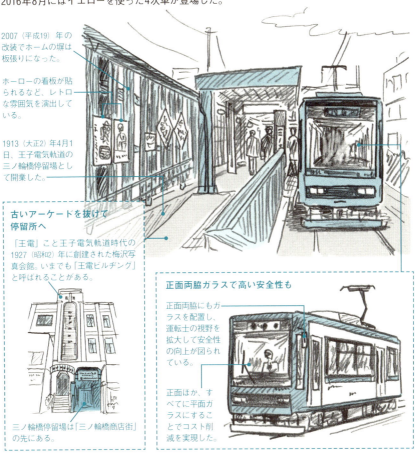

立派な駅舎をもつ西園駅

モノレールの止まるホームは2階部分にある。

ホームへは階段のほか、バリアフリー対策としてエレベーターも設置されている。

ホーム上屋の銘板

1957(昭和32)年に開通した東京都交通局上野懸垂線は国内初のモノレール。

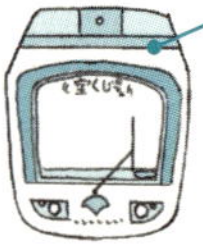

40形は日本宝くじ協会が売上金の一部を助成して製造された「宝くじ号」第2弾※1で、上野懸垂線の車両としては4代目となる。車体の正面窓回りは赤でそれ以外は白、屋根部分が緑とされている。また、側面にはサルやパンダなど、上野動物園で見られる動物たちのイラストが描かれている。

軌間：モノレールのため軌間はなし

data

運行区間：(上野動物園)東園～(上野動物園)西園　開業：1957(昭和32)年12月17日　動力：直流600V　路線総延長：0.3km

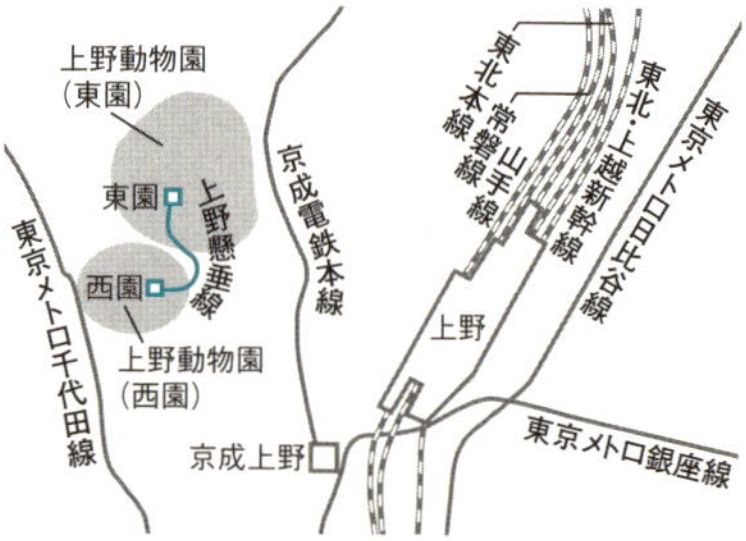

東京

国内最古の動物園にある国内最古のモノレール

東京都交通局上野懸垂《けんすい》線

正式には「東京都交通局上野懸垂線」、一般的には「上野動物園モノレール」と呼ばれる、常設のものでは※2日本国内で最初（1957年12月）に開業したモノレールである。軌道桁上部にゴムタイヤがはまり、そこから車両がぶら下がる懸垂式で、上野動物園の東園と西園の間約0・3キロを、1分半で結ぶ。運行距離が短く、運賃のほかに別途動物園の入園料が必要なこともあって、動物園内の遊戯施設と思われがちだが、途中で路線が公道を跨いでおり、鉄道事業法に基づいて営業運転されている立派な交通機関なのである。

※1：「宝くじ号」の第1弾は1985（昭和60）年に登場した30形。※2：1928（昭和3）年に開催された大阪交通電気博覧会では、懸垂飛行鉄道合資会社により国内初のモノレール「空中飛行電車」が運行された。

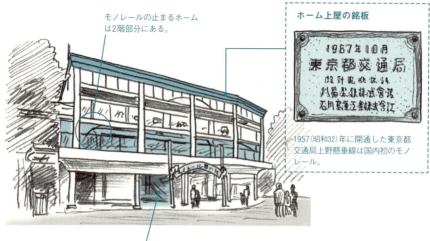

夢に終わった東京都交通局のモノレール計画

上野懸垂線開業当初の1950年代後半、東京都交通局は都内各地で都電に変わる新しい交通システムとしてモノレールを開業させる予定だった。同線はその先駆けとして開業したのである。しかし、都電の代替交通としては地下鉄が採用され、上野懸垂線以外のモノレールが開業することはなかった。

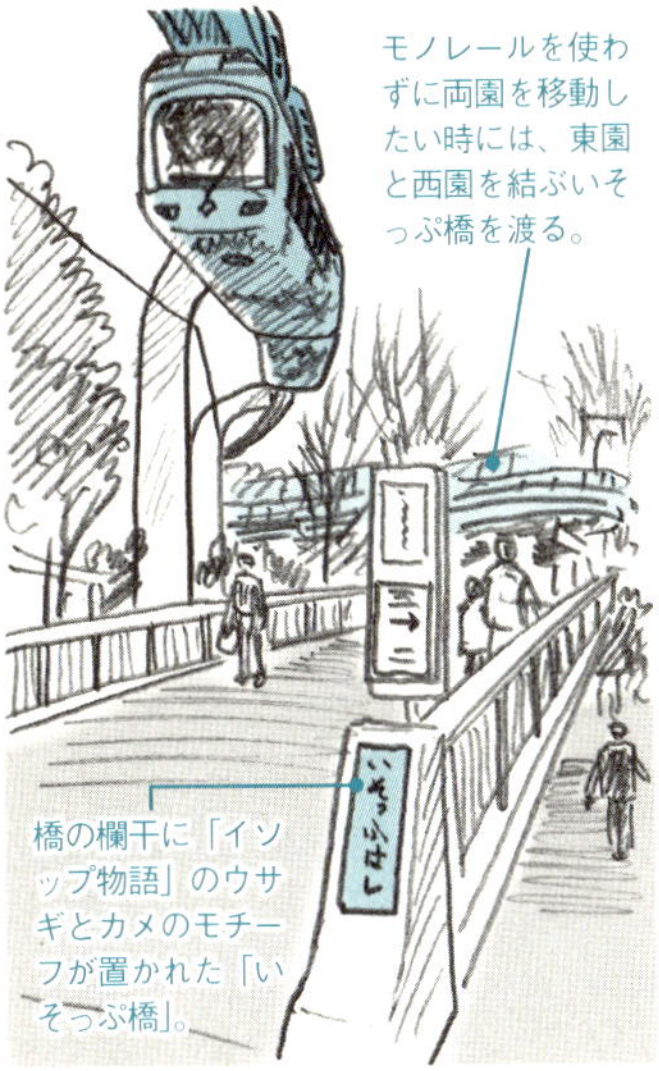

モノレールを使わずに両園を移動したい時には、東園と西園を結ぶいそっぷ橋を渡る。

橋の欄干に「イソップ物語」のウサギとカメのモチーフが置かれた「いそっぷ橋」。

天井に設置されているのはエアコンではなく、「ファンデリア」と呼ばれる換気装置。

側窓は1枚が大きく、車内から園内のようすを見えやすくしている。

座席の色は黄・緑・青・ピンクと4色に塗り分けられている。

乗降扉はスイング式のプラグドア※3で、乗客がドアの近くにいると閉まらないセンサが付けられている。

モノレールが動くしくみは

レールの保線(点検)に使われる作業用車両は西園駅のレール終端部に留置されている。

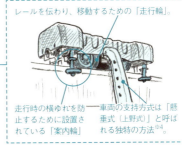

モノレールでも、地上の鉄道線と変わらず、レールの終端部には車止めがついている。

電力は直流600Vの上野懸垂線。西園駅付近にはささやかな変電設備がある。

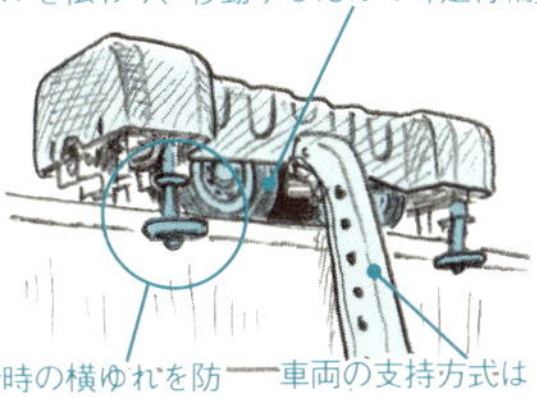

レールを伝わり、移動するための「走行輪」。

走行時の横ゆれを防止するために設置されている「案内輪」

車両の支持方式は「懸垂式(上野式)」と呼ばれる独特の方法※4。

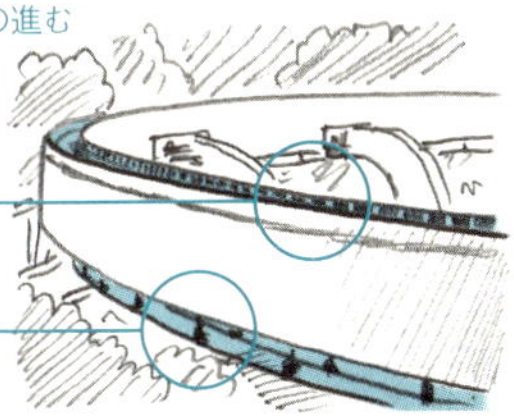

走行輪の進むくぼみ。

レールの下部に、動力の電気を送る架線が設置されている。

※3：プラグドアは乗降扉を閉じた際に、車体側面が平面になる。新幹線の車両等に用いられている。※4：車両がぶらさがっている「軌道桁」の上部のくぼみを、ゴムタイヤが走行する方式。この上野式は海外はおろか、国内でも上野懸垂線でしか採用されていない特徴的な走行システム。

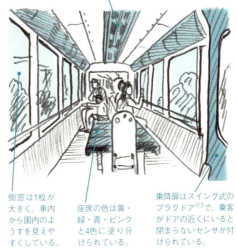

ロープウェイとリニモの融合「スカイレール」

駅間の駆動方式はロープウェイと同じくワイヤーロープによるが、駅構内ではリニアコイルを使用したリニアモーター方式。車両が桁に支持されているため風にも強く、水平に保たれていることから急勾配でも乗り心地も悪くない。

軌道の桁上にロープが張られ、これに引かれて車体が動くしくみはロープウェイと同じ。ただし、駅構内ではリニアモーターの操作により駆動する。
アームで桁に懸垂する。
起点のみどり口駅では、JR山陽本線の瀬野駅と連絡。勾配の上からは山陽本線が見える。

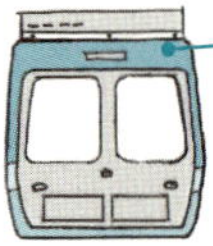
スカイレールのゴンドラは200形という形式番号が付けられている。車体前後の進行方向には前照灯を装着し、黒。乗降口は側面右手に1つのみで、車体全体は青に曲線の白帯が配されるというシンプルな塗装となっている。

軌間：モノレール（スカイレール）のため軌間はなし

data

運行区間：みどり口〜みどり中央
開業：1998（平成10）年8月28日
動力：直流440V
路線総延長：1.3km

広島短距離交通瀬野線
みどり中央
みどり口
瀬野
可部線
アストラムライン
芸備線
横川
広島
山陽本線
山陽新幹線
呉線

広島

広島短距離交通瀬野線

全長1・3kmの区間に200‰級の急勾配が続く

正式名称は広島短距離交通瀬野線だが、「スカイレール」という愛称で呼ばれることも多い。このスカイレールはゴンドラのような車体を、駅構内ではリニアモーター、駅間では軌道上を循環するロープを用いて駆動する。また交通システムは、懸垂式モノレールとロープウェイを合わせたようなしくみだ。

広島県にあるJR山陽本線・瀬野駅に直結するみどり口駅から、「スカイレールタウンみどり坂」内にあるみどり中街駅を通り、みどり中央駅まで総延長1・3キロ。この路線が、現在のところ世界唯一※のスカイレール路線である。

13 終点・みどり中央駅のターンポイント

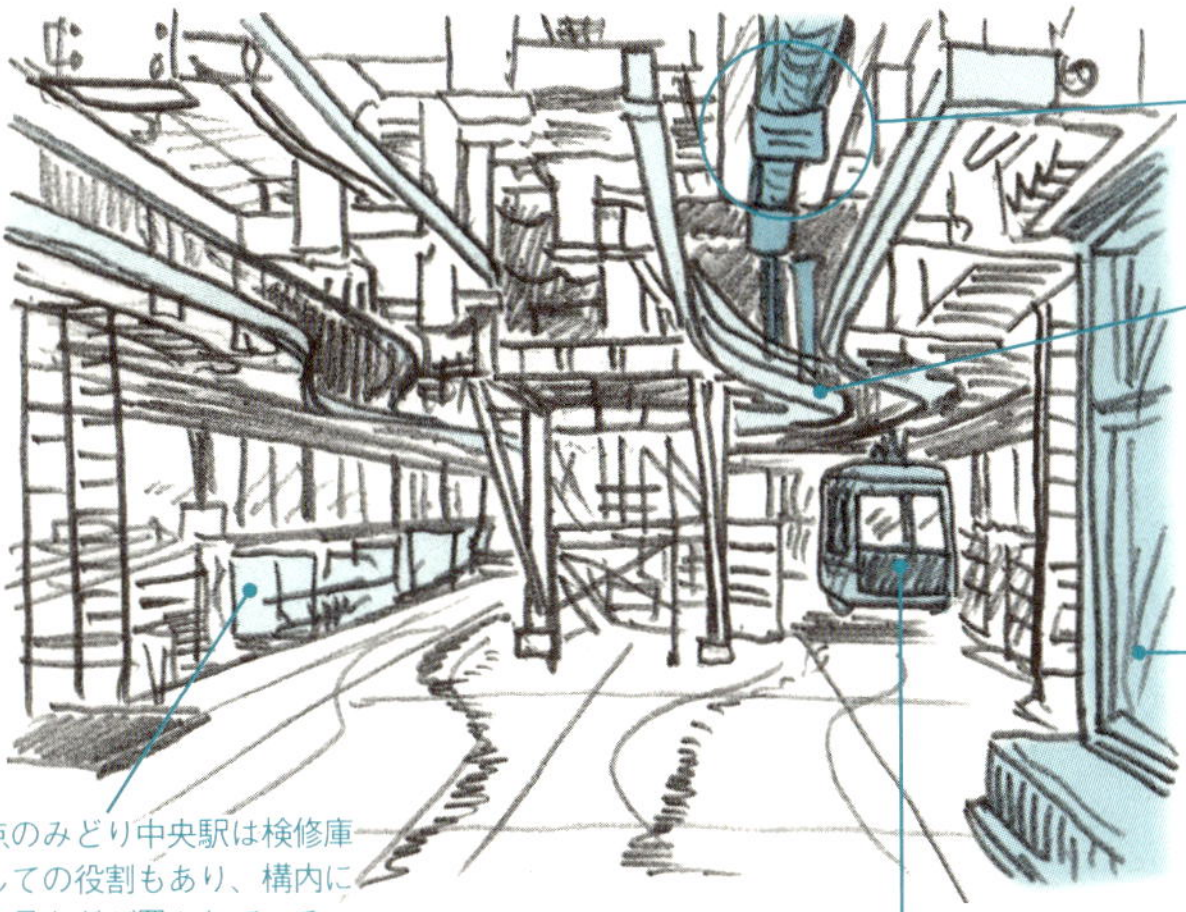

駅構内ではリニアモーターにより駆動する。桁にはリニアコイルが設置されている。

両端駅ではロープウェイやリフトのように、ターンポイントを周回して折り返す。

ホームはターンポイントの手前に一面のみ。ホームドアがついている。

終点のみどり中央駅は検修庫としての役割もあり、構内には工具などが置かれている。

定員25名の小さなゴンドラ

吊り輪は片側3個で計6個。

みどり口からみどり中央までの高低差は約160m。およそ5分の旅ながら、車窓からは、広島市街地のようすも望める。

ゴンドラの前後に、4人掛けの座席がついている。立ち席も含め、定員は25名。

広島短距離交通瀬野線 全線高低差

わずか1.3kmの行程で、70‰（パーミル）を越す急勾配が連続する。

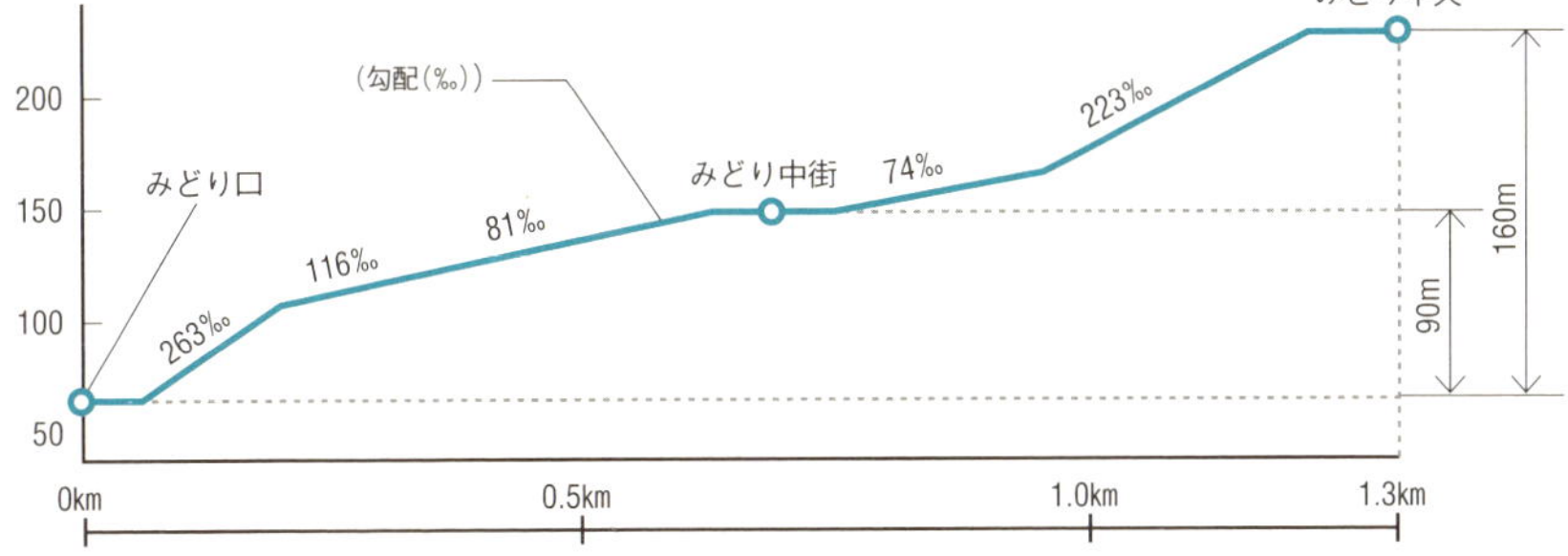

※：神戸製鋼所・三菱重工業などにより開発された駆動方式で、駅間はゴンドラをワイヤロープに吊るし電動機で駆動、駅の構内ではリニアモーターによって駆動する。いまだ世界でこの交通システムを導入しているところはない

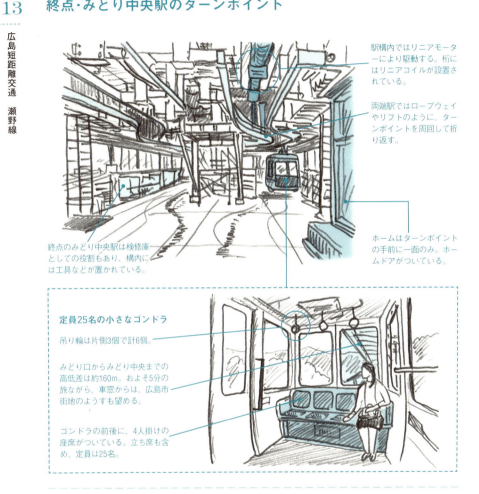

運河の中をモノレールが走り抜ける

車内中央の荷棚は2段式で、上段は手荷物など、下段はトランクなどの大きな荷物を置けるようになっている。

東京モノレールは、跨座式モノレールのため、変則的な座席配置とならざるを得ない※1。

運河上を軌道が走っているため、かつては災害時の乗客搬出がスムーズにいかないこともあった。しかし東日本大震災以降、非常用のニッケル・水素電池を変電所に設置、非常時にも最寄り駅まで運行できるよう改善されている。

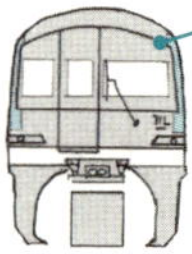

軌間：モノレールのため軌間はなし

10000形は1000形の置き換え車両として2014（平成26）年7月から運用開始。空港から乗車する外国人客を意識した仕様となっている※2。車体正面は黒でサイドに緑。また、側面は乗降口上に緑の帯で、水と空をイメージした明るいブルーのグラデーションが窓回りに配されている。

data

運行区間：モノレール浜松町～羽田空港第2ビル
開業：1964（昭和39）年9月17日
動力：直流750V
路線総延長：17.8km

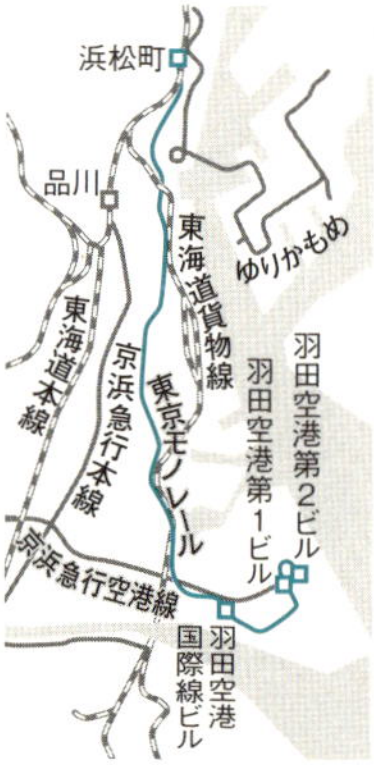

東京

東京の大動脈と空の玄関口を結ぶ

東京モノレール羽田空港線

東京オリンピック開催直前の１９６４（昭和39）年９月に開業。当初は運賃が他の交通機関と比べて高額だったため、乗車率は低迷していた。しかし、航空路の拡大とともに、空港に渋滞なしで行ける点が評価され、利用客は増加した。

　また、起点となる浜松町駅のＪＲ連絡口の開設、列車の増発と快速（現在は空港快速・区間快速）列車の設定などの改善策により、利便性が飛躍的にアップ。今では都心から羽田空港へのアクセスとして、多くの人に利用されている。なお、ダイヤは平均４分間隔、新型車両の１００００形電車などが運用されている。

14　魅力いっぱいの東京モノレールあれこれ

日本で唯一 モノレールの待避線

快速が運行される東京モノレールでは、ダイヤにより普通列車が快速を退避する「待避線」が必要となる。昭和島駅は、日本でもただひとつの待避線をもつ駅だ。

モノレールのポイントが枝分かれ

元々ホームだった場所を削って快速の待避線を設置したため、現在のホームは上下線とも非常に狭くなっている。

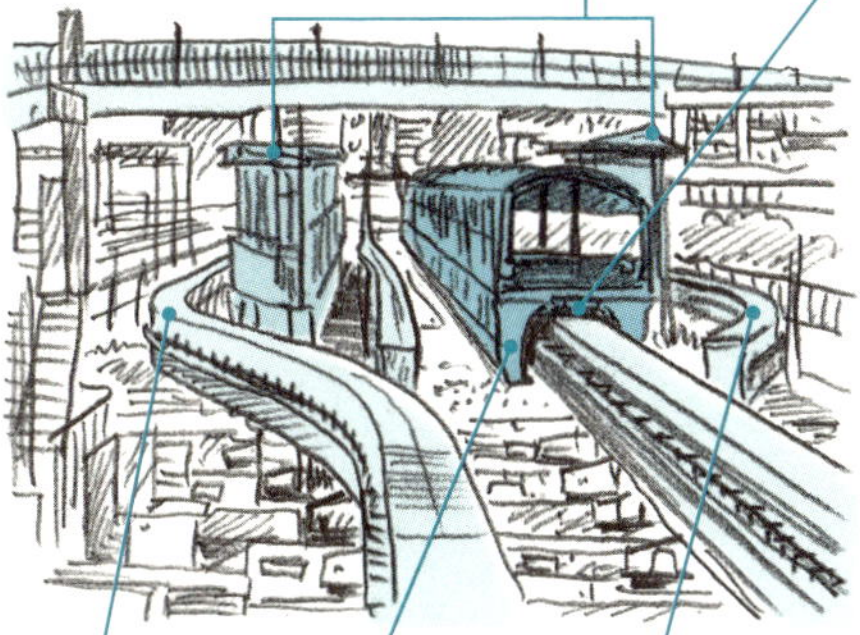

上り浜松町方面の待避線に使われる4番線。

快速の通過待ちをする各駅停車。

下り羽田方面の待避線に使われる1番線。

動力のしくみ

円板の摩擦でブレーキをかける「ディスクブレーキ」。

この上に車体が艤装(取り付けること)される。

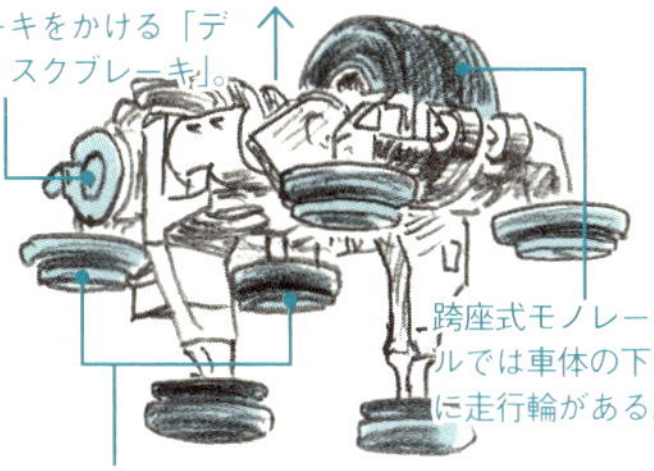

跨座式モノレールでは車体の下に走行輪がある。

左右2つの案内輪の間、走行輪の下にレールがある。

ポイント切り替えのしくみ

車両基地では、1カ月ごとの点検や車両修理などが行われる。

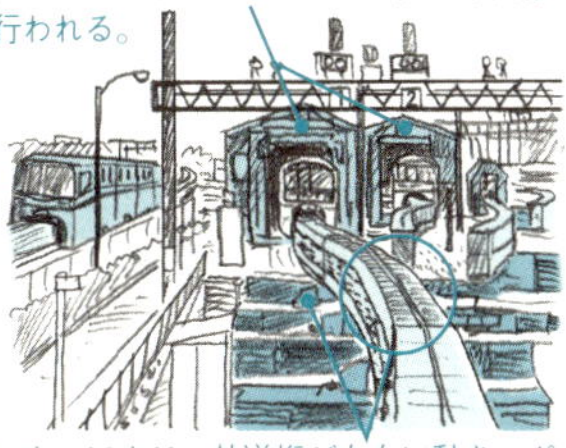

モーターにより、軌道桁が左右に動き、ポイントが切り替わる※3。

大井競馬場前駅 現在の駅舎は築30余年

現在の駅舎は1984（昭和59）年8月に完成。

競馬場と逆に進むと都内でも随一のJR貨物駅・東京貨物ターミナル駅がある。

ホームから馬が見える大井競馬場前駅

大井競馬場の馬房(1頭の馬がつながれている馬屋)の数はおよそ800にもおよぶという。

開業当初は臨時駅

大井競馬場前駅の開業当時は、大井競馬の開催日のみ停車する臨時駅だった。

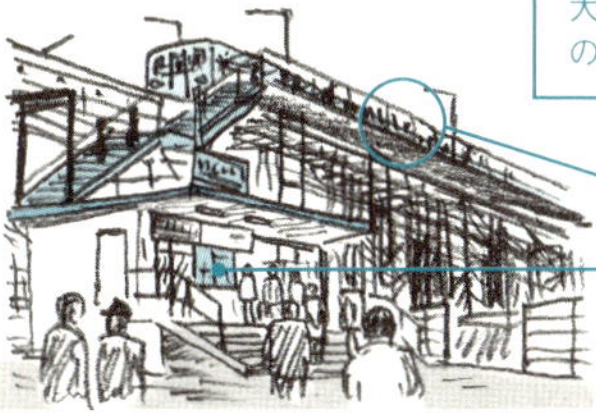

現在と同じ2面2線の対向式ホームだが、屋根はなかった。

駅舎には3つの窓口があり、職員がきっぷを販売していた。

※1：車体中央に駆動輪の出っ張りができることによる。※2：車内LANの設置や、乗降口上のディスプレイには日英中韓と4カ国語の案内が出るなど。※3：モーターは軌道桁の下に設置されている。

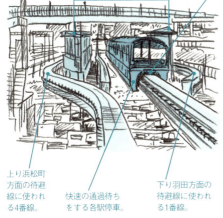

国内でここだけ！トンネルがある懸垂式モノレール

5000形
この片瀬山トンネルのほか、湘南深沢〜西鎌倉間には鎌倉山トンネルもある。

5000形は2004（平成16）年6月から運用開始、以降数年置きに新編成の車両を追加し、現在は7編成が運用についている※1。

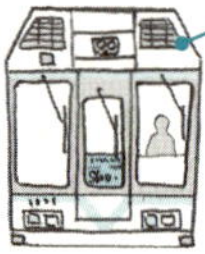

5000形は500形の老朽化により、2004（平成16）年6月から営業運転を開始した。いずれも両端車＋中間車の3両固定編成でシルバーに屋根下と窓下に色の帯を巻くが、1次車（赤）、2次車（青）、3次車（グリーン）、4次車（イエロー）、5次車（紫）、6次車（黒）、7次車（ピンク）と、運用開始された順番に色が変化している。

軌間：モノレールのため軌間はなし

data

運行区間：大船〜湘南江の島
開業：1970（昭和45）年3月7日
動力：直流1,500V
路線総延長：6.6km

小田急江ノ島線
根岸線
大船
藤沢
東海道本線
横須賀線
湘南江の島
湘南モノレール江の島線
鎌倉
小田急江ノ島線
江ノ島電鉄線
片瀬江ノ島
江ノ島

神奈川

湘南モノレール江の島線

変化に富んだ6.6kmの車窓 湘南の生活用モノレール

1970（昭和45）年3月、懸垂式の一種であるサフェージュ式※2モノレール鉄道として開業。翌年、湘南江の島まで全通した。江の島観光路線の役割もあるが、実際は年間のべ乗客数約1000万人のうち、およそ9割を通勤・通学客が占める。

現有車両は5000系が7編成。全列車が中間車をもつ3両固定編成として運用されている。

富士山や海を遠望したり、林の間を抜けたり、住宅街を見下ろしたり、地上スレスレを走ったりなど、変化に富んだ車窓風景も楽しい。

※1：7編成すべての車両で違う色の帯が採用されているほか、座席配置にも若干の変化がある。※2：サフェージュ式は1957（昭和32）年、フランスで開発されたモノレールの走行システム。その名称はこのシステムを開発した企業連合「Societe Anonyme Francaise d'Etude de Gestion et d'Entreprises（フランス経営経済研究株式会社）」から付けられたもの。

狭い軌道敷をゆく地域の足

鎌倉市のなかでも、比較的庶民的な地域に延びる湘南モノレール。車体幅ギリギリの狭い軌道敷をもつ区間や、一般道と同じ高さに軌道桁のある区間など、走行中のモノレールをすぐそばに見られるのも大きな魅力の1つだ。

座席は青いモケット（起毛した生地）のクロスシート。

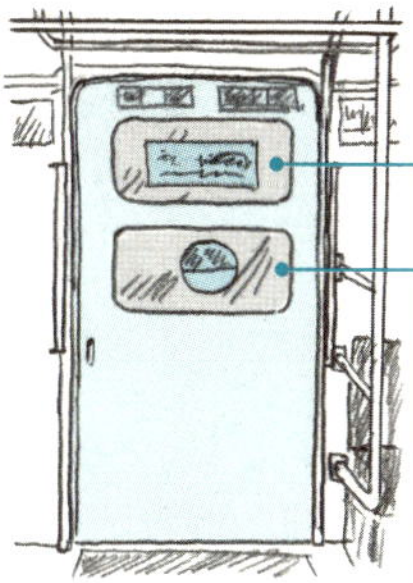

2016（平成28）6月に運用離脱した500形は乗降扉を上下2枚窓として強度をアップしていた※3。

3両編成でも車両間の往来は禁止

無人駅からの乗客に車掌が乗車券を販売するため、貫通扉は内側のレバーで開けられるようになっている。

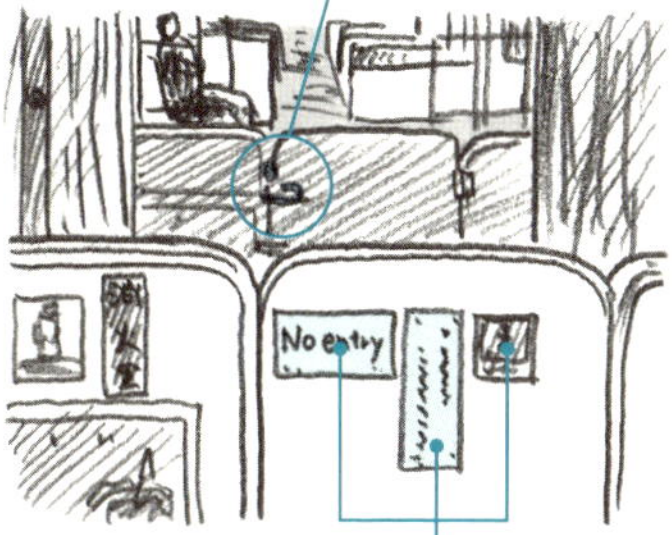

乗客の行き来は禁止されている。

左右ギリギリ、地面スレスレの区間も

軌道が民家のすぐそばを通る区間もあるが、平均速度は約30km、最高速度は70km程度と、モノレールにしてはかなり速い。

片瀬山〜目白山下には、モノレールには珍しく道路と同じ高さを走行する区間がある。

駆動は日本では珍しい「サフェージュ式」。

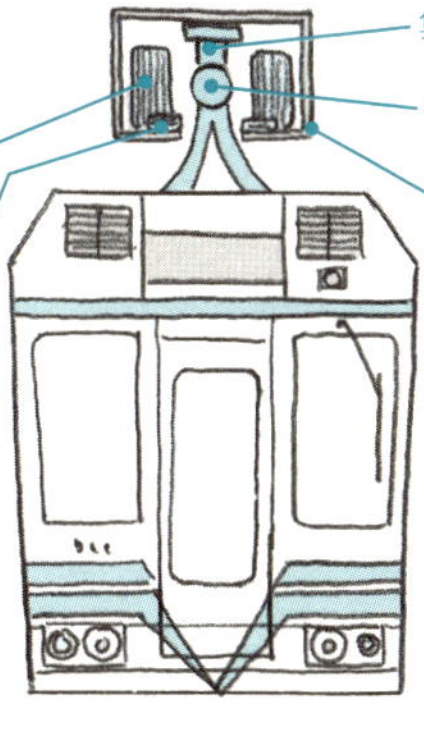

集電を行うパンタグラフ。

電動機は55kWを4台搭載。

集電装置は鋼製の箱に囲まれており、雪や雨などの影響をうけにくい。また、騒音が発散しにくいのも大きな特長のひとつだ。

駆動に必要な走行輪はゴムタイヤで、4輪ボギー式※4の台車となっている。

案内輪もゴムタイヤ製で、「案内軌条（ガイドレール）」と呼ばれるレールを噛み、車両の進む方向を決める。

※3：開業時に運用された300型で起きた、ラッシュ時に乗降客がいっぱいで乗降口のガラスが破損するという事故による。※4：ボギー式では台車が車軸ごとに動くため、カーブでの走行がスムーズ。

万博跡地の隅にある「リニモ」の車両基地

検修庫。不定期に一般客向けの車両基地見学会が行われ、一般に公開されることもある。

運転士が乗務しない車両の運行管理や、駅務の管理を行う本社施設「中央制御所」。

車両基地は、愛・地球博記念公園（モリコロパーク）に隣接している。アイススケート場や大観覧車、サツキとメイの家など、家族で楽しめる施設が数多くある。

線路は地球博記念公園駅の2、3番線ホームへとつながっている。

留置線を3つ備えるなど、構内は広い。

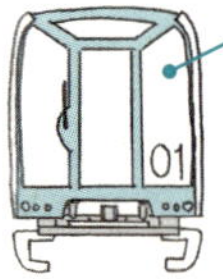

100形は路線が開業した2005（平成17）年3月6日から運用されている車両。正面はピラーにより4つに区切られているが、全面ガラス張りで右下に白で編成番号が記されている。また側面の屋根下には濃淡2色の青の帯を巻き、窓下には「Linimo」のロゴが配されている※1。

軌間：リニアモーターカーのため軌間はなし

data
運行区間：藤が丘〜八草
開業：2005（平成17）年3月6日
動力：直流1500V
路線総延長：8.9km

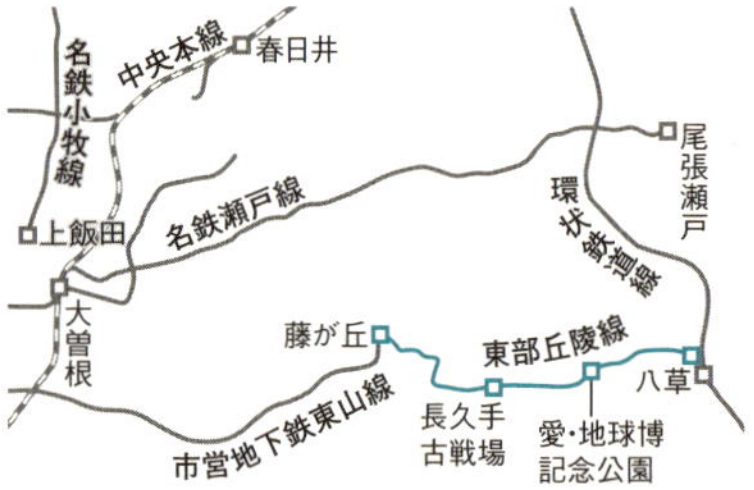

愛知

愛知高速交通 東部丘陵線

愛・地球博で生まれた国内初の営業用「リニモ」

2005（平成17）年に開催された愛知万博（愛・地球博）の会場アクセスを目的に、日本で初めて磁気浮上式鉄道の常設実用路線として開通した。リニアモーターカーで運行されることから、「リニモ」の愛称で呼ばれる。

車両は100形の3両固定編成。無人自動運転システムが採用され、藤が丘〜八草間8・9キロを、約17分で結ぶ。

駅は藤が丘とはなみずき通を除き、すべて高架駅。全駅のプラットホームにホームドアが設置されている。万博記念公園や、豊臣秀吉と徳川家康の直接対決の場となった長久手古戦場など、見どころも多い。

自動運転を行う「ATO」を採用

愛知高速交通東部丘陵線の車両100形は加速、速度維持、減速、停止といった一連の動きを自動で行うATO（Automatic Train Operation）を搭載。ほとんどの区間で運転士の乗務しない無人運転を行っている。

無人運転時、運転台にはカバーがかけられている。

ときには有人運転も

正面は4枚窓の総ガラス張りで、行き先表示器なども設置されていない。

無人運転が多いため、簡素な機器のみの運転席。

藤が丘〜はなみずき通の地下区間では、前方の安全確認のために運転士が乗務する※2。

万博閉幕後の愛・地球博記念公園駅

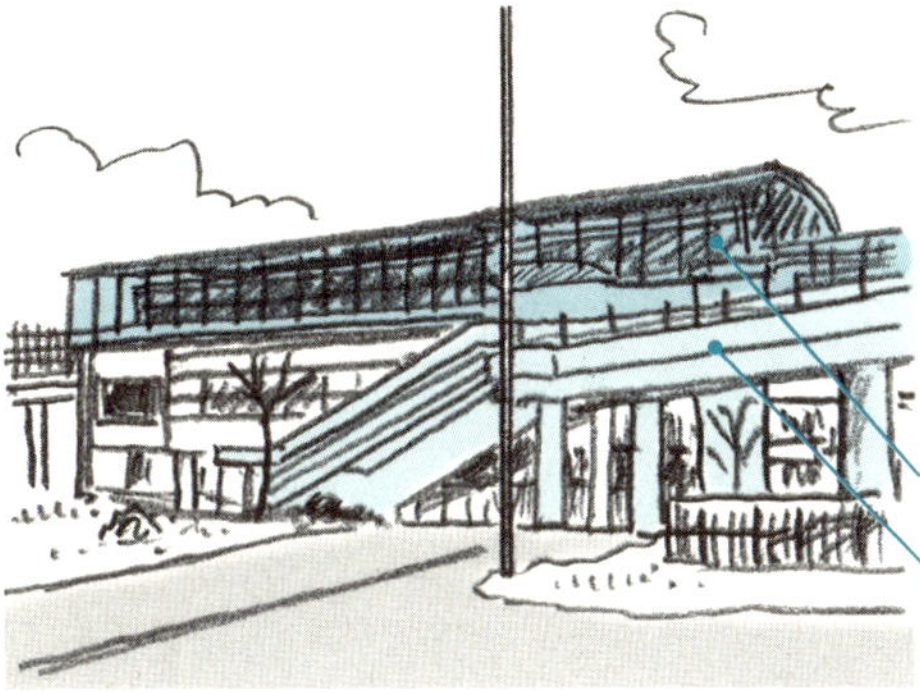

入場待ちの人であふれる駅前

万博開催中に設置された仮駅舎。閉幕後は解体、撤去されている。

万博会場のあった南口にはエスカレーターが設置され、右手が駅からの出口、左手がホームへ向かう入口として混乱を回避した。

途中駅の多くは無人駅だが、愛・地球博記念公園は午前8時〜午後6時半の間、駅員が配置されている。

南口のブリッジは八草側に延びており、出口は計4カ所ある。

東部丘陵線「リニモ」のしくみ

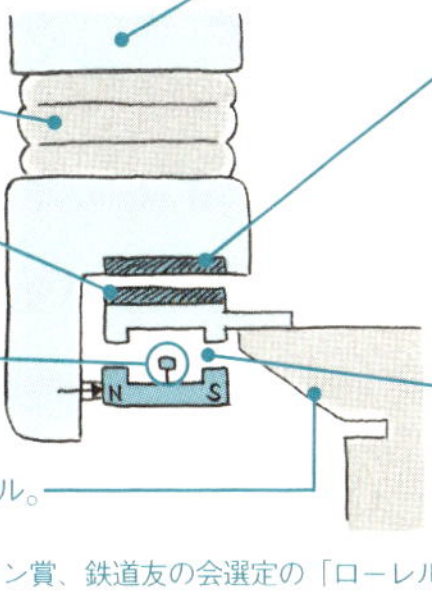

車両本体。

揺れを抑制する空気バネ。

車体に装着した「1次リアクションプレート」はコイル状になっている※3。

鋼鉄製の板「2次リアクションプレート」。1次リアクションプレートとの間で反発・吸着する。

ギャップセンサは、車体とレールとの幅を一定に保つ役割をしている。

車体の電磁石に電流が流れることでレールに吸引力が生じ、車体が浮上する。

レール。

※1：特徴的な車両デザインが評価され、グッドデザイン賞、鉄道友の会選定の「ローレル賞」を受賞した。※2：車両基地へ入線する最終電車にも運転士が乗務する。※3：コイル形状によりS極とN極が交互に並ぶことで、2次リアクションプレートとの間で反発・吸引が生まれ、推進力につながる。

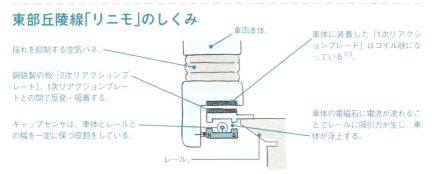

ローカル鉄道のその先へ――
ローカルバスの旅

1998（平成10）年、国が明治末期から続いたローカル鉄道への欠損補助を打ち切ると、各地の鉄道路線が次々と廃線になった。そして、それらの代替交通として、より運用費のかからない路線バスが運行されることも多くなった。

こうした廃止代替路線バスのほか、多くのローカルバス路線は、自治体からの補助金でようやく運用を続けている。それでも、近年では経費を極限まで押さえるため、利用者の生活スタイルに合わせて本数を減らし、また連絡を受けてからバスを運行させるタクシーのようなスタイルをとるバス路線もある。

このような過疎集落へのバス路線には、20年以上に渡り運用されている古い車両が割り当てられていることもある。そうした旧型車両を目当てに、乗車の困難なダイヤの路線を苦労して訪ねるバスファンも多いようだ。ローカル線の終着駅からさらにその先の集落まで。ときにはローカルバスの旅に身を委ねてみるのも悪くないものだ。

東北各社には旧型車が多く残る

青森、秋田、岩手といった北東北のバス会社には、古いバス車両が今も残っているところが比較的多い。秋北バスもその1つで、平成初期に製造された車両がいまも数多く在籍している。

鉄道では廃線後、線路の跡をたどる事ができるが、バスは路線廃止後に足跡が何も無くなる。鷹ノ巣駅から発着していた秋北バス明利又線は、2015（平成27）年9月に廃止された。

奥羽本線・鷹ノ巣駅からは、多くの秋北バスのローカル線が発着している。

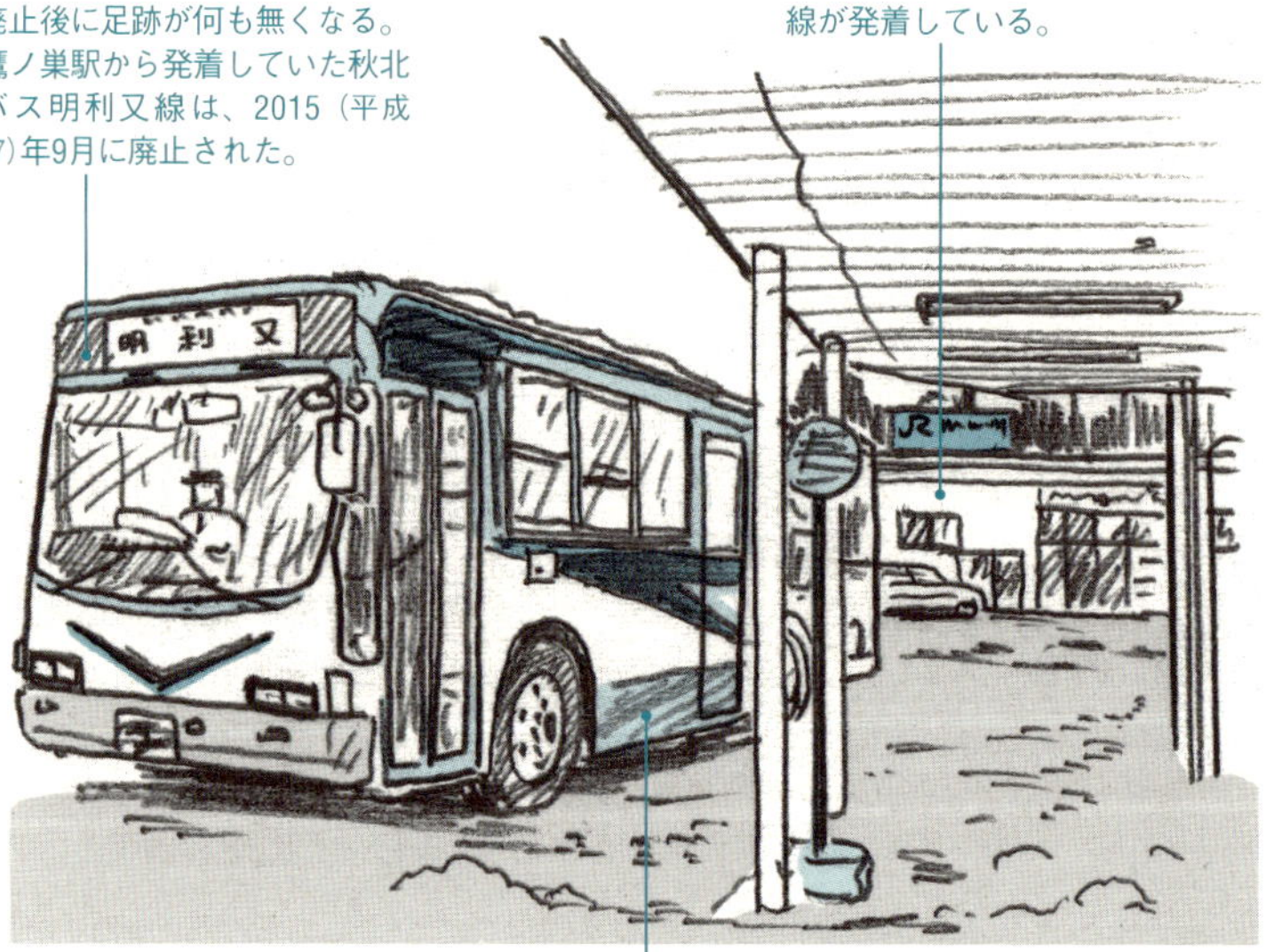

秋北バスはかつて東京に本社をもつ国際興業のグループ会社だったことから、国際興業バスと同じ車体色で運用される車両が多い。

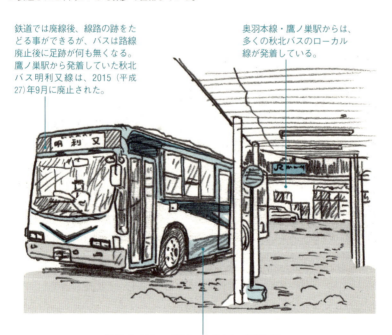

3章

ローカル線の仲間入り、JR基幹路線

昼は幹線特急、夜は夜行列車と、昼夜問わずひっきりなしに長距離列車が走っていたのもいまは昔。かつての主要幹線さえ、いまでは区間によってローカル線といえる魅力を滲ませている。

琵琶湖東岸の名峰をバックに走る223系

北陸本線で活躍するDD15形ラッセル式除雪機関車。ベースとなる車両は、1961（昭和36）年以降に製造された凸形ディーゼル機関車・DD13形だ。

降雪のない時期にはラッセルヘッドを取り外し、入換用機関車として使用できる※1。

ラッセルヘッドは複線用で、対向線路に雪が行かないよう、左側にのみ雪を寄せる形となっている※2。

琵琶湖の東岸、北陸本線の背後には金糞岳、伊吹山などの名峰が並ぶ。

223系は2006（平成18）年10月21日、長浜～敦賀、湖西線・永原～近江塩津の電化と同時に導入された。

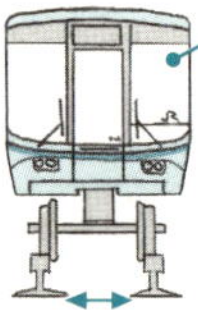

223系は関西空港の開業に合わせてJR西日本が新造した。車体は関西急電に使われていた茶（光沢のある薄茶）に、新快速のシンボルカラーのベージュ、JR西日本のコーポレートカラー・青の帯が敷かれている。

data

運行区間：米原～金沢
開業：1882（明治15）年3月10日
動力：直流1500V（米原～敦賀）、交流20000V（敦賀～金沢）
路線総延長：176.6km

滋賀 福井 石川

JR西日本 北陸本線

峻厳な山あいを縫う峠越えの特急街道

北陸新幹線の開業に伴い、2015（平成27）年3月に金沢～直江津間が第3セクター鉄道3社に移管※3され、現在は米原～金沢間176・6キロが北陸本線となっている。

かつて北陸本線には交直両用※4の特急が数多く設定され、「特急街道」と呼ばれた。所要時間の短縮が優先されたわけだが、その結果、特に厳しい峠越え区間が続く木ノ本《きのもの》～今庄《いまじょう》間では、ルート変更やトンネルの新設などがひんぱんに行われた。同区間の山あいには、現在も廃止された旧線の駅や、トンネルの跡が残され、コアなファンが訪れている。

※1：入換は車両基地の構内で、整備などを目的に車両を移動させる作業。これに使われるのが入換用機関車。※2：単線区間では左右均等な除雪のため、先のとがったラッセルヘッドとなる。※3：えちごトキめき鉄道（直江津～市振）、あいの風とやま鉄道（市振～倶利伽羅）、IRいしかわ鉄道（倶利伽羅～金沢）の3社に移管。

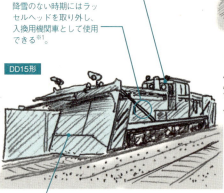

北国街道の難所はトンネルが開通後に廃止

かつての北陸本線は現在より海沿いに走っていたが、1962（昭和37）年6月10日、複線電化が実現し、北陸トンネルが開通すると、旧線は廃止された。

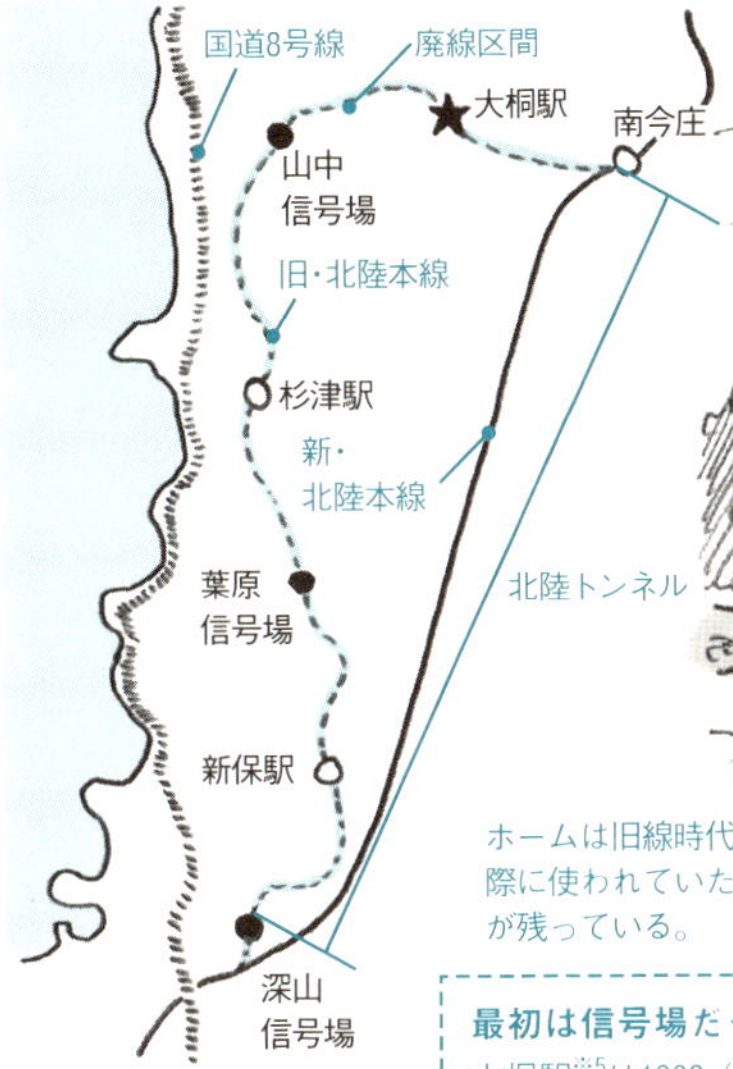
国道8号線
廃線区間
大桐駅
南今庄
山中
信号場
旧・北陸本線
杉津駅
新・
北陸本線
北陸トンネル
葉原
信号場
新保駅
深山
信号場

廃線後、ホームには大桐駅の歴史や北陸本線旧線のルートについての案内が作られた。

駅名標に見立てた「大桐駅跡」の案内。

ホームは旧線時代、実際に使われていたものが残っている。

駅跡の東3kmほどのところには北陸本線(新線)が通り、南今庄駅がある。

最初は信号場だった大桐駅

大桐駅※5は1908（明治41）年3月1日、信号場として開業した※6。

路線は難所に敷設され、大桐集落からは1kmほど離れた場所にあった。

旅客営業開始時、旅客列車は上下合わせ7本、貨物列車が6本というダイヤだった。

仮乗降場だった小舞子駅

無人化は1971（昭和46）年10月1日。駅舎内には出札口などが残っている。

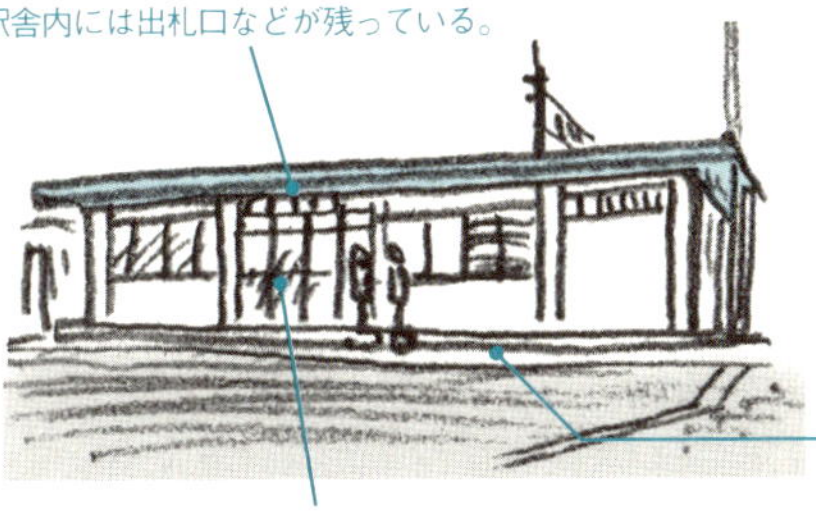

開業当初は海水浴シーズンのみの仮乗降場だった。駅舎は1964（昭和39）年4月10日、駅へと昇格した際に建てられた。

「日本の渚百選」にも選ばれた美しい浜

「小舞子海岸」の名は、兵庫県神戸市にある舞子浜と同じような雰囲気をもつことから付けられた名前だという。

※4：車両に変圧器を搭載しなければならない交流電化区間と、変電所で変圧する直流電化区間の両方で運用が可能な車両。スイッチ一つで切り替えが可能だが、そのための転換器を搭載しなければならないなど、車両製造コストが高価となるのがネックで運用区間は縮小されつつある。※5：大桐はスイッチバック式の駅だった。※6：急勾配にあり、中継地点としての信号場設置だった。

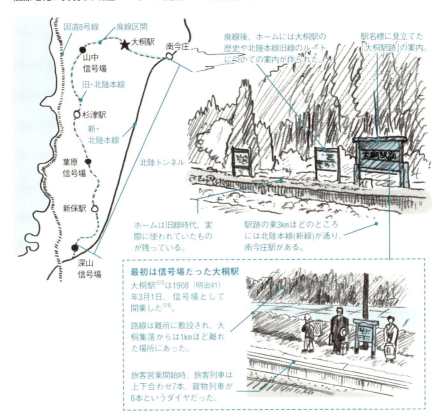

下原八幡神社の境内に敷かれたレール

開通当時、山あいを切り開いての線路敷設は困難を極め、トンネル開通を目指したが断念、神社の境内を線路が通過することになった。

下原八幡神社の拝殿は鳥居をくぐった境内の奥に鎮座している。

遮断機も警報器もない第4種踏切（73頁）の「八幡踏切」。

下原八幡神社は飛騨高山駅の北東、徒歩10分ほどの場所にある。

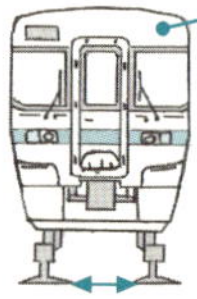

キハ25形は国鉄時代から運用されたキハ40形に変わり、2014（平成26）年に導入。JR東海・313系電車と同じ設計で製造、外観はほぼ同一だ。正面は白にオレンジの帯、側面はステンレスで窓上・窓下にオレンジの帯。

data
運行区間：岐阜～富山
開業：1920（大正9）年11月1日
動力：ディーゼルエンジン（非電化）
路線総延長：225.8km

富山
岐阜

JR東海・西日本
高山本線

清流・渓谷の懐に分け入る「単線」「非電化」の本線

本線と名の付く本州のJR路線では、唯一、全線が単線・非電化、地方交通線に分類されているのが高山本線だ。

岐阜から名鉄と並行する鵜沼あたりまでは都市近郊の雰囲気だが、美濃太田を過ぎ飛騨川の渓谷へと分け入ると、飛水峡や中山七里※などの名勝が続く。路線名となっている高山の手前からは宮川、続いて神通川と清流に寄り添い、トンネルの間に川を見ながら、富山へと向かう。

高山のほか日本ラインや下呂温泉、白壁土蔵街が残る飛騨古川、おわら風の盆で知られる越中八尾など、名勝や観光地が集まる魅力的な225・8㎞だ。

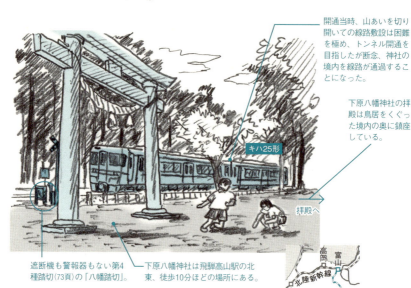

14年の歳月をかけて全通、2004年には台風で鉄橋の流失も

険しい山あいを切り開いてできた高山本線は、1920（大正9）年の岐阜～各務ケ原開通から1934（昭和9）年10月25日の全通まで、およそ14年もの歳月がかかっている。

名古屋と高山・富山を結ぶ優等列車「ワイドビューひだ」。

白川口～下油井にかかる第三飛騨川橋梁は三角形の力を応用したトラス橋で、白川口～飛騨金山まで路線延長した1928（昭和3）年に竣工した。

展望席の購入はお早めに

休日や観光シーズンのワイドビューひだの先頭車両は、指定券の発売が開始される1カ月前の午前10時直後に売れてしまうことも多い。

木造駅舎とSLの模型が利用客を和ませる「上枝駅」

「上枝」は「ほずえ」と読ませる難読駅だ。

駅舎は1934（昭和9）年10月25日に開業当時の木造駅舎が一部改修されて使われている。

有人駅時代の面影残す駅舎内部

出札口は板でふさがれており、時刻表が掲示されており、駅員がいた頃の面影は残っていない。

チッキ窓口には、駅付近に住む小学生が作ったというSLが置かれている。

※：下呂市東部の帯雲橋から飛騨川中流付近に広がる渓谷で、奇岩や怪石が並ぶ。

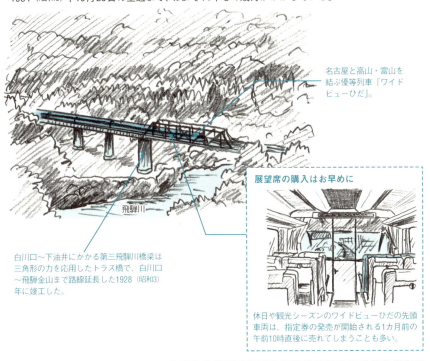

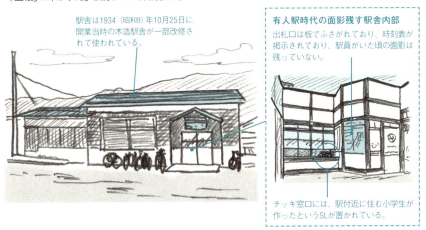

雄大な利尻山と「特急SUPER SOYA」

利尻島にそびえる利尻山（利尻岳）。

札幌〜稚内の営業キロは396.2kmで、これは非電化特急列車として国内最大規模を誇る運行区間の長さである。

珍しい英語表記のヘッドマーク

北海道にはスーパー宗谷のほか、スーパーとかち、特急北斗など数種の優等列車で「英文のみ」のヘッドマークが見られる。

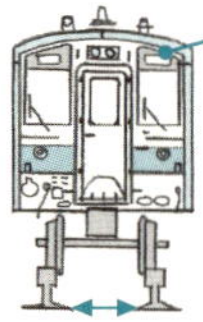

普通列車は、同じ道内の留萌本線（40頁）でも運用されているキハ54形で、カラーも同じくステンレスに赤帯、正面に白のFRPの組み合わせ。気温が極度に低下する冬場は、非常事態に備えて2両編成で運行※1される。

data

運行区間：旭川〜稚内
開 業：1898（明治31）年8月12日
動力：交流20000V（旭川〜北旭川）、ディーゼルエンジン（非電化）（北旭川〜稚内）
路線総延長：259.4km

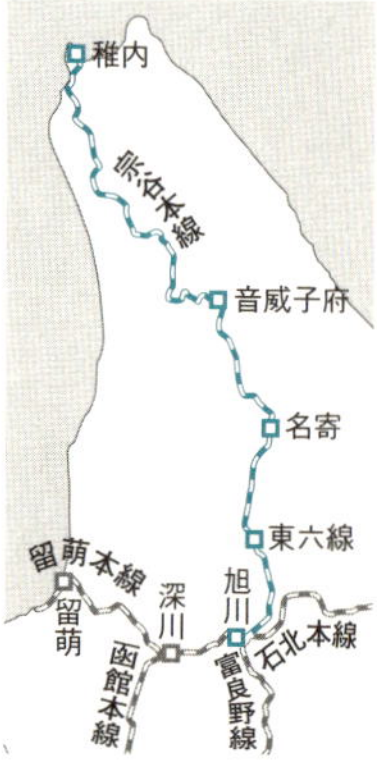

北海道

JR北海道 宗谷本線

日本最北端の非電化線で「秘境旅」を満喫

旭川を出発し、しばらくは水田地帯が続く。やがて急勾配の塩狩峠《しおかりとうげ》を越え名寄盆地に入ると、次第に畑が増えてくる。以降は天塩川《てしおがわ》沿いに、森林、牧草地などが続き、幌延《ほろのべ》を過ぎるとサロベツ原野が広がる。民家のほとんど見えない、幻想的な車窓が終わると、最北の駅・稚内へと到着する。

戦前の宗谷本線は、日本の領土であった南樺太（サハリン）への連絡鉄道として、物資を輸送する重要な路線だった。また、かつては札幌からの寝台列車※2が運行されていたが、現在、優等列車※3は気動車特急が日中に3往復あるだけだ。

※1：冬季は大雪による機器の故障で、長時間の臨時停車を余儀なくされる場合がある。こうした際、ディーゼルカー2両編成とすることでどちらかの車両が故障を免れ、早期に運行再開できる可能性がある。※2：昭和40〜50年代にはA・B寝台を連結した「利尻」が設定されており、2002（平成14）年6月28日には北斗星の車両による「北斗星利尻」も運行された。

新しくなった日本最北端の駅舎

宗谷本線の終着駅は、「日本最北端の駅」稚内。レールの終端部が駅舎外に延びてモニュメントが設置されているほか、最北端までたどりついたことを証明する来駅証明書つきの入場券を販売している。

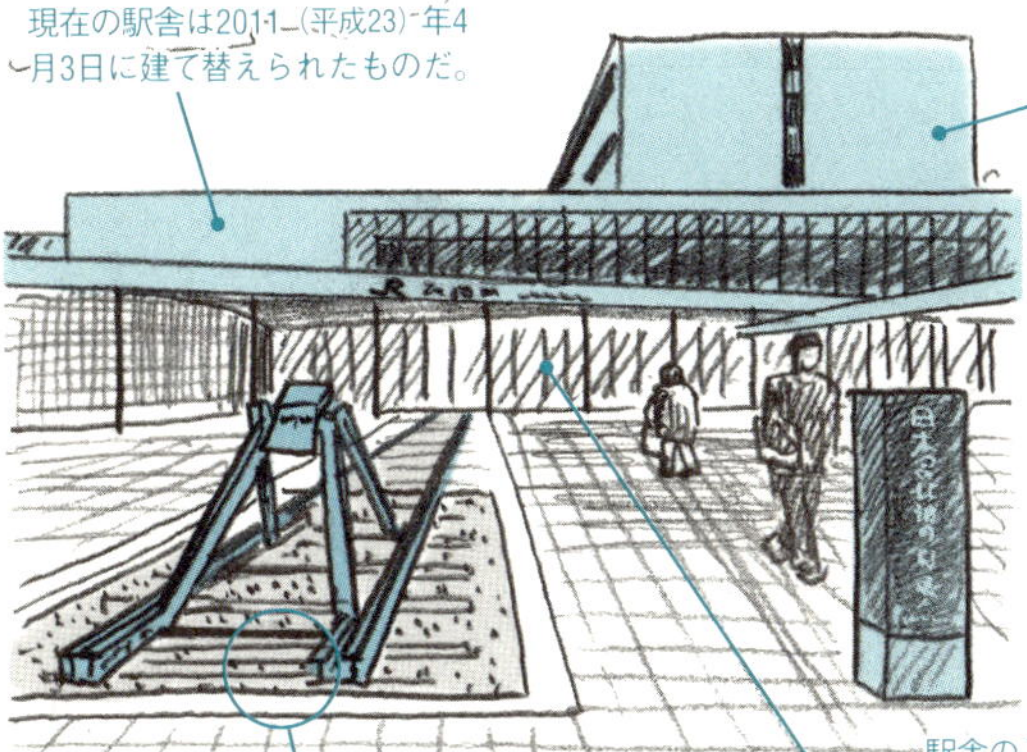

現在の駅舎は2011（平成23）年4月3日に建て替えられたものだ。

「日本最北端の線路」のモニュメントは国鉄時代の1965（昭和40）年9月に造られたもの※4。

駅舎の入口は駅の北を向いている。そのため、駅を利用する乗客の動線に吹きだまりができないように工夫がなされている。

稚内に来た証明がお土産に

入場券とともに発行される「来駅証明書」。

稚内の街にはロシア語も多い

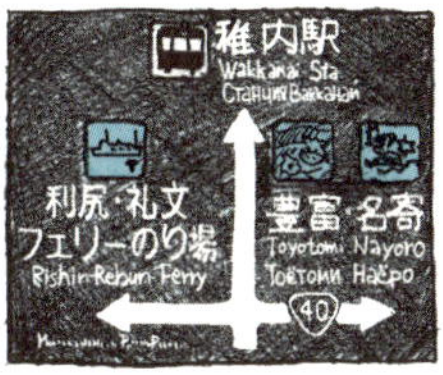

道路標識ほか、稚内では多くのロシア語が見られる。

仮乗降場として設置された東六線駅

和寒～剣淵にある東六線は1956（昭和31）年1月、仮乗降場（41頁）として開業、3年後の1959（昭和34）年11月、駅に昇格した。

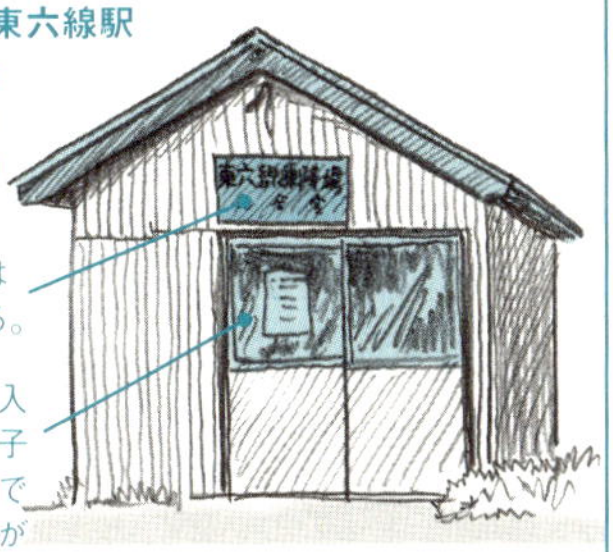

入口上に掲げられた看板は「東六線乗降場」とされている。

待合室は木造、トタン張りで入口側を除く三方向に木製の椅子が設置されている。床は土間で舗装などされておらず、地面がそのままむき出しだ。

戦後廃止となった宗谷本線の主な駅

主に昭和30年代、沿線に点在する小集落に仮乗降場が開設された。しかし多くの集落は過疎化、さらに廃村となり、いくつかの駅が廃止された。

駅名	駅開設日	廃駅日	駅のあった場所
西永山	1955（昭和30）年12月2日	1967（昭和42）年11月1日	新旭川～永山
智東	1924（大正13）年6月1日	2006（平成18）年3月18日	日進～北星
神路	1922（大正11）11月8日	1985（昭和60）年3月14日	筬島～佐久
琴平	1955（昭和30）年12月2日	1990（平成2）年9月1日	佐久～天塩中川
下中川	1955（昭和30）年12月2日	2001（平成13）年7月１日	天塩中川～歌内
上雄信内	1956（昭和31）年５月1日	2001（平成13）年7月1日	糠南～雄信内
南下沼	1957（昭和32）年2月1日	2006（平成18）年3月18日	幌延～下沼
芦川	1926（大正15）年9月25日	2001（平成13）年7月1日	徳満～兜沼

※3：複数の駅を通過して、輸送時間を短縮する列車。※4：モニュメントは長らく駅構内に設置されていたが、2012（平成24）年3月、駅舎外に移設されている。

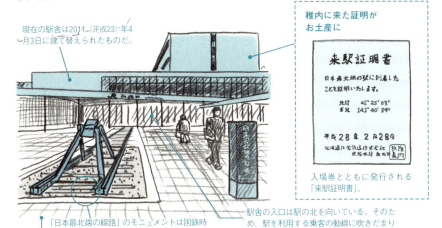

スイッチバックは廃止線の名残・遠軽駅《えんがるえき》

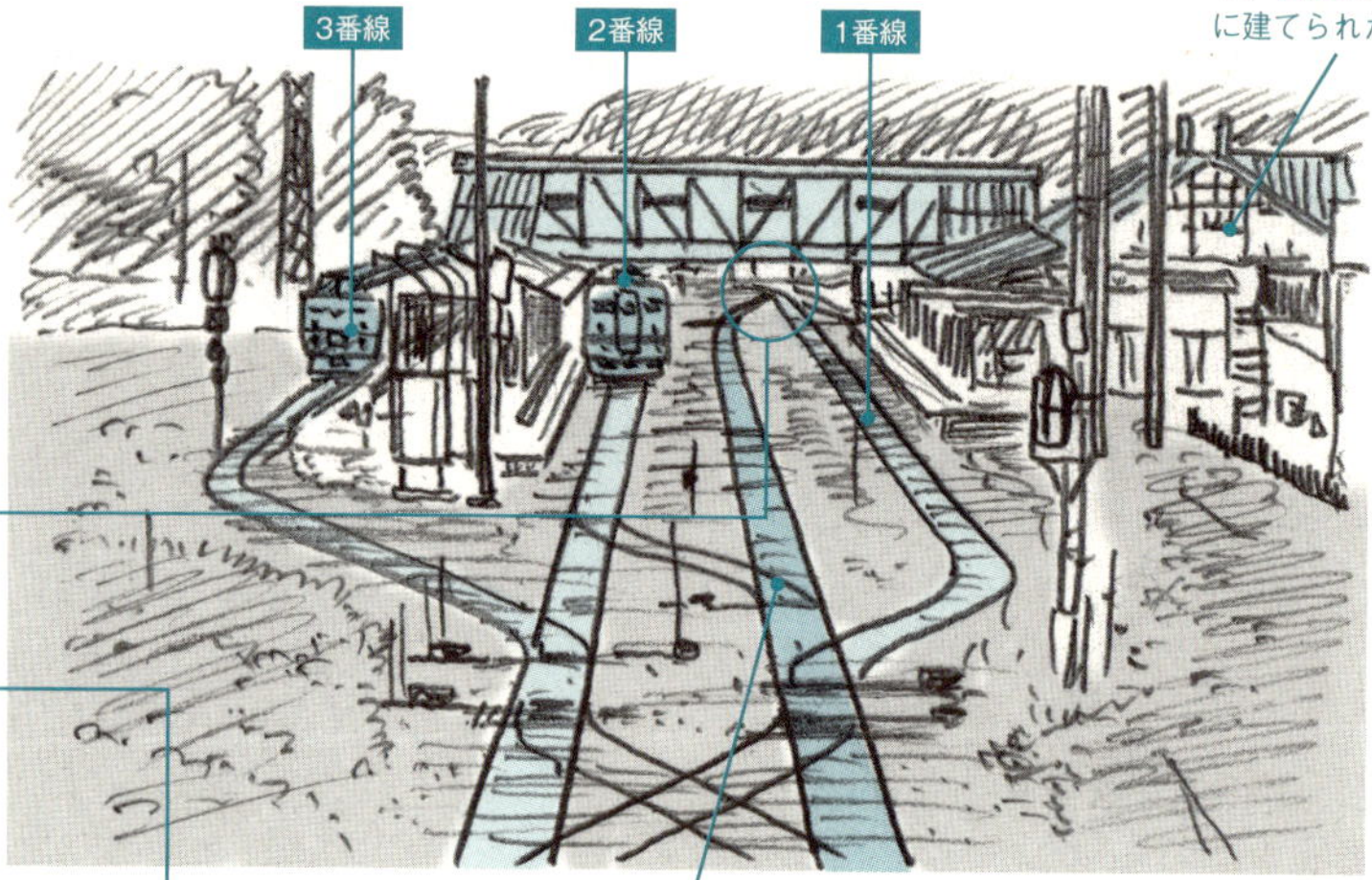
3番線
2番線
1番線

駅舎は1932（昭和7）年、石北本線全通時に建てられたものだ。

ホームの西側にはターンテーブルなど、わずかながら蒸機時代の名残が残る。

旅客用ホームを通過する「中線（本線の間に設置されたレール）」は、玉ねぎ輸送の「玉ねぎ列車」など、貨物列車が使用している。

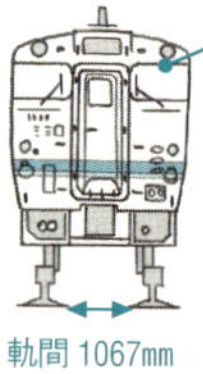
軌間 1067mm

石北本線の普通列車に運用される車両はキハ40、キハ54、キハ150の3車種。このうち主要車両はキハ40で、ライトグレーにライトグリーンの帯、その下にラベンダーの細い帯と北海道らしい塗色。

名寄
宗谷本線
函館本線
旭川
新旭川
富良野線
石北本線
遠軽
北見
網走
知床斜里
釧網本線

data

運行区間：新旭川～網走 開業：1912（大正元）年10月5日
動力：ディーゼルエンジン（非電化）路線総延長：234.0km

北海道

全通までおよそ20年の道央～道東の主要幹線

JR北海道 石北《せきほく》本線

石北本線は、オホーツク海沿いの網走側から建設が始められた。1912（大正元）年に野付牛《のっけうし》（現在の北見）～網走間が開業。その3年後に遠軽《えんがる》まで延伸した。難工事をきわめたと伝わる、石北トンネルのある新旭川～遠軽間が開業に至ったのは、1932（昭和7）年のこと。建設開始から全通までは、およそ20年もの歳月を要した。

道央と道東を結ぶ主要な幹線だが、沿線人口は少なく、多くは無人駅となっている。また、かつては旅客扱いの駅だったところが信号場※1に格下げされたり、廃止されたりした駅もある。

※1：線路の切り替えを行う分岐器や鉄道用信号設備を設けているものの、旅客や貨物の取扱を行わない停車場をいう。国鉄時代には信号場でありながら臨時駅として旅客の扱いを行った信号場もあったが、その多くは国鉄民営化の際、旅客駅へ格上げされている（逆に旅客駅を信号場に格下げしたところもある）。

かつては賑やかだった道東の鉄道線

昭和50年代まで、道東にある網走、名寄、遠軽などの街はそれぞれを国鉄の路線が結び、支線も数多く存在した[※2]。

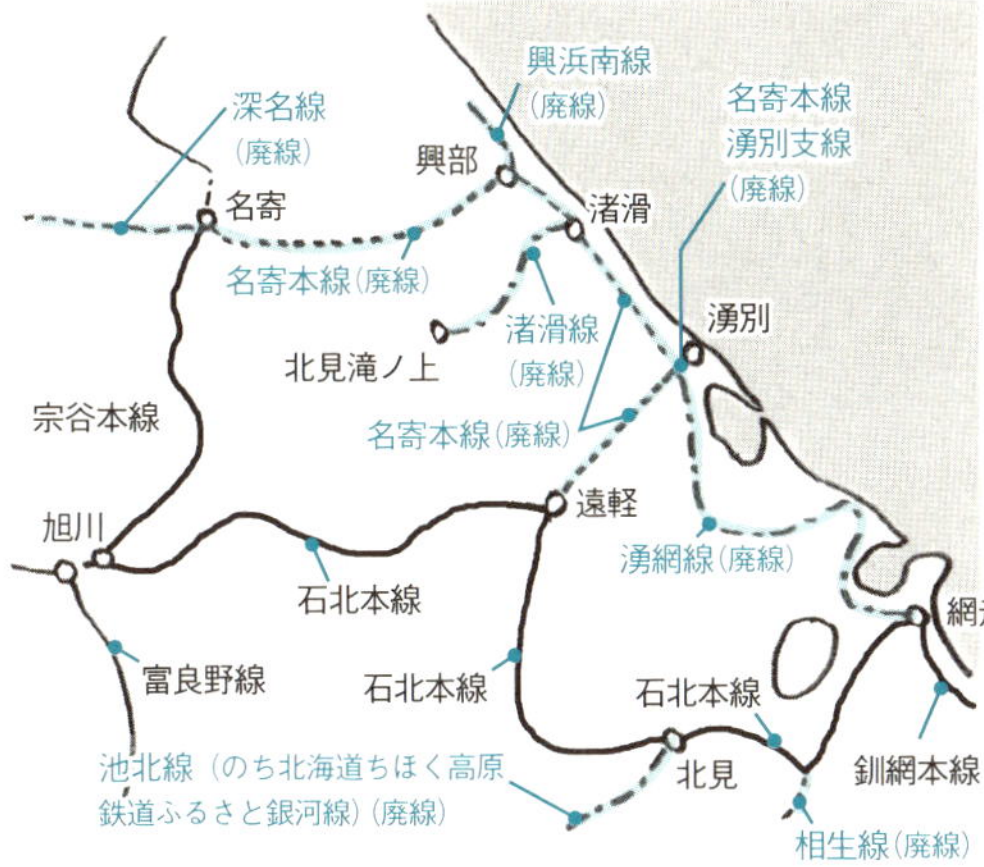

この先に名寄本線が延びていた

遠軽駅から北へ200mほどレールが延びている。この先に名寄本線があった[※3]。

常紋トンネル至近の元旅客駅・金華

駅の歴史は古く、鉄道院時代の1914（大正3）年10月5日、湧別鉄道の奔無加（ぽんむか）駅として開業した。駅名が「金華」となったのは戦後、1951（昭和26）年7月20日のこと。駅名は付近に住友金属鉱山が所有する金山があったこと（金の採れることに縁起の良い「華」を組み合わせた）に由来するという。

旅客営業は2016（平成28）年3月26日で廃止され、現在は列車交換のための信号場となっている。

困難を極めた常紋トンネル開通

金華信号場の北には、石北本線随一の難所・常紋峠（常紋トンネル）がある。

工事は非常に難航し、工事期間中に多くの工夫が亡くなったとされる。

1912（明治45）年から3年の歳月をかけ、1914（大正3）年に開通した。

信号場となった石北本線の駅

駅名	駅開設日	信号場への降格日	駅のあった場所
中越	1929（昭和4）年11月20日	2001（平成13）年7月1日	上川～白滝
上越	1932（昭和7）年10月1日	1975（昭和50）年12月25日	上川～白滝（中越より遠軽方面）
奥白滝	1932（昭和7）年10月1日	2001（平成13）年7月1日	上川～白滝（中越、上越より遠軽方面）
下白滝	1929（昭和4）年8月12日	2016（平成28）年3月26日	白滝～丸瀬布
金華	1914（大正3）年10月5日	2016（平成28）年3月26日	生田原～西留辺蘂

※このほか、生田原～西留辺蘂間（金華より生田原方面）に常紋信号場1914（大正3）年10月5日開業がある。1951（昭和26）年4月頃～1975（昭和50）年7月頃までは旅客の扱いをしていた。

※2：1980（昭和55）年に経営改善を図るべく制定された「国鉄再建法」により多くの路線が廃止対象とされ、姿を消した。※3：名寄本線は1989（平成元）年5月1日に廃線。

柴山港への最寄り駅・柴山
1947（昭和22）年6月26日、開業時からの駅舎が今も使われている。
駅舎と反対の海側ホームは、2001（平成13）年3月3日に閉鎖された。
柴山駅を通過するサンライズ出雲※1。
冬の味覚・柴山ガニ
水揚げされたカニは、大きさや重さ、足の太さなどが札に記される。
重さ1.4キログラム以上で、なおかつ状態の良いものは最高級柴山GOLDにランク付けされる。

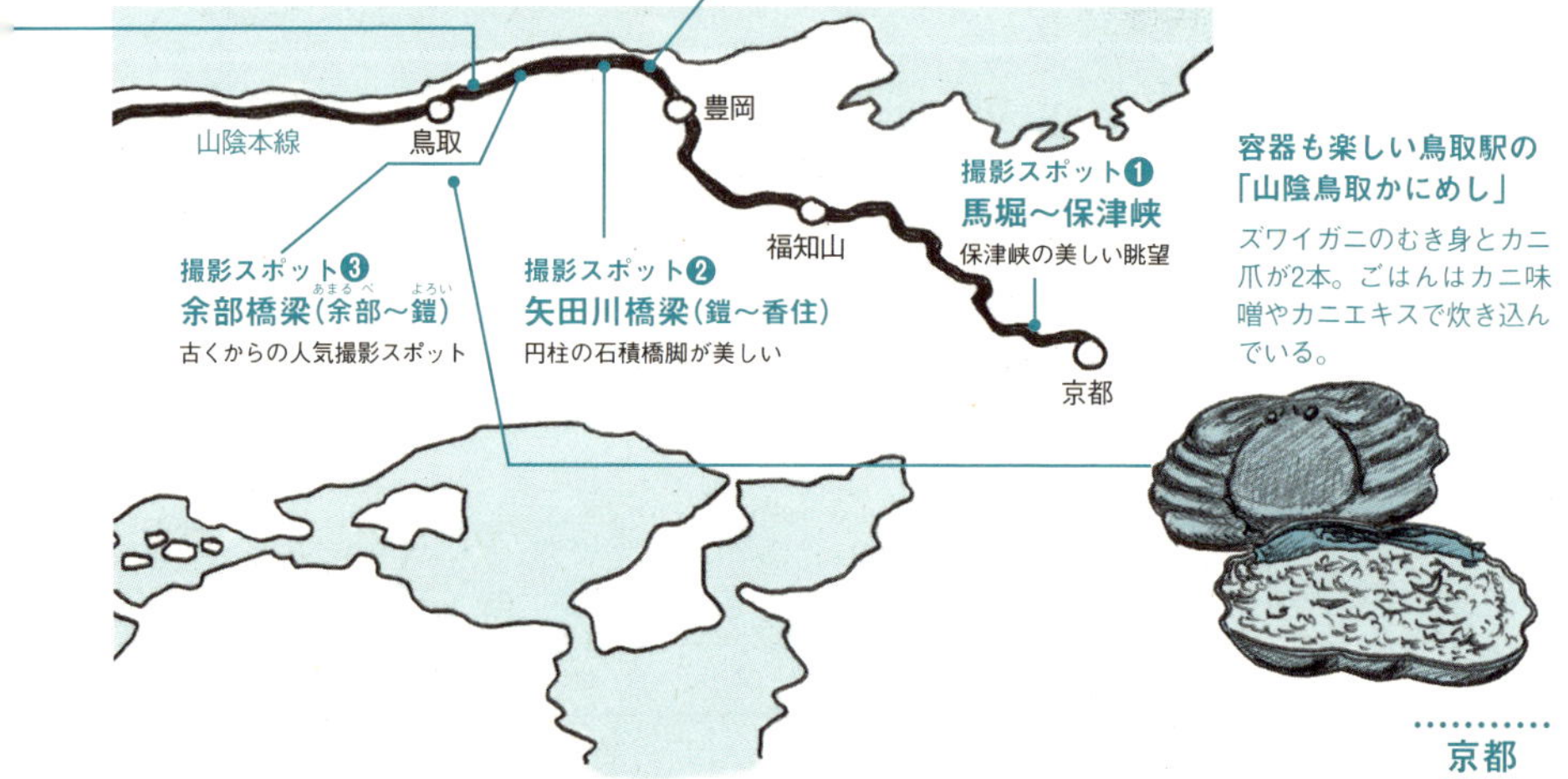
山陰本線
鳥取
豊岡
福知山
京都
撮影スポット❶
馬堀～保津峡
保津峡の美しい眺望
撮影スポット❷
矢田川橋梁（鎧～香住）
円柱の石積橋脚が美しい
撮影スポット❸
余部橋梁（余部《あまるべ》～鎧《よろい》）
古くからの人気撮影スポット
容器も楽しい鳥取駅の「山陰鳥取かにめし」
ズワイガニのむき身とカニ爪が2本。ごはんはカニ味噌やカニエキスで炊き込んでいる。

京都
兵庫
鳥取
島根
山口

偉大なローカル線は在来線最長の676キロ

JR西日本 山陰本線

山陰本線は、京都から山口まで5つの府県※2を通り、在来線としては日本最長、676・0キロもの営業キロを誇る長大な路線だ。しかし、瀬戸内側を走る山陽本線に比べ近代化が遅れ、複線化・電化も今なお一部区間にとどまる。こうした事情から「偉大なるローカル線」と呼ぶ人もいる。

全線を通じて観光地や温泉地が並び、車窓から日本海がすぐそばに見える区間があるほか、名峰・大山を一望できる区間など、車窓からの景色は変化に富んでいる。また余部橋梁《あまるべきょうりょう》※3をはじめ、鉄道ファンに人気の撮影スポットも数多い。

日本最長！676.0kmの長大なローカル線

山陰本線は、在来線としては最長の営業キロを誇る。しかし、160ある駅のうち、半分近い77駅が無人駅（委託駅30も含めると107）。徹底した合理化を図っている長大なローカル線だ。

居組駅そばのめがねトンネル

築堤の上には山陰本線のレールが通っている。

向かって右側が河川用、左側が歩行用のトンネル。その形状から「めがねトンネル」の愛称で呼ばれる。

美しい日没が拝める 惣郷川橋梁（須佐〜宇田郷）

潮風や波による腐蝕防止を考え、素材には鋼鉄ではなく鉄筋コンクリートを採用、ラーメン構造※4でつくられている。
橋桁は19基からなり、総延長は189mとなっている。

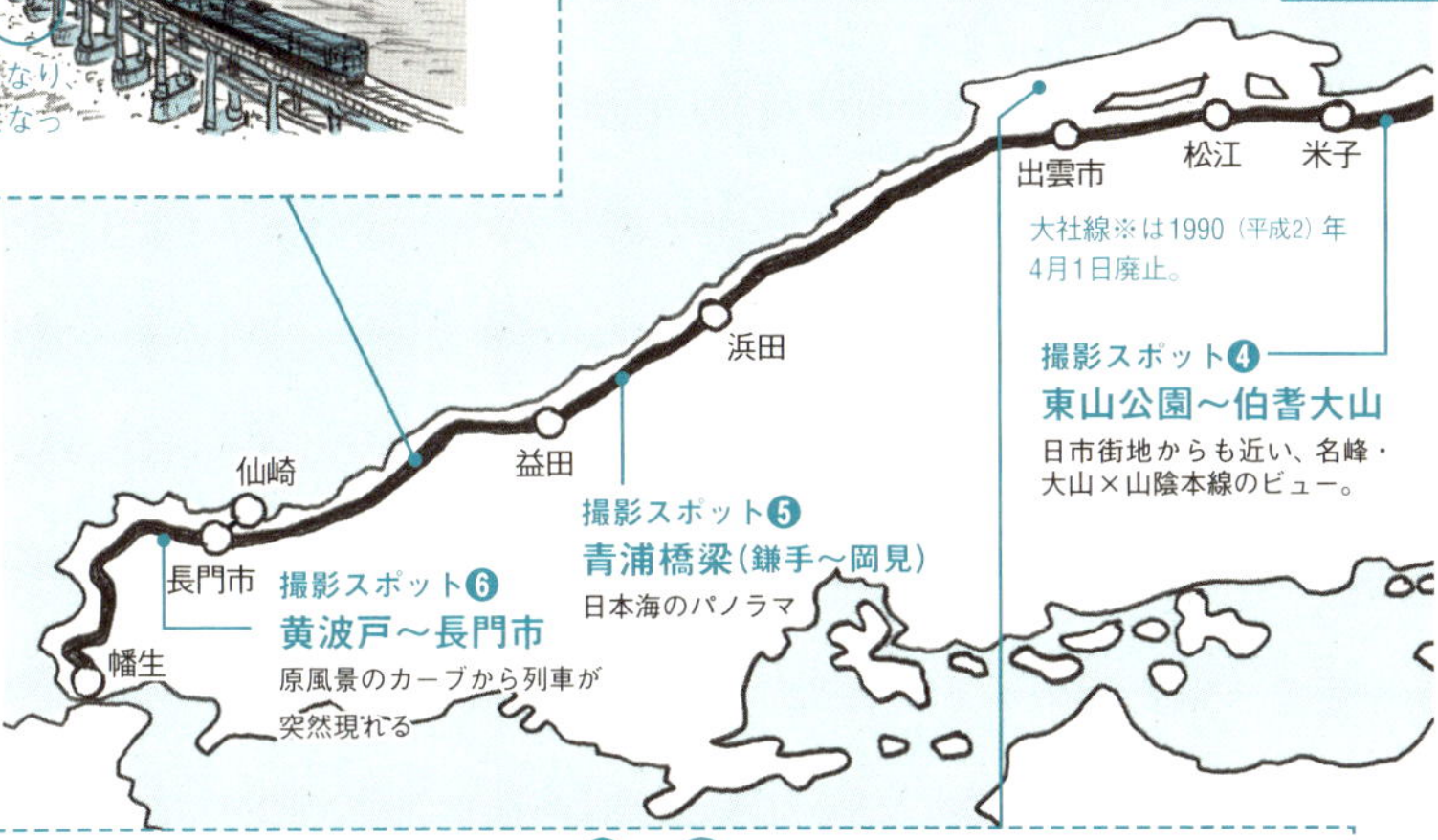
出雲市
松江
米子
大社線※は1990（平成2）年4月1日廃止。
撮影スポット❹
東山公園〜伯耆大山
日市街地からも近い、名峰・大山×山陰本線のビュー。
浜田
益田
仙崎
長門市
幡生
撮影スポット❺
青浦橋梁（鎌手〜岡見）
日本海のパノラマ
撮影スポット❻
黄波戸〜長門市
原風景のカーブから列車が突然現れる

和×洋の意匠「旧大社駅」

駅舎左手には皇室の勅使や皇族等を迎えた応接室（貴賓室）がある。

正面中央の棟には、古代の仏教建築に多用される鴟尾（しび）を乗せている。

設計者は、当時神戸鉄道管理局に所属していた鉄道員・丹羽三雄。待合室には柱が一本もなく、西洋の橋梁などに使われるトラス構造で建てられたことがわかる。

それぞれの破風には懸魚（げぎょ）がつけられている。また屋根の鬼瓦には、国鉄時代の社章に使われた動輪マークがあしらわれている。

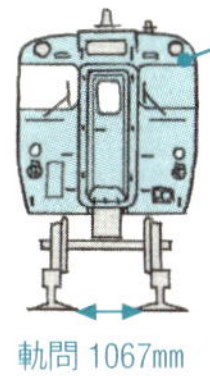

軌間 1067mm

キハ40形はJR西日本の各地で運用されているが、各地域のオリジナル色に塗り替えられているところが多い。そのなかで、山陰本線（豊岡以西で運用）では国鉄時代の標準色・朱色5号（通称柿色）で運用されている。

山陰本線
松江
鳥取
京都
神戸
岡山
広島
山陽本線
幡生

data
運行区間：京都〜幡生 開業：1897（明治30）年2月15日 動力：直流1500V（京都〜城崎温泉、伯耆大山〜西出雲）、その他はディーゼルエンジン（非電化）路線総延長：676.0km

※1：東京と山陰を結ぶ優等列車の始まりは、1951（昭和26）年11月25日運行開始の急行「いずも」にまでさかのぼる。※2：京都、兵庫、鳥取、島根、山口の5県。※3：鎧〜餘部間にある橋梁。※4：「ラーメン」はドイツ語で「枠」を意味する。垂直方向の「柱」と水平方向の「梁」が一体化した構造のこと。

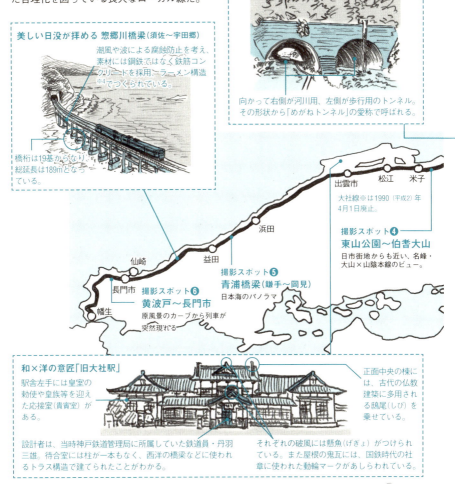

上下3本、1日6回しか列車が止まらない宗太郎駅

宗太郎駅に止まる列車は上下線とも1日3本、計6本だけ。

1990年頃に取り壊された駅舎の基礎部分が残されている。

駅舎の解体後も、改札ラッチと乗車券箱は残されている。

構内の隅には開業当時からのものと思われるトイレの小屋が建つ。

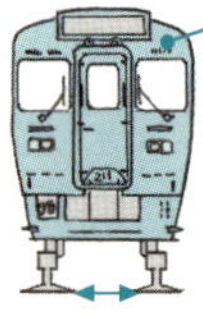

キハ220形は2006（平成18）年に豊肥本線、九大本線で運用を開始された車両で、バス用の大型LEDの行先表示器を装備している。車体色は正面と側面（乗降口は鋼板のままの銀）に用いられたビビッドな赤が特徴。

data

運行区間：小倉〜鹿児島
開業：1895（明治28）年4月1日
動力：交流20000V
路線総延長：467.2km

福岡
大分
宮崎
鹿児島

JR九州 日豊本線

部分的には1日3往復 東〜南九州のローカル幹線

日豊本線は九州東南部、4県を縦貫※1する幹線である。小倉（北九州市）や大分、宮崎など東九州の主要な街を経由するが、それらの道中には、田園地帯や山間部など、日本の原風景や、秘境ムードに満ちた景色が広がる。

特に佐伯〜市棚の間にある各駅では、普通列車が1日3往復しか停車しない。また、この区間は電化されているにもかかわらず、合理化のため、普通列車に気動車（キハ220形）が運用されている。そのほかにも日豊本線には非電化路線の列車が多く乗り入れており※2、電化区間ながら気動車を見かける機会は多い。

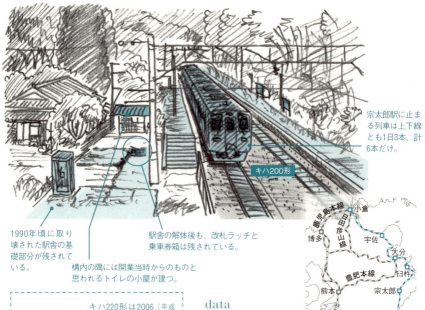

90'年代のJR九州のエース・787系

斬新なデザインに加え、ビュッフェを併結するなど高いクオリティを備えた787系。2011年3月に九州新幹線が全通すると一線からは退いたものの、現役車両として九州各地の優等列車として活躍している。

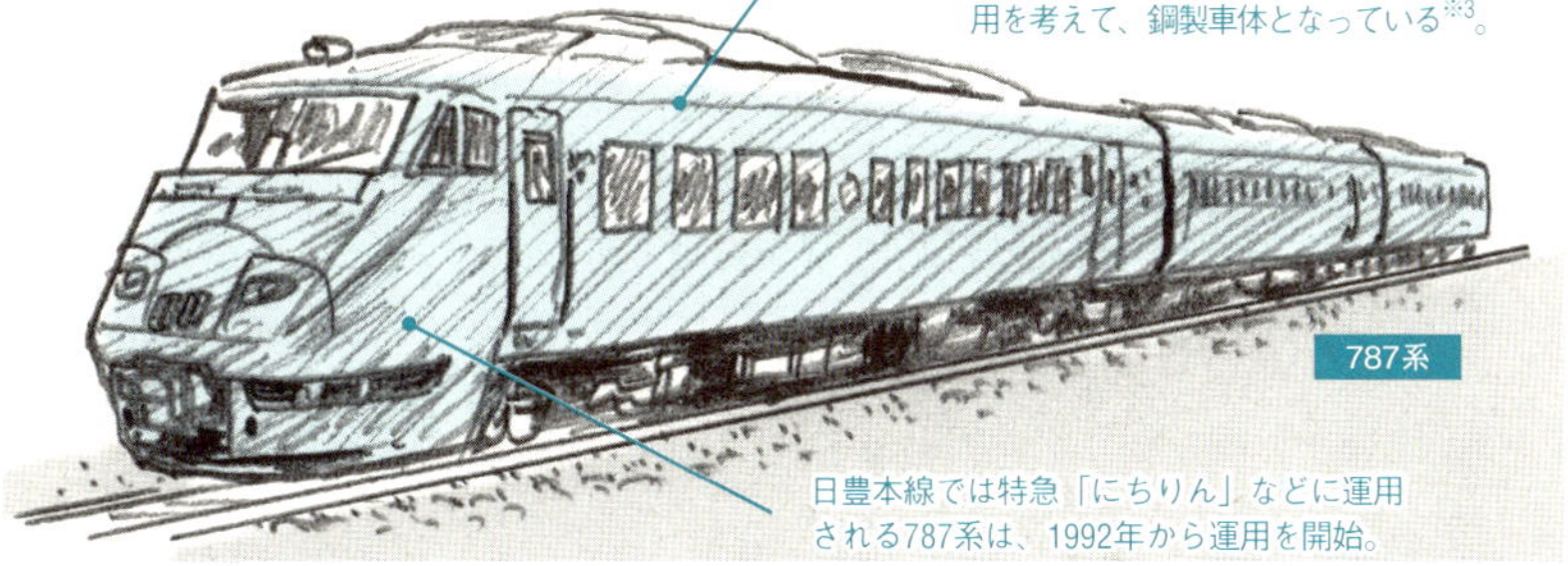
同系の783系が車体にステンレスを使用しているのに対し、787系ではコストやメンテナンスの費用を考えて、鋼製車体となっている※3。
787系
日豊本線では特急「にちりん」などに運用される787系は、1992年から運用を開始。

単線区間の要所・門石信号場

門石信号場は1965（昭和40）年10月1日のダイヤ改正とともに開設された※4。

駅舎は開設当時から使われている、プレハブ造りの簡素なものだ。
この区間が自動閉塞化される1979（昭和54）年10月までは、タブレット閉塞が行われており、駅員が常駐して列車交換が行われていた。

駅舎に記された「安全確認」の文字は、駅員配置時代の名残。
安全確認
もともと単線だった区間にレールを増設し、門石信号場が開設された。

「磨崖仏」の郷・国東半島

（アクセスは宇佐駅から）

日豊本線・宇佐や杵築は、豊予海峡※5に飛び出した国東半島の玄関口だ。その国東半島には、岩壁を削ってできた石仏「磨崖仏」が数多く残されている。

重文・熊野磨崖仏
右側は大日如来像と伝わる。
不動明王の左右にはかつて、従者である「矜羯羅童子」と「制多迦童子」の像も彫られていた。
向かって左手の磨崖仏は高さ約8mの不動明王。

※1：福岡、大分、宮崎、鹿児島の4県。※2：日田彦山線、久大本線、肥薩線など。※3：海沿いの区間もあり、腐蝕の恐れがある屋根などにはステンレスを採用している。※4：このダイヤ改正で、日豊本線経由で東京〜西鹿児島を結ぶ寝台特急「富士」を設定、当時日本最長の特急となった。※5：九州と四国の間にある海峡。

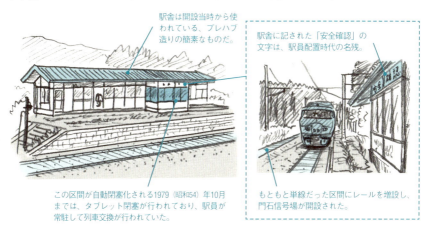

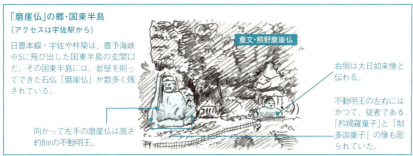

海沿いに続くトンネルは難所の証（紀伊有田〜串本間）

紀伊有田〜串本間にある鬮野川（くじのがわ）橋梁。なお宇久井〜那智間には、1967（昭和42）年9月30日まで狗子ノ川（くじのかわ）駅があった。

海沿いの断崖にレールが走る紀勢本線ではトンネルが非常に多い。そのため建設工事は困難を極めた。

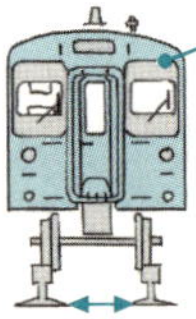

亀山〜新宮（JR東海）では3車種の気動車、新宮〜和歌山市では優等列車含め8車種の電車が運用されている。このうち105系は新宮〜紀伊田辺、和歌山〜和歌山市で運用、太平洋をイメージした青緑色とされている。

data

運行区間：亀山〜和歌山市 開業：1891（明治24）年8月21日 動力：直流1500V（新宮〜和歌山市）、ディーゼルエンジン（非電化）（亀山〜新宮）路線総延長：384.2km

三重
和歌山

紀伊半島沿岸の380kmは隧道180カ所の難所続き

JR東海・西日本 紀《き》勢《せい》本線

三重県の亀山駅を起点に、紀伊半島を周回し、和歌山市駅に至る紀勢本線。その途中、紀伊半島南部の新宮を境に、JR東海が管轄する東側が非電化区間、JR西日本が管轄する西側（愛称：きのくに線）が電化区間となっている。

紀伊半島南部には景勝地や海水浴場、温泉地が多く、多客期には気動車特急「（ワイドビュー）南紀」や電車特急「くろしお」の臨時列車も設定される。

一方、山あいを走行する区間ではトンネルの数が全線でおよそ180カ所にもおよび、険しい地形ゆえの変化に富んだ車窓が楽しめる。

運輸区のある「東」の要衝・多気《たき》駅

多気駅の駅舎はささやかで、利用者もそれほど多くはない。しかし、紀勢本線に加え、伊勢神宮の玄関口・伊勢市へ向かう参宮線や貨物専用線が発着、さらに駅の裏手には近隣路線の乗務員が所属する伊勢運輸区※があるなど、紀伊半島東側の要衝といえる駅だ。

参宮鉄道の相可駅として開業。現在の駅名「多気」となったのは、路線名が紀勢本線となった1959（昭和34）年7月15日で、駅舎はその直後の12月に竣工。

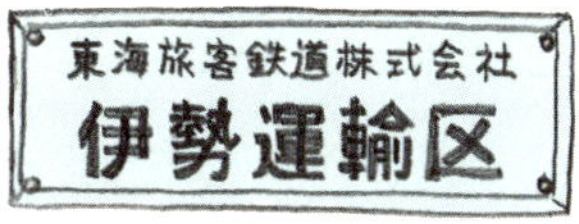
東海旅客鉄道株式会社
伊勢運輸区

多気駅の裏手には「伊勢運輸区」がある。

構内は2面4線の構造で、JR紀勢本線、JR参宮線のほか、ダイヘン三重事業所（電気機器メーカー）への貨物専用線が敷設されている。

優等列車が停車した時代もあった湯川駅

かつては急行「きのくに」や特急「くろしお」が停車したこともあった。

1985（昭和60）年3月14日に無人化、現在出札口にはシャッターが下りている。

駅舎は1968（昭和43）年4月22日の竣工。改札を抜けた先にある階段を下り、地下道を抜けてホームへと出る。

沿線ゆかりの詩人が名付けた「ゆかし潟」

ゆかし潟は淡水と海水の混じった汽水湖で、その名は新宮市出身の詩人・佐藤春夫が「心ひかれる湖」ということから、名付けたもの。

紀伊半島周回線・紀勢本線は撮影・観光スポットの宝庫

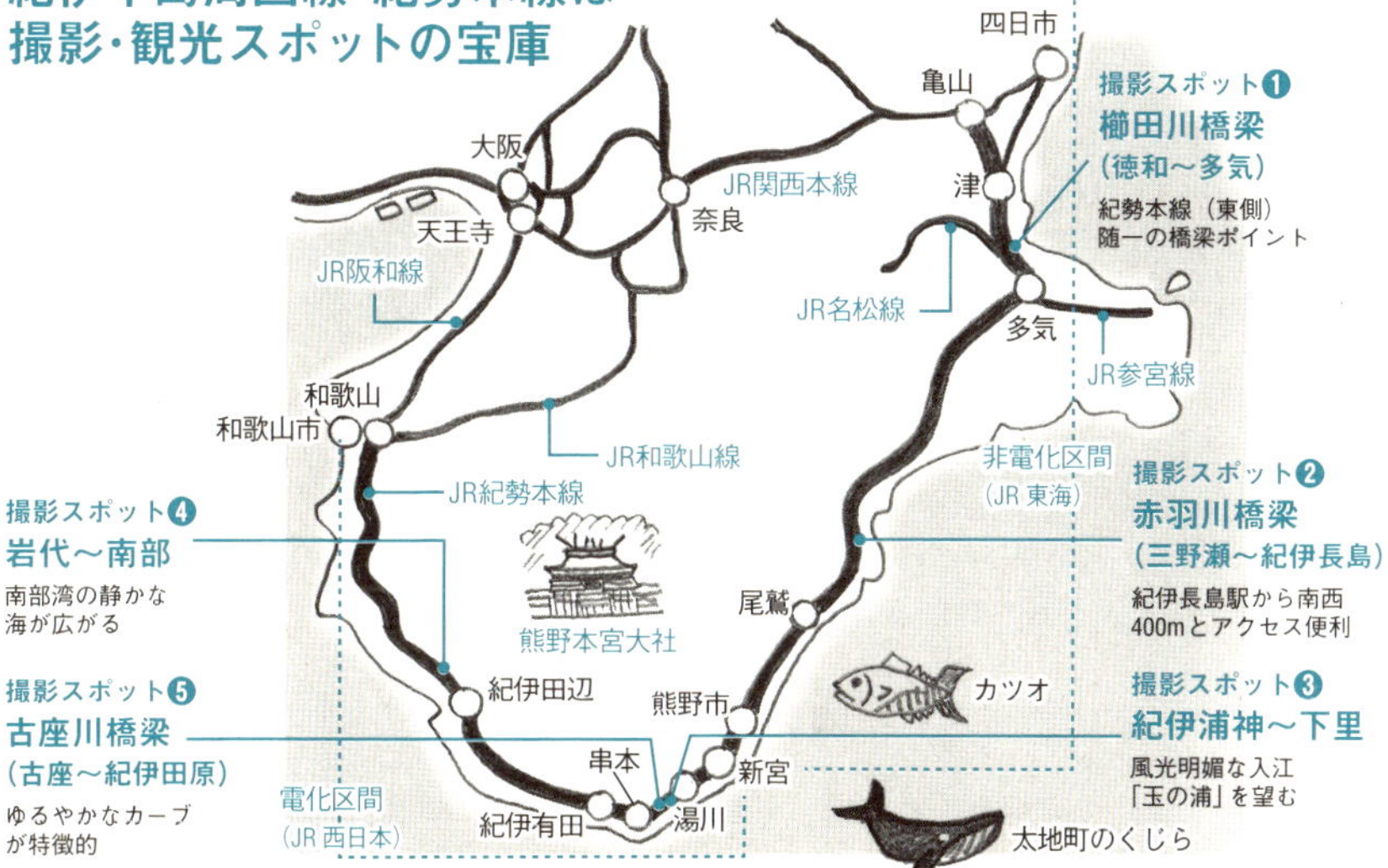
四日市
亀山
津
大阪
天王寺
JR関西本線
奈良
JR阪和線
JR名松線
多気
JR参宮線
和歌山
和歌山市
JR和歌山線
JR紀勢本線
非電化区間
（JR 東海）
熊野本宮大社
尾鷲
紀伊田辺
熊野市
カツオ
串本
新宮
電化区間
（JR 西日本）
紀伊有田
湯川
太地町のくじら
撮影スポット❶
櫛田川橋梁
（徳和～多気）
紀勢本線（東側）随一の橋梁ポイント
撮影スポット❷
赤羽川橋梁
（三野瀬～紀伊長島）
紀伊長島駅から南西400mとアクセス便利
撮影スポット❸
紀伊浦神～下里
風光明媚な入江「玉の浦」を望む
撮影スポット❹
岩代～南部
南部湾の静かな海が広がる
撮影スポット❺
古座川橋梁
（古座～紀伊田原）
ゆるやかなカーブが特徴的

※：「運輸区」は、乗務員（運転士・車掌）が所属する部署。私鉄では「乗務区」とする会社もある。伊勢運輸区では紀勢本線・亀山～新宮間など、JR東海の主要路線を管理する「東海鉄道事業本部」の乗務員が所属している。

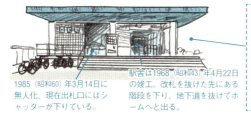

90年前の鉄筋コンクリート橋梁

須崎湾沿いの区間は切り立った崖が続き、トンネルが多い。この安和〜土佐新荘間も3.0km（営業キロ）の区間に、この第1久保宇津隧道ほか、4つものトンネルがある。

鯨のマークの特急「南風」

南風のヘッドマークには経由地・高知の象徴である鯨のイラストが描かれている[※1]。

橋の構造は弓なりの形状で重量を支える「アーチ橋」で、スパン（橋を支える支柱の間隔）が広く取られている。

「第二領地橋梁」は、1938（昭和13）年の竣工。

東（右手）には「領久東鼻（りょうくひがしばな）」と呼ばれる岬があり、橋の下はなだらかな入江になっている。

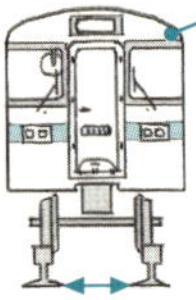

琴平以南は非電化で気動車が運用され、特に1000型は徳島線への乗り入れでも使われる主力車両のひとつ。車体はステンレス製で正面、側面ともJR四国のコーポレートカラーであるライトブルーの帯が敷かれている。

data

運行区間：多度津〜窪川 開業：1889（明治22）年5月23日 動力：直流1500V（多度津〜琴平）、ディーゼルエンジン（非電化）（琴平〜窪川）
路線総延長：198.7km

香川
徳島
高知

平地〜山〜海へ 四国3県を縦・横断

JR四国 土讃《どさん》線

国鉄時代、四国に4つあった「○○本線」※2は、1987（昭和62）年の民営化を機に、すべて「本」の字が外され、○○線となった。香川県の多度津《たどつ》と高知県の窪川《くぼかわ》を結ぶ土讃線もしかり、である。総延長198・7kmは全線にわたり単線で、電化区間は多度津〜琴平《ことひら》間のみ。また高松から琴平まで乗り入れる電車を除き、気動車による運行となっている。

琴平〜土佐山田間はほかの区間と比べて普通列車の本数が少ない。しかし、このうち琴平〜大歩危《おおぼけ》間では車窓に渓谷美を楽しめる「トロッコ列車」が観光シーズンに運行され、好評を博している。

※1：高知駅構内にも鯨の尾びれのモニュメント（「歓鯨」と名づけられている）が設置されている。※2：予讃本線、土讃本線、徳島本線、高徳本線の4路線。※3：CTCは（Centralized Traffic Control）の略で、「列車集中制御装置」とも。対象となる区間の信号・ポイントなどの操作を、担当の（多くは近隣の）CTCセンター（運転指令所）で遠隔操作できるようにしたシステム。このCTCの導入により、多くの駅が無人化された。

レールのどん詰まりにあるスイッチバックの新改駅

新改駅は周囲に人の住む民家のない駅として、鉄道ファンの間で知られる。この駅に停車する列車は、上り5本/日、下り7本/日と、極端に少ないわけではない。しかし急勾配が続く区間にあるため、スイッチバック駅となっており、それがこの駅の秘境感を高めている。

1970（昭和45）年に土讃線はCTC化[※3]、阿波池田駅にもCTC装置が設置されて駅員は不要となり、無人化された。

列車は車止め（奥）と反対方向（手前）に進むが、駅名標には駅の存在しない（車止めしかない）方向に隣駅の「繁藤」が記されている。

太平洋戦争末期、高知市内にあった四国防衛軍（第55軍）の、司令部が新改駅の周辺に移設された。山中にはいまだ塹壕の跡などが残されている。

新改駅スイッチバックのしくみ

❶❷❸は下り高知方面の列車の「新改駅停車手順」

①②③は上り阿波池田方面の列車の「新改駅停車手順」

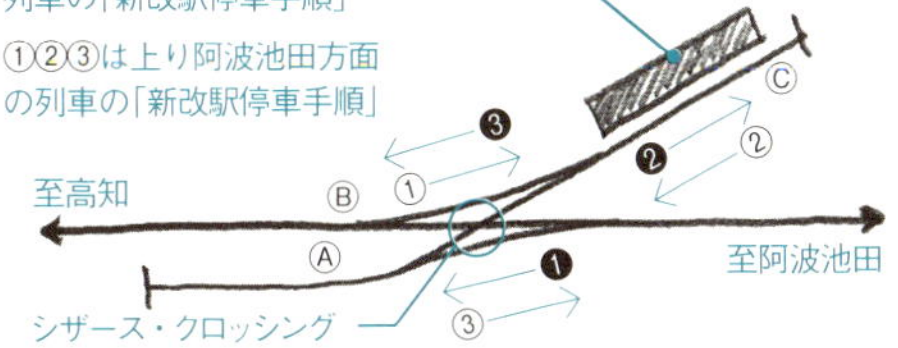

急勾配からの発車を回避するための引き上げ線（図中Ⓐ）と本線（図中Ⓑ）、新改駅ホームへの引き込み線（図中Ⓒ）の間にX字の分岐を設ける「シザース・クロッシング」が使われている。

ホームの後ろに表示された数字は、列車の編成両数と停止位置を示す[※4]。

レールの終端部は薮に覆われつつある。

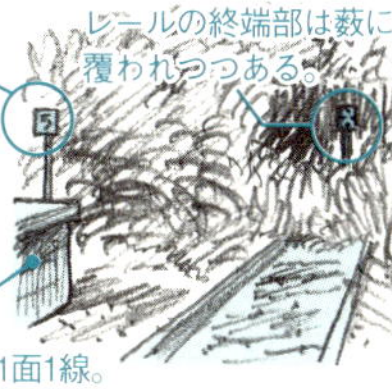

新改駅のホームは1面1線。

ボンネットバスで秘境を回る（阿波池田駅）

三好市のバス事業者・四国交通では阿波池田駅〜かずら橋〜阿波池田駅を巡る定期観光バスを運行している。

運用されるボンネットバスはBXD30で、シャーシ（エンジンとタイヤ部分）はいすゞ、車体の製造は富士重工が担当。

ツーマンカー用の車両で乗降扉は車体の中央1カ所のみに設置されている。

かずら橋（阿波池田駅より）で味わうキモだめし

年間35万人もの観光客が訪れることから、橋への負担を考えて3年に1度かけかえられる[※5]。

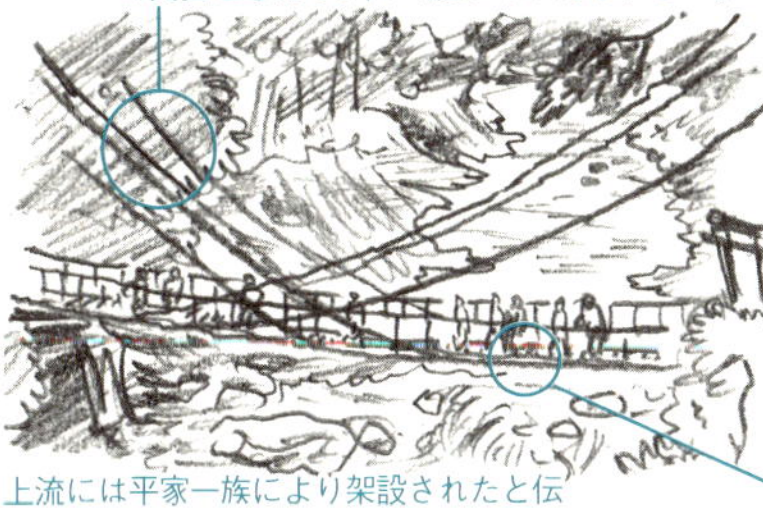

上流には平家一族により架設されたと伝わる「奥祖谷二重かずら橋」もある。

横に渡した板はワイヤーで固定されており、高い強度がある。

板と板の隙間は10cmほど空いている。

川からの高さはおよそ14m。

※4：かつては5両編成も入線したが、現在はほとんどが単行で、最長でも3両編成。※5：工事は1〜2月に行われ、工事期間は約1カ月。現在の橋は2015（平成27）年1〜2月にかけられたもの。

国鉄合理化・民営化の象徴
赤字83線

1987（昭和62）年4月1日、国鉄分割民営化。そのきっかけとなった国鉄の赤字転落は、皮肉にも新幹線が開業した1964（昭和39）年のことだった。

この赤字を取り戻すべく、国鉄諮問委員会は1968（昭和43）年に経営回復についての意見書を提出した。そして、この意見書に記載されたのが「赤字83線」だった。

赤字83線は「鉄道としての使命を終えた」路線のリストで、具体的には①営業キロが100km以下で、鉄道網全体から見た機能が低く、沿線人口が少ない、②定期客（通勤・通学）の片道輸送量が3000人以下、③貨物の発着量が1日あたり600t以内、④輸送量の伸びが対抗輸送機関（バスや私鉄など）を下回り、旅客・貨物とも減少している、などの基準により選ばれた。

赤字83線は廃線リストではなく、現在も営業を続けている路線もある。また、リストからもれても廃線された路線もあった。しかし、赤字83線は、国鉄合理化の象徴ともいうべきローカル線だった。

現在もJRの路線として営業している「赤字83線」※

路線名	路線区間	路線長	備考
札沼線	桑園〜石狩沼田	111.4km	1972.6.19新十津川〜石狩沼田間（34.9km）部分廃止。
気仙沼線	気仙沼〜本吉	21.3km	東日本大震災により運休中。BRTのバスが運行中
八戸線	鮫〜久慈	53.1km	
大湊線	野辺地〜大湊	58.4km	
会津線（一部は現・只見線区間）	会津宮下〜只見、西若松〜会津滝ノ原（現・会津高原尾瀬口）	100.4km	西若松〜会津滝ノ原（現・会津高原尾瀬口）は会津鉄道（第3セクター）に転換。
只見線	小出〜大白川	26.0km	
烏山線	宝積寺〜烏山	20.4km	
越美北線	南福井〜勝原	43.1km	
名松線	松阪〜伊勢奥津	43.5km	
参宮線	伊勢市〜鳥羽	14.1km	
三江線	江津〜浜原、三次〜口羽	78.5km	2017（平成29）年度中に廃線の予定。
鳴門線	池谷〜鳴門	8.3km	
牟岐線	阿南〜牟岐	43.3km	
内子線	新谷〜内子	5.3km	
香椎線	香椎〜宇美	14.1km	
指宿枕崎線	山川〜枕崎	37.9km	
日南線	南宮崎〜志布志	89.0km	

※「赤字83線」に選定された路線の多くは、廃線あるいは第3セクター路線へ転換された。しかし、なかにはその後利用者が増えるなどして、現在も営業を続けている路線もある。

4章

第二の人生を歩む第三セクター路線

国鉄がまだ「良かった」時代、栄華の時を過ごした地方のローカル線も、多くは昭和の終わりに赤字線となった。その大半が廃線となるなか、地域の声を汲み、あるいは街の復活・復興の期待を背負って、第三セクターに生まれ変わった路線がある。

バスと気動車が1つのホームに・盛《さかり》駅

日野ブルーリボン
シティハイブリッド
36-100形

JR盛駅の駅舎は「海岸のまち」をテーマに改築された。

三陸鉄道の駅舎は北側にある※4。

東日本大震災の影響を受け、バス高速輸送システム（BRT）※2による運行再開となった※3。

島式ホームにバスと鉄道の乗り場が隣接する、全国でも類を見ない構造となっている。

廃止後も残る
岩手開発鉄道の駅舎

三陸鉄道ホームの東側には1992（平成4）年まで旅客営業していた岩手開発鉄道・盛駅の駅舎が残る※1。

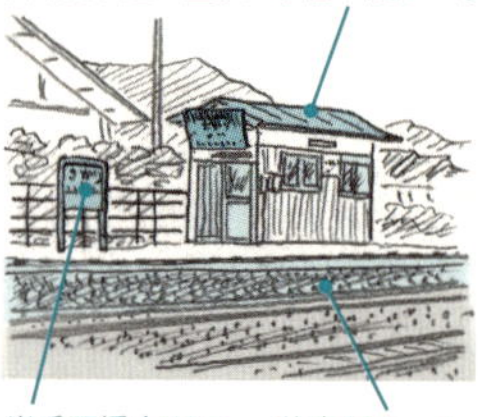

岩手石橋方面に書かれていた隣駅「猪川」の文字は消されている。

旅客用ホームは1面1線だけの小さな駅だった。

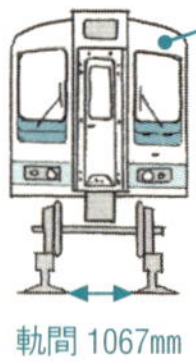
軌間 1067mm

36-100形気動車は三陸鉄道への移管時に導入。車両形式の「36」は「三陸」からイメージして付けられている。車体は白を基調に赤の帯を車端部の青が縁取る。正面は窓の下が青、前照灯回りを赤としている。

data

運行区間：宮古～久慈（北リアス線）、盛～釜石（南リアス線）
開業：1984（昭和59）年4月1日
動力：ディーゼルエンジン（非電化）
路線総延長：71.0km（北リアス線）、36.6km（南リアス線）

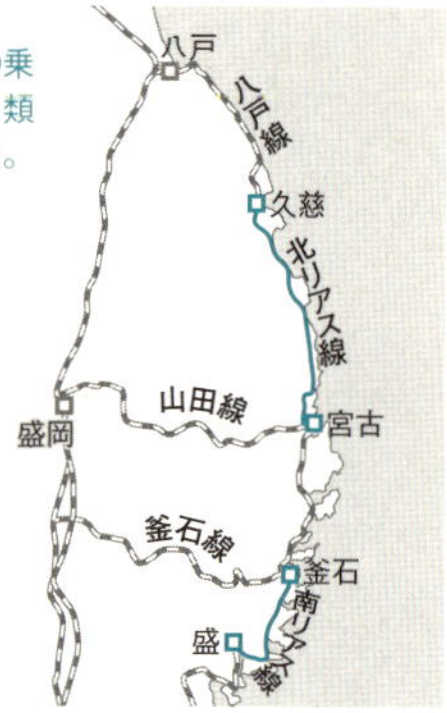
八戸
八戸線
久慈
北リアス線
山田線
宮古
盛岡
釜石線
釜石
南リアス線
盛

岩手

構想は明治期から三陸の南北縦貫鉄道へ

三陸鉄道 南・北リアス線

「三陸縦貫鉄道」構想は、元をたどるとすでに明治時代に策定されていた。全通まであと少しになったころ、国鉄は財政悪化により工事を凍結。既存路線さえ廃線の危機に陥ることになったが、岩手県や関係市町村の出資により三陸鉄道株式会社が発足。1984（昭和59）年、南北のリアス線が開通し、三陸「縦貫」鉄道が完成した。

東日本大震災では甚大な被害を受けたが、約3年で復旧。同じく被害を受けた山田線の不通区間についても鉄道の形で復旧し、南北に分かれた路線が「三陸鉄道」として1本に結ばれる予定である。

※1：貨物輸送は現在も盛業中。※2：廃線跡をバス専用道として利用、渋滞緩和やダイヤ遅延防止を図る。車両はジェイアールバス東北、運行管理は岩手県交通が担当。※3：2013（平成25）年3月2日に運行再開。

第3セクター化で建てられたかまぼこ型駅舎・綾里《りょうり》駅

綾里駅の駅舎は、2002年に選定された「東北の駅百選」にも選ばれたユニークな建物。

駅舎の2階は、縄文土器などが展示された化石博物館として公開されている。

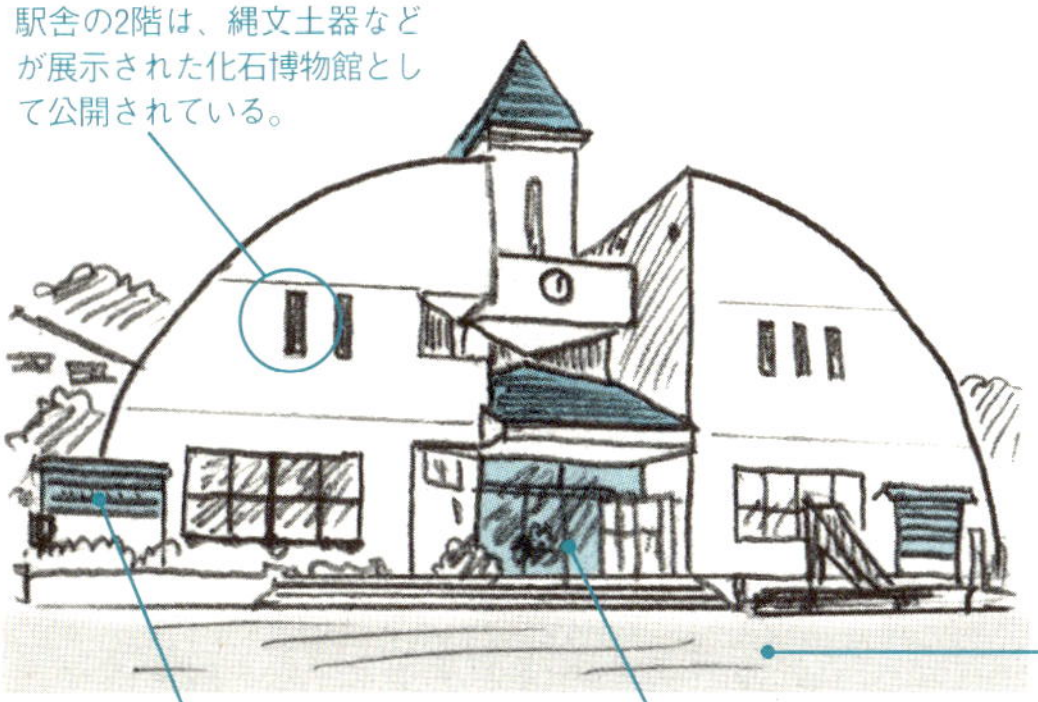

駅舎前の掲示板には「三鉄ファンクラブ※6」の会員名が掲示されている。

1988（昭和63）年に駅舎内の観光センターが開業し、乗車券の委託販売が開始された。

巨大な権現が舞う「五年大祭」※5

「権現」と呼ばれる神の化身。中にショベルカーが入っている。

ショベルカーは2人がかりで操縦。全高は約2m、重量は200kgにもおよぶという。

「復興祈願」の桜が駅舎を彩る田野畑《たのはた》駅

2階は田野畑村の集会所として使われている。

駅舎の壁には東日本大震災からの復興の願いを込め、「桜の花びらのイラスト」が描かれている。

㋰は外部に出札を委託された乗車券であることを示す。

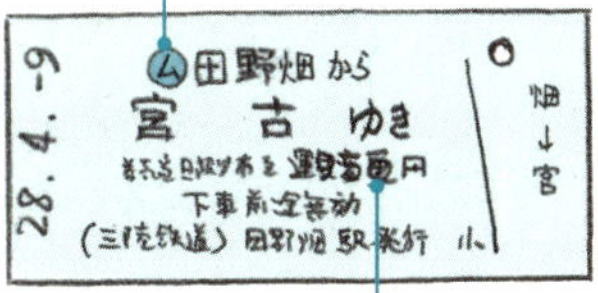

運賃改正時は「運賃変更」の判を押して対応。

大震災の津波は水門を乗り越えた※7

36-100形を模した動力室

36-100形気動車に似せて塗られた部分は、水門の動力室となっていた。

津波は「車両」の側窓上あたりまで浸水し、扉が破損した。

田野畑駅近くにあった平井賀川の水門。

※4：駅舎内では特産品などを販売する。※5：5年に1度、綾里地区の天照御祖神社で行われる。※6：年会費2000円でフリーパス付の会員証などを受けられる。※7：2016（平成28）年9月末現在、この水門は撤去されている。

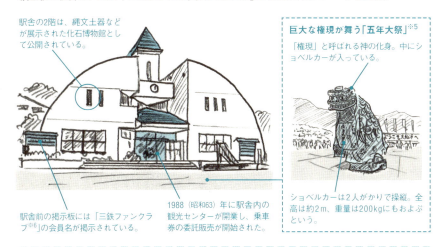

昭和の東武ロマンスカーが駅構内にある神戸《ごうど》駅

神戸駅は1912（大正元）年9月5日、足尾鉄道の終着駅として開業。

「レストラン清流」の入口は、かつての乗降口に設けられている。

ディーゼル機関車が客車※1を牽引する「トロッコわたらせ渓谷号」は、4〜11月の土日を中心に運行。

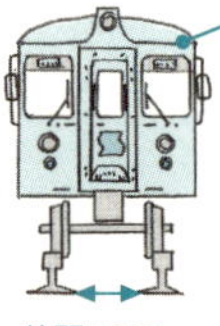

軌間 1067㎜

長年運用されてきた「わ89-300形」は2015（平成27）年3月に引退（大間々駅で静態保存）。現在は「わ89-310形」が5両で、塗装は89-300形と同じく足尾銅山がイメージの「あかがね色」。

data

運行区間：桐生〜間藤
開業：1989（平成元）年3月29日
動力：ディーゼルエンジン（非電化）
路線総延長：44.1km

群馬
栃木

かつては銅の採掘で賑わい いまはトロッコ列車で人気

わたらせ渓谷鐵道 わたらせ渓谷線

桐生から東へ路線を延ばす、わたらせ渓谷鉄道。その車体に使われている色は、かつて足尾町周辺にあった足尾銅山の「あかがね（銅）」色をイメージした茶色をベースとしている。

途中駅のほとんどは無人駅だが、そのうちのひとつ神戸《ごうど》駅の構内には東武鉄道を走っていた特急「けごん」が当時の塗装に復元され、レストラン「清流」として保存されている。また、水沼駅には立ち寄り入浴ができる温泉センターを併設している。なお1998（平成10）年からは、観光用トロッコ列車の運転を開始し、好評を博している。

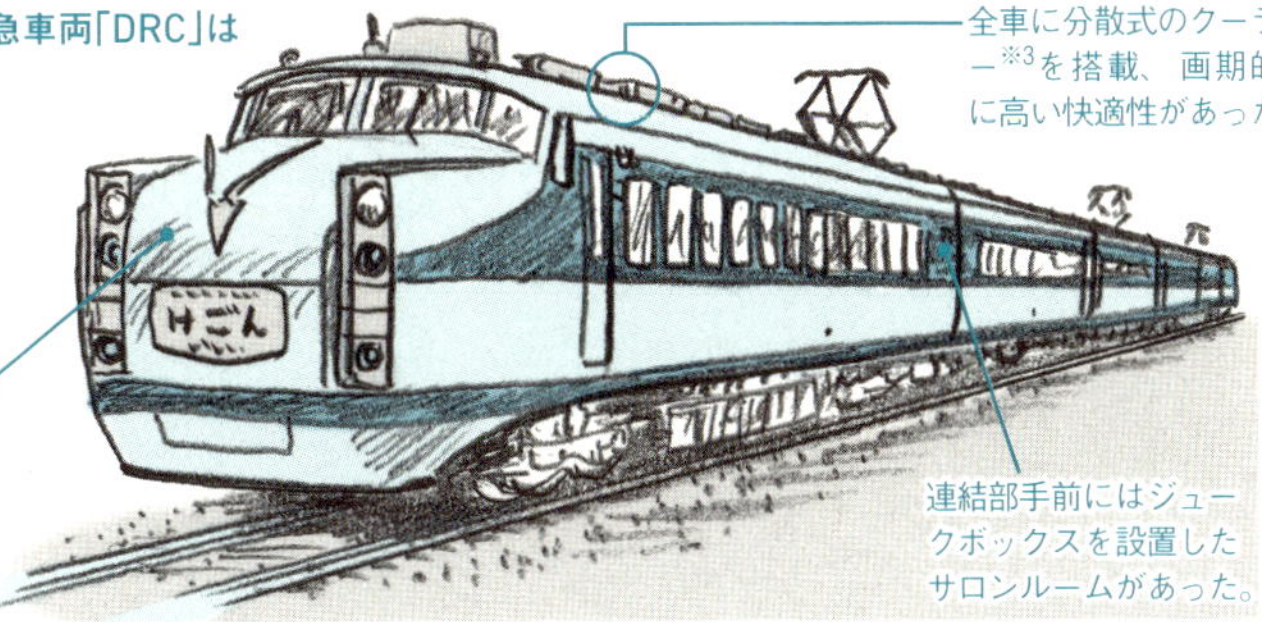
ボンネット形の特急車両「DRC」は
東武鉄道出身
「レストラン清流」
に使われている車
両は、東武1720系。
全車に分散式のクーラー※3を搭載、画期的
に高い快適性があった。
最大の特徴は前に
伸ばした「ボンネ
ット形」の前面※2。
連結部手前にはジュー
クボックスを設置した
サロンルームがあった。

叶わなかった旅客線の延長（間藤～足尾本山）

足尾本山までの貨物線は1987（昭和62）年に休止。1998（平成10）年6月2日に廃止された。

塔形の駅舎屋根の上には時計が
設置されている。
間藤駅
貨物営業廃止
とともに駅も
無人化された。
駅舎の反対、
山側にスイッ
チバックの引
き込み線が敷
かれていた。
スイッチバック駅
だった間藤
間藤駅は急勾配の途中にあり、
かつてはスイッチバックの引
き込み線を備えていた※4。

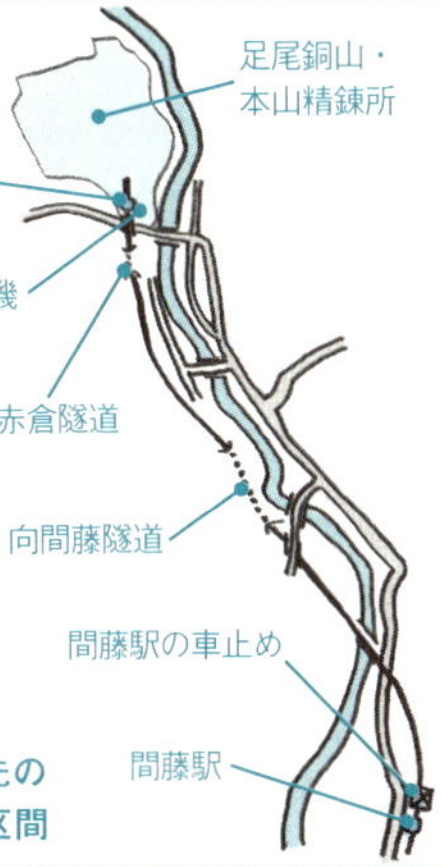
足尾銅山・
本山精錬所
足尾本山駅
（廃駅）
腕木式信号機
（出発信号機）
向赤倉隧道
向間藤隧道
間藤駅の車止め
間藤駅
間藤から先の
路線廃止区間

荷物積込み用の
貨物ホーム。
足尾本山駅
木造モルタルの
足尾本山駅舎。
かつては駅舎に
「足尾本山駅」と
掲げられていた。

山小屋風の駅舎は2代目・通洞駅

2009（平成21）年11月2日に有形文化財に登録された現在の駅舎は2代目。

待合室部分の妻面上部は、柱や梁
を露出させたハーフティンバーと
なっている。
駅舎の土台部分には、
足尾町の郷土曲「足
尾の四季」の歌詞が
記されている。
9:45～15:40の時間帯
のみ駅員が配置される。

※1：ディーゼル機関車には「DE10形」、客車には「わ99形」を運用。※2：競合路線だった国鉄日光線の特急車両151系（通称こだま形）を意識したとされる。※3：騒音抑制などのメリットがある。※4：スイッチバックを使うのは足尾本山までゆく貨物列車だけだった。

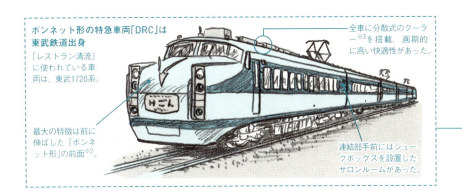

千葉にある緑豊かな小駅・久我原

久我原は、いすみ鉄道のネーミングライツ（駅名の命名権売却）第1号で「三育学院大学久我原駅」と付けられている。

駅への入口はホームの上総中野方面の端にある。

いすみ200型
206号

駅の開業は1960（昭和35）年6月20日。当時から1面1線の簡素なホームだけの無人駅だった。

1日平均8人しか乗らない小さな停留場

ホームに建つ待合室。

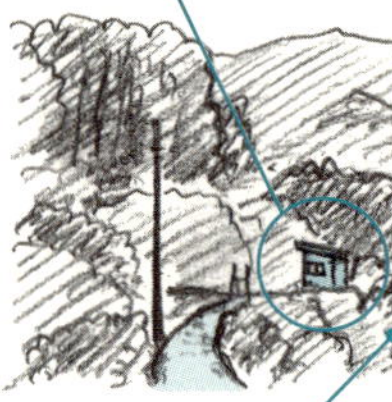

1日の平均乗車人員（平成25年度）は8人となっている（千葉県発表「鉄道輸送の現状」より）。

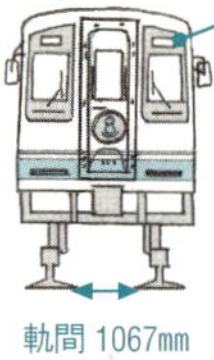
軌間 1067mm

300形はいすみ鉄道移管時から運用されていた200形の代替車として、2012（平成24）年に導入された切妻貫通型の両運転台車。カラーは従来車と変わらず、菜の花のイメージカラー・黄色に濃淡2色のグリーンの帯。

data

運行区間：大原〜上総中野
開業：1988（昭和63）年3月24日
動力：ディーゼルエンジン（非電化）
路線総延長：26.8km

五井
内房線
木更津
久留里線
上総亀山
小湊鉄道
外房線
いすみ鉄道線
大多喜
久我原
上総中野
大原

千葉

いすみ鉄道いすみ線

廃線寸前の赤字線がユニーク社長の就任で復活

いすみ鉄道へと移管される前の「国鉄木原線」時代は多額の赤字に悩み、1988（昭和63）年の移管後も、しばらく業績は低迷していた。そんな折、公募で選ばれた現社長が経営改革を断行。オリジナルみやげの開発を皮切りに、一部の気動車を国鉄色に塗装変更、本格的なグルメ列車「レストラン・キハ」を運行するなど、数々の斬新な企画を打ち出すことで、業績回復を果たした。

また2014（平成26）年には、台湾のローカル線・集集線※1と姉妹提携をするなど、新たな試みが続いており、今後もいすみ鉄道の動きから目が離せない。

※1：台湾の二水（にすい）〜車埕（しゃてい）を結ぶ路線で、駅舎などに日本統治時代の面影を残している。※2：運用の際は、キハ52と連結される。※3：始発駅からいくつかの路線を経由し、元の始発駅（あるいはその少し先の駅）へと帰ってくるという、「環状運行」を設定された列車。途中で列車名（列車愛称）が変わるケースも多かった。※4：サイドにアールのついた「パノラミックウインドウ」の車両もあった。

山陰、北陸の路線で活躍した国鉄気動車キハ28

2013（平成25）年3月9日からいすみ鉄道で運用されている。

運転台は大原方向の1カ所にしかないため、1両のみの単行運転はできない[※2]。

前照灯は製造時からシールドビーム2灯を装備。

連結面に設置された2つの銘板

国鉄時代から設置されている「日本国有鉄道」の銘板。

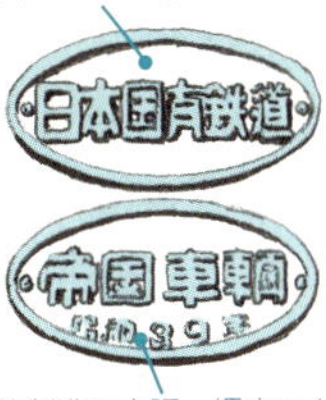
日本国有鉄道
帝国車輌

車体製造は大阪・堺市にあった帝國車両工業による。

そと房

コスト面を考え、前面窓は車幅の端まで広げた平面ガラスを採用している[※4]。

国鉄時代の急行「そと房」は新宿から房総半島を一周し、新宿へと戻る「循環列車[※3]」。

コートをかけるハンガーの一部には、国鉄時代の古い写真などが展示されている[※5]。

乗降口寄りのロングシートにもテーブルを設置

車両中央は向かい合うクロスシート

シートは国鉄時代の青いモケットへと改装されている。

テーブルを付けて「レストラン列車」に

テーブルには「センヌキ」が残る[※6]。

テーブルは「レストラン列車」の際に取り付け、それ以外の運用では取り外しができるようになっている。

国鉄「大所帯」最後の生き残り

キハ52形は、およそ1100両以上が製造された国鉄キハ20形の系統最後の車両。

車体には「千カウ」と記されている。これは国鉄木原線の所属基地・勝浦運転区を示している[※7]。

キハ52形

エンジンはDMH17H形エンジンを搭載、排気管を車端部に移動させることで、キハ20形と比較して座席定員が増加した[※8]。

「房総縦断線」の接続点・上総中野

ホームの覆いは切妻屋根で、背が高く短い。国鉄木原線時代から使われているものだ。

小湊鉄道
キハ200形
キハ52形

1面2線が使える島式ホームだが、中央側の線路は撤去されている。

この手前側にいすみ鉄道のレールの終端部がある。その脇の側線は小湊鉄道・五井方面のレールとつながり、物理的には房総縦断列車の設定も可能。

5：写真はウェブサイトなどで募集している。※6：瓶入りの飲料が流通していた頃の名残。※7：「千」は千葉、「カウ」は勝浦の略。
※8：キハ20形-定員70名に対し、キハ52形-定員76名。

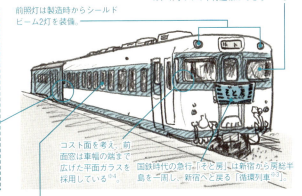

30年目を迎えた自社発注車・6000形

6000形※1は両端に運転台をもつ「両運転式」で、単行運転も可能だが、通常は2両編成で運用される。

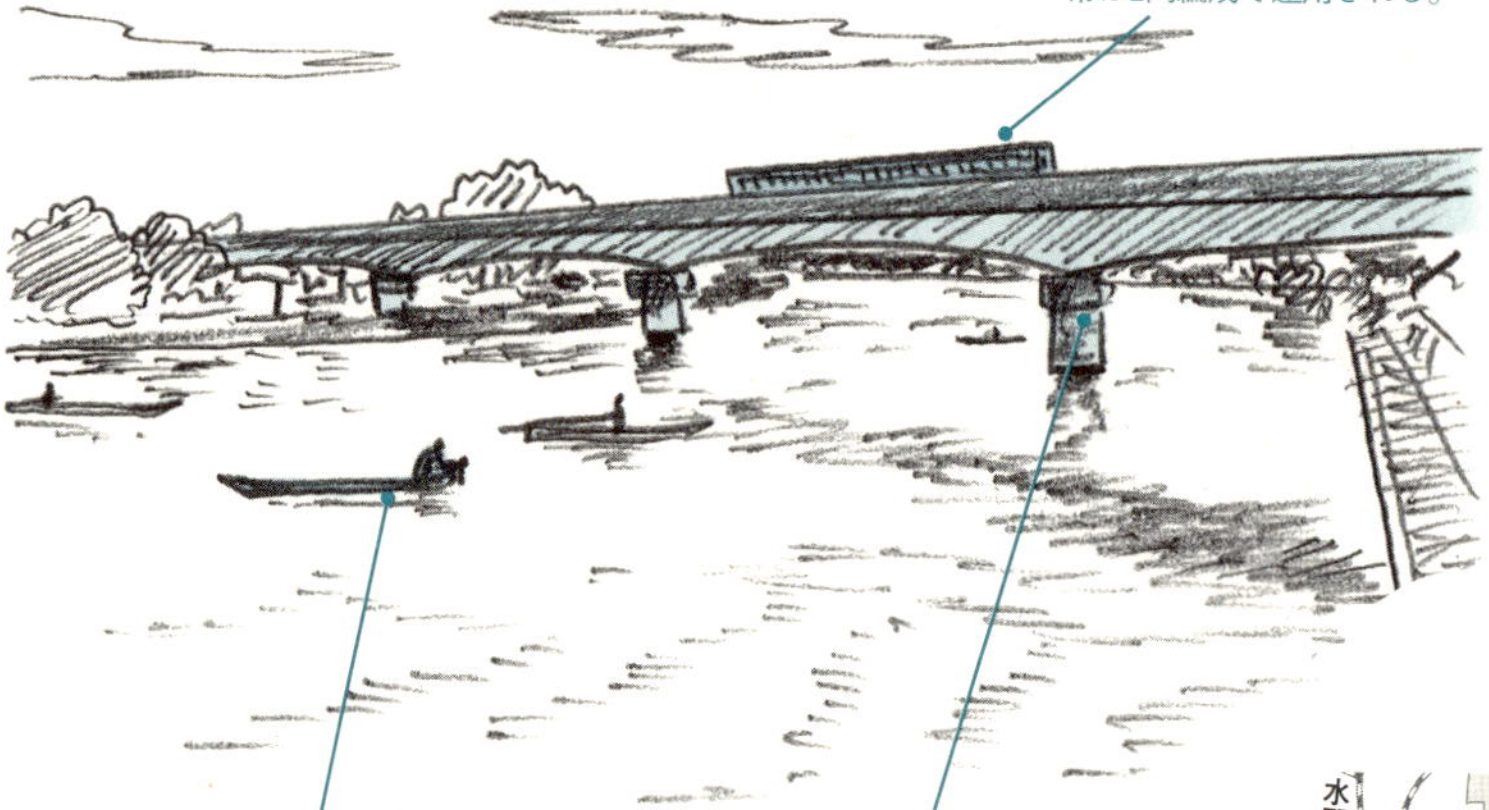

沿線にある涸沼、および涸沼川は「日本三大しじみ漁地」※2。

常澄～大洗間にかかる涸沼川橋梁は大洗鹿島線で唯一の橋梁だ。

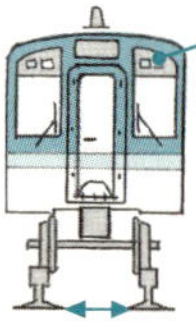

8000形 は2016（平成28）年に導入された新形車両で、通勤を意識した仕様となっている。カラーはブラウン（砂と大地）、レッド（発展）、ブルー（鹿島灘の海と空）というこれまでにない塗色となった。

軌間 1067mm

data

運行区間：水戸～鹿島サッカースタジアム（大洗鹿島線）、鹿島サッカースタジアム～奥野谷浜（鹿島臨港線）
開業：1970（昭和45）年7月21日
動力：ディーゼルエンジン（非電化）
路線総延長：53.0（大洗鹿島線）、19.2km（鹿島臨港線）

茨城

鹿島臨海鉄道 大洗鹿島線ほか

貨物専用線のほか 通勤・通学線の顔も

1970（昭和45）年に貨物専用線として開業した鹿島臨港線と、1985（昭和60）年に国鉄鹿島線として建設中だった水戸～北鹿島（現・鹿島サッカースタジアム）間を譲り受け、旅客営業を開始した大洗鹿島線の2路線からなる。

鹿島臨海鉄道の営業区間は水戸～鹿島サッカースタジアムである。しかし鹿島サッカースタジアムはプロサッカーチーム・鹿島アントラーズの試合がある日のみ営業する臨時駅で、大洗鹿島線の列車はすべてJR鹿島線に乗り入れる形で、鹿島神宮駅を発着する。なお、現在は大洗が舞台のアニメ効果で、一躍人気路線となっている。

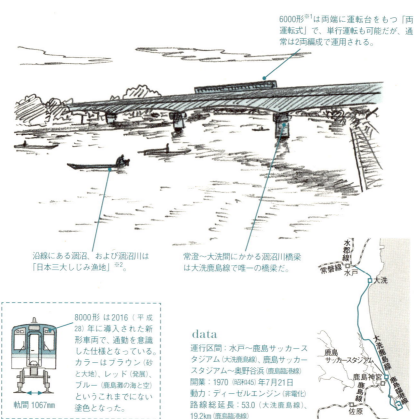

車体色を一新した新車両・8000形

鹿島臨海鉄道では1985（昭和60）年の開業時から30年にわたり運用されてきた6000形に替わる新車両として、自社発注の軽快気動車[※3]8000形を導入。2016（平成28）年3月26日から営業運行を開始した。

道南への航路はここから 大洗港フェリーターミナル

1994（平成6）年10月の完成。かつては東京〜大洗〜苫小牧という航路もあった。

沿線の素材でできた印籠弁当

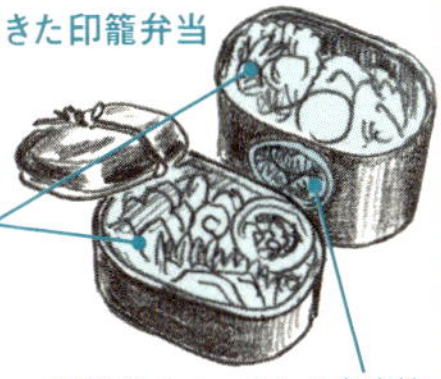

青梅や豚肉の梅肉和えなど、水戸にちなんだ「梅」を使った料理を中心に、沿線の素材が使われている[※5]。

印籠をイメージした弁当箱。

2016年2月21日に行われた試乗会では、「みとちゃん[※4]」のヘッドマークが掲示された。

車体は従来から一新し、白に近い明るいブラウン、レッド、ブルーという組み合わせとされた。

大洗駅は2面3線のホームを有し、構内に本社がある。

座席配置は総ロングシート、3ドア、トイレ不設置など、通勤仕様を強調。

起点駅は「臨時駅」できっぷは「委託」の鹿島臨港線

鹿島臨港線は新東京国際空港（現・成田空港）への燃料輸送を目的に計画されたが、旅客営業をしていたこともある[※6]。

終点かつ臨時駅・鹿島サッカースタジアム

大洗鹿島線の終点「鹿島サッカースタジアム」は、プロサッカーチーム「鹿島アントラーズ」のゲームがある日のみ旅客営業。

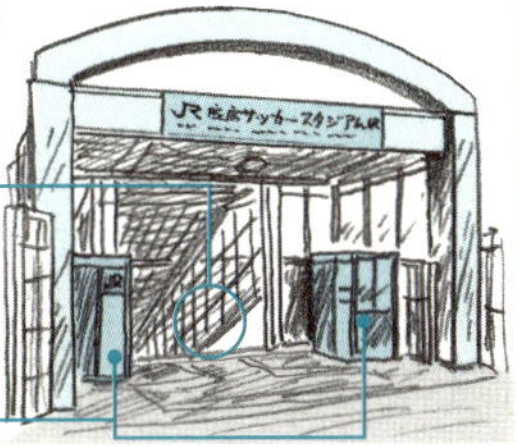

改札（駅の入口）は跨線橋の上にあり、階段を下った先に1面2線のホームがある。

駅の営業日、出札業務を行う簡易的な出札室。

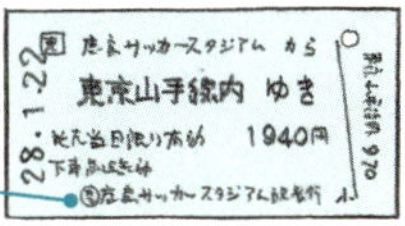

乗車券の販売はJRから鹿島臨海鉄道への委託扱いのため、発行駅の前には「委」と印刷されている。

国鉄キハ10形を譲り受けた「キハ1001・1002」

キハ1001は、佐原市（千葉県）の佐原つり堀センターに静態保存されている。

鹿島臨港線の旅客営業は、1983（昭和58）年12月1日に廃止。最終日には「さよなら記念号」のヘッドマークを付けて運用された。

旅客用車両は国鉄キハ10-11（鹿島ではキハ1001）・36（同1002）の2両を国鉄から譲り受けた。

車体カラーは深い赤に白帯。赤と白という塗色の組み合わせは、大洗鹿島線6000形にも引き継がれている。

※1：全長20.5m、定員120名の大型車で開業時に新造。※2：他の2カ所は宍道湖（島根県）、十三湖（青森県）。※3：閑散路線向けにバス製造の技術や部品を流用して、軽量かつ安価につくられた鉄道車両。※4：水戸市のマスコットキャラクター。※5：小美玉市の卵を使った卵焼きや鉾田市のニンジンを使ったシイタケチラシ煮等。※6：1978（昭和53）7月25日〜1983（昭和58）年11月30日。

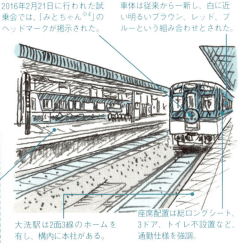

能登の夜桜が行灯の光に浮かぶ能登さくら駅（能登鹿島駅）

のと鉄道で運用されている車両は、2005（平成17）年2月1日に竣工したNT200形と観光列車用に2015（平成27）年に導入したNT300形がある。

桜は駅が開業した1932（昭和7）年8月27日に植樹された50本がルーツとされるが、現在も桜の植樹は続けられている。例年の見ごろは4月中旬〜。

ホームに提げられる提灯には「能登さくら駅」と書かれている※1。

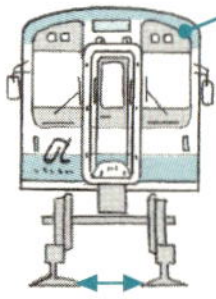

2次車・NT200形は2005（平成17）年2月の登場。車体色は従来のオレンジから一新、ブルー（屋根下と裾）、グレー（窓回り）、白（窓下）の3色とした。正面は窓回りが黒、上下が青で運転台下が白。

data
運行区間：七尾〜穴水
開業：1991（平成3）年9月1日
動力：直流1500V（七尾〜和倉温泉）、ディーゼルエンジン（非電化）
路線総延長：33.1km

石川

部分廃止でも魅力は継続 能登中央のローカル線

のと鉄道 七尾線

1988（昭和63）年、能登半島の先端付近まで延びていたJR能登線の運行を受け継ぐ形で営業を開始。さらに1991（平成3）年からは、JR七尾線の七尾〜輪島間が加わった。

その後、半島先端の一部区間が部分廃止となり、現在は七尾〜穴水間33・1キロの営業となっている（七尾〜和倉温泉間はJR七尾線と共用）。その七尾、和倉温泉以外の各駅には愛称が付けられている。例えば、たてぐのまち（田鶴浜、建具製造が盛ん）、演劇ロマン（能登中島、能登演劇堂がある）、能登さくら（能登鹿島、桜の名所）などである。

かつては能登半島の先まで伸びていた

2001（平成13）年3月31日までは穴水～輪島（七尾線）まで、2005（平成17）年3月31日までは穴水～蛸島（能登線）まで路線が伸びていた。

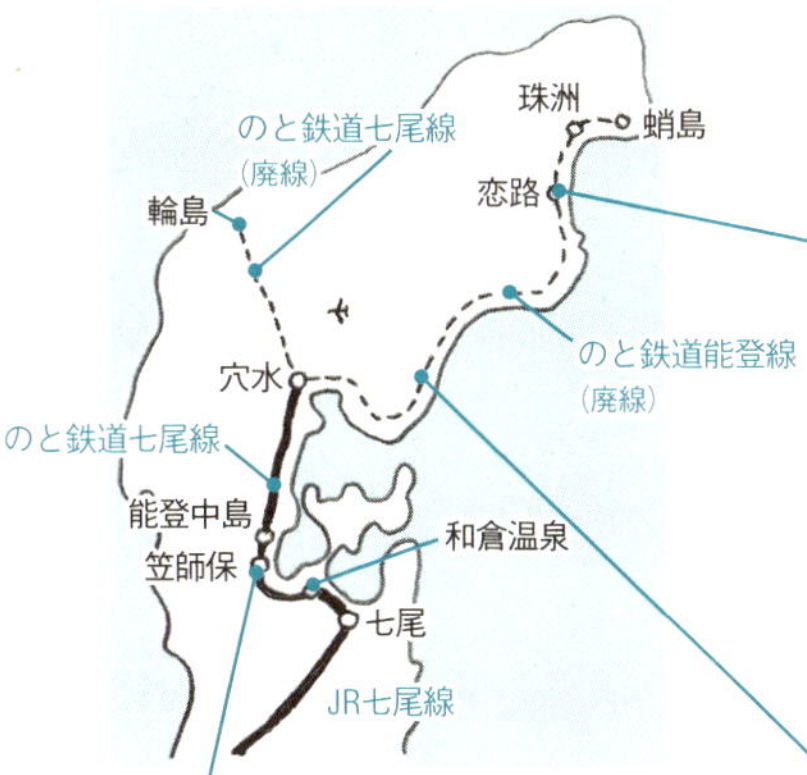

足こぎトロッコ「のトロ」

恋路駅の跡地では、小さな足こぎトロッコが運行されている。

「歓迎 恋路駅」の看板は国鉄時代に設置されたもの。

正面には「のトロ」のキャラクターが描かれたヘッドマークが付けられている。

足でこぐ運転台は両端に付けられ、前後どちらにも進めるようになっている。

「恋祭り」にちなんだ恋火駅

「塩津かがり火恋まつり」※3にちなみ、笠師保（かさしほ）駅の駅舎は2015（平成27）年4月22日に改装された。

棟木の断面にハートがあしらわれている。

駅舎は1928（昭和3）年10月の開業時に建てられたもの。

駅の無人化は1972（昭和47）年3月15日。出札口は改装され、駅員がいたころの面影は薄い。

「恋火駅」をアピールするモニュメント。

海中で灯籠が舞う「沖波（おきなみ）大漁祭り」

例年7～10月にかけ、能登半島各地では「切籠（きりこ）」と呼ばれる巨大な灯籠の出る「能登キリコ祭」が行われる。

沖波集落※2で行われる「キリコ祭」のひとつ「沖波大漁祭り」では、キリコの担ぎ手が海に入る。

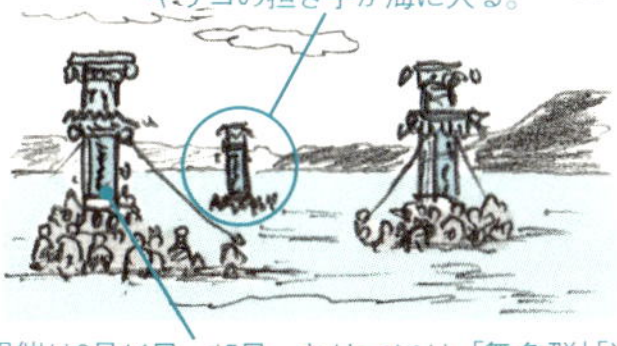

開催は8月14日・15日。キリコには「舞魚群」「栄萬世」などの文字が書かれている。

手紙や荷物を運んでいた鉄道郵便車・オユ10

能登中島駅構内には全国的にも珍しい鉄道郵便車「オユ10」が留置されている。※4

作業をする窓は開閉ができず、当初夏場の労働は過酷を極めたが、のちに冷房装置が取り付けられた。

窓上の明かりとりには「バス窓」が使用されている。

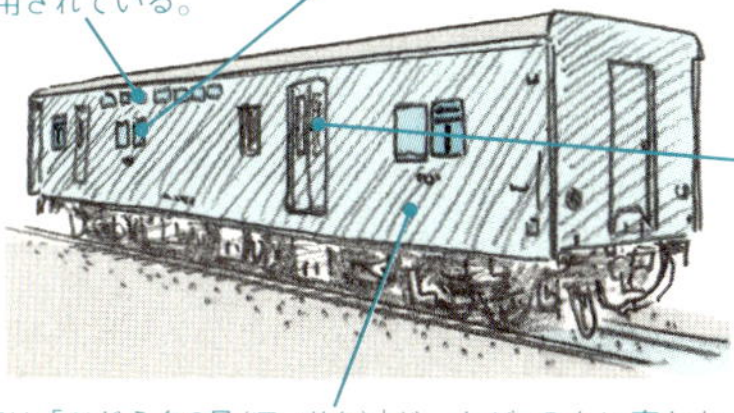

製造当初は「ぶどう色2号（深い茶色）」だったが、のちに青となった。

車内後方は大型荷物の保管場所とされていた。

車内に設置された作業員のスツール（椅子）は6人分。

郵便物の仕分け棚。作業員による仕分け作業は走行中に行われた。

※1：「能登さくら駅」は桜の美しい能登鹿島駅の別称。※2：廃線区間の「沖波駅」そばにある集落。※3：例年7月第4土曜日に行われる、海の神と山の神の出会いの祭り。※4：観光列車「のと里山里海号」に乗車すれば、能登中島駅での停車時間内に内部を見学できる（一部列車を除く）。

一番端だけ構造が違う揖斐《いび》川橋梁

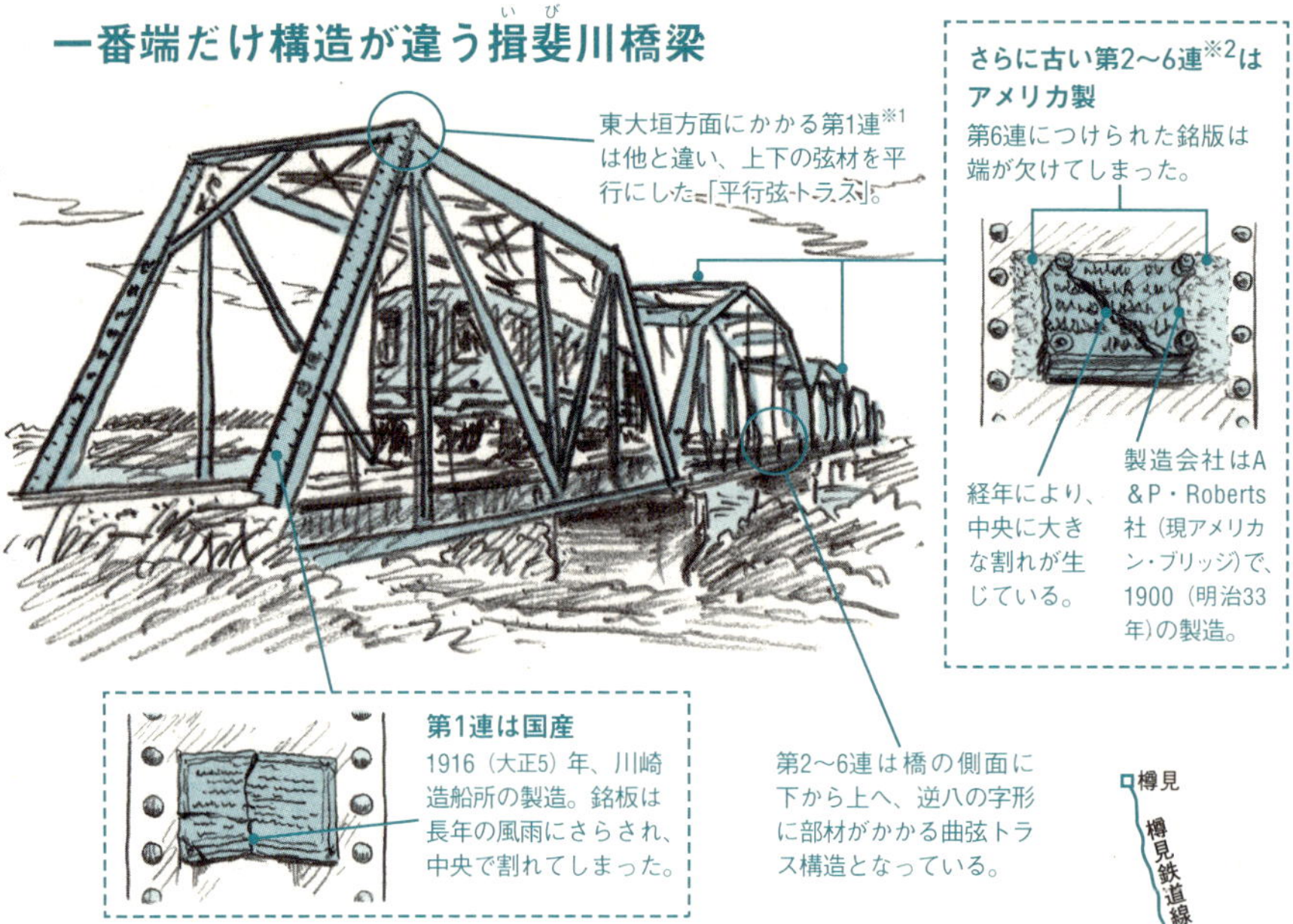
東大垣方面にかかる第1連※1は他と違い、上下の弦材を平行にした「平行弦トラス」。

さらに古い第2～6連※2はアメリカ製
第6連につけられた銘版は端が欠けてしまった。

経年により、中央に大きな割れが生じている。

製造会社はA＆P・Roberts社（現アメリカン・ブリッジ）で、1900（明治33年）の製造。

第1連は国産
1916（大正5）年、川崎造船所の製造。銘板は長年の風雨にさらされ、中央で割れてしまった。

第2～6連は橋の側面に下から上へ、逆八の字形に部材がかかる曲弦トラス構造となっている。

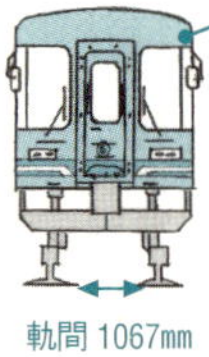
軌間 1067㎜

レールバス「ハイモ180～200」の更新車として2005（平成17）年に導入されたハイモ295-510。車体色は複数あるが、ライトブルーに赤、白の帯と従来車の色を引き継ぐものも。

data
運行区間：大垣～樽見
開業：1984（昭和59）年10月6日 動力：ディーゼルエンジン（非電化）路線
総延長：34.5km

樽見
樽見鉄道線
神海
養老鉄道養老線
揖斐川橋梁
岐阜
大垣
東海道本線
東海道新幹線

岐阜

日本五大桜の「淡墨《うすずみ》桜《さくら》」で春に多くの花見客を集める

樽《たる》見《み》鉄道 樽見線

沿線にある自治体のほか、貨物（セメント）輸送を見込んで、貨物専業の鉄道会社・西濃鉄道や住友大阪セメントなどの民間会社が出資して設立された第3セクター鉄道会社である（貨物輸送は2006年に終了）。樽見鉄道に移管されてからは神海《こうみ》～樽見間が延伸され、既存区間でも新駅の設置や駅名改称などを行った。

以前はラッシュ時にディーゼル機関車が牽《ひ》く客車も運行していたが、現在は、ハイモ（ハイスピードモーターカーの略）を冠した3形式6両の軽快気動車を所有。6両すべて塗装が異なるのが特徴だ。

※1：前身である国鉄樽見線開通時に御殿場線から転用。御殿場線時代は山北～谷峨で供用されていた。100ft（29.87m）と他の5連（200ft〔62.408m〕）より短い。※2：2、3連は1連と同じ区間、4～6連は御殿場線・谷峨～駿河小山で供用されていたもの。

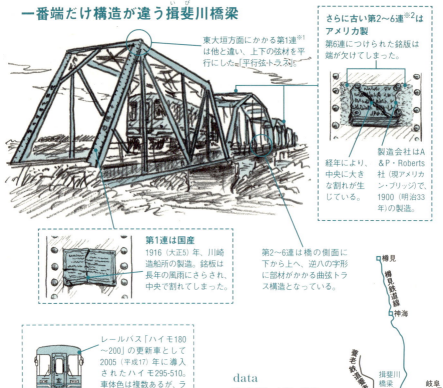

春には名木「淡墨桜」で人を集める樽見駅

1989（平成元）年3月25日の路線延長とともに開業、終着駅となった樽見駅は日本五大桜※3といわれる淡墨桜への最寄り駅で、春には県内外から多くの花見客を集める。

淡墨桜の開花に合わせ「桜ダイヤ」として増発、普段は無人駅の樽見にも駅員が配置される。

初代駅舎は不審火により全焼。現在の駅舎は2008（平成20）年に再建された。

ホームは島式1面2線。

戦前の計画では大垣から樽見を経て越前大野（福井）、金沢までを結ぶ日本列島縦断路線とされていた。

駅舎の梁などには、岐阜県内で伐り出された杉や檜などが使われている。

樹齢1500年の古樹

樽見駅から徒歩約15分のところに巨樹・淡墨桜はある。樹齢1500年ともいわれ、例年春には1日8000人もの花見客が訪れる。

有人駅時代の姿に再生した神海駅

2015（平成27）年5月から民間駅長を配置※4、有人駅時代の面影を取り戻した。

樽見駅へ路線延長されるまで、神海は樽見鉄道の終着駅だった。

復元された駅舎内

出札口を塞いでいたベニヤがはがされるなど、駅舎内は有人駅時代の姿に近い姿となった。

駅名板はハイモ180-100形

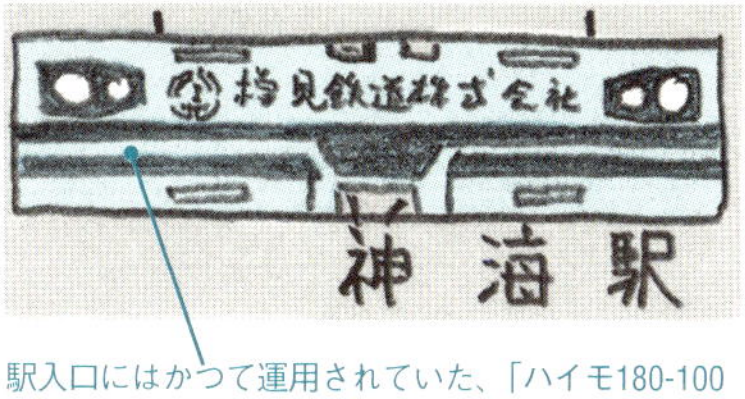

駅入口にはかつて運用されていた、「ハイモ180-100形」を描いた看板がかかる。

※3：他の4つは石戸蒲桜（埼玉）、三春滝桜（福島）、山高神代桜（山梨）、狩宿の下馬桜（静岡）。※4：出改札は行わないが、清掃などを委託している。

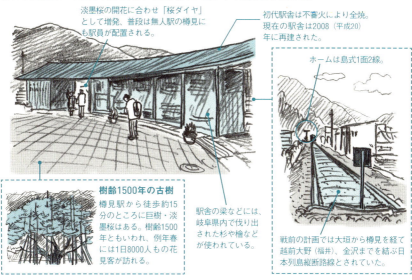

保存車両・施設をいつでも見学できる若桜駅

若桜駅にある転車台は「プレートガーター」という、断面が「I」の形をした桁の上にレールを設置した上路式。

給水塔は1930（昭和5）年の竣工で、登録有形文化財に指定されている。

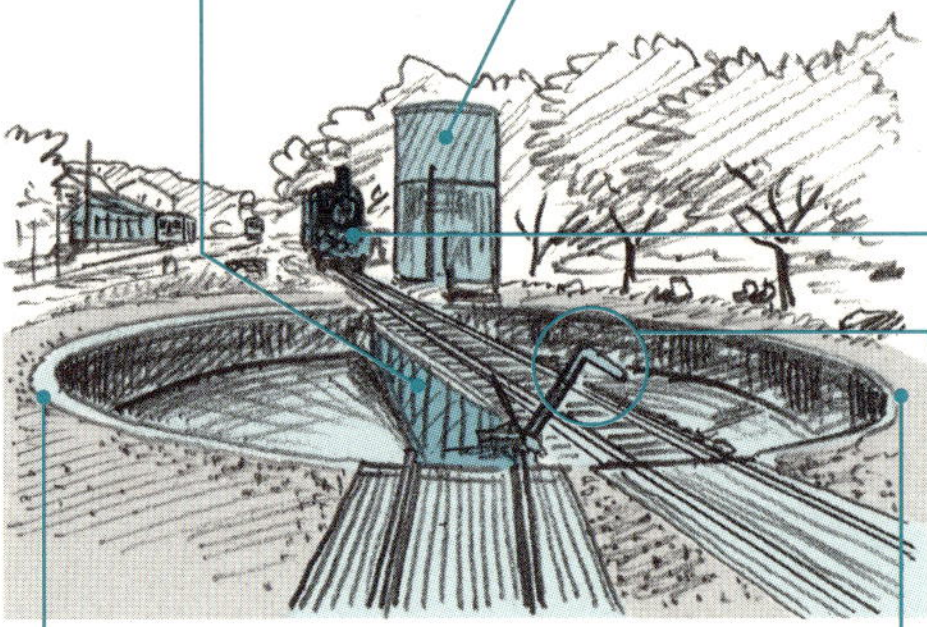

転車台はレバーにより人力で回転させる。

転車台の直径は15mと比較的小さい（一般的には20m級が多い）。

製造から約80年の蒸気機関車・C12-167

製造は1938（昭和13）年3月20日、現在も操業する日本車輌製造が担当。

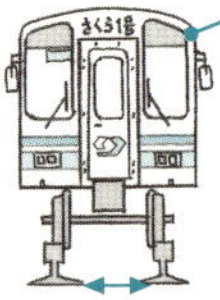

軌間 1067mm

若桜鉄道ではWT3000、WT3300の2形式が運用されている。車体側面には地域の農産物などのイラストが描かれ、正面は赤、青の帯が1本ずつ。WT3000形の貫通扉の上には愛称の「さくら」と記されている。

data

運行区間：郡家～若桜
開業：1987（昭和62）年10月14日
動力：ディーゼルエンジン（非電化）
路線総延長：19.2km

鳥取

SL、転車台、木造駅舎と古い施設が全線に残る

若桜《わかさ》鉄道 若桜線

JR因美線《いんびせん》の郡家駅《こおげえき》を起点に、若桜駅まで19・2キロを走る第3セクター鉄道。過半数の列車はJR因美線を経由し、鳥取駅まで乗り入れている。

開業から20年経った2007（平成19）年、蒸気機関車のC12を導入、さらに2012（平成24）年にはディーゼル機関車のDD16を導入し、若桜駅構内で体験運転の開催（4～11月の第3土曜、要申し込み）を始めた。

また、SLの本格的な路線運行を目指して実験走行を行ったり、期間限定で特別途装を施したりするなど、これからも目が離せない路線の一つだ。

※1：駅舎本屋は1930（昭和5）年12月の開業時から使われている。なお、同時期にはほかに若桜、丹比、安部、隼、因幡船岡の各駅の駅舎本屋も登録有形文化財に指定されている。※2：サイズはタテ2.5cm×ヨコ5.75cm。

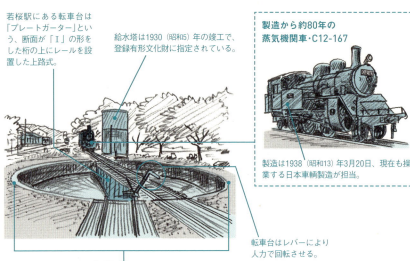

駅員室がカフェの木造駅舎・八東駅

若桜鉄道では徳丸を除く6つの中間駅は「簡易委託駅」、つまり乗車券の販売や駅の清掃業務などを外部に委託した駅となっている。委託先は商店、理髪店などさまざまだが、八東（はっとう）では駅員室内で営業するカフェが委託を受けている。

八東駅の駅舎内には2015（平成27）年7月21日からカフェ「ひとやすみ」がオープンした。

駅舎本屋は、2008（平成20）年6月に登録有形文化財に指定※1。駅前にはプレートを設置している。

乗車券は硬券で、B型※2といわれるサイズ。日本では一般的な大きさだ。

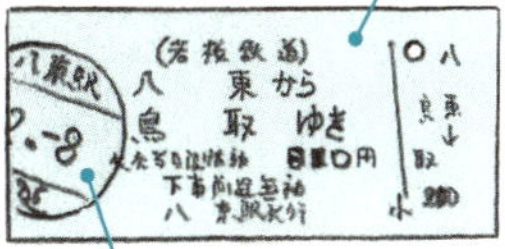

改札の際は、チケッター（スタンパー）といわれるスタンプが使われている※3。

因幡《いなば》船岡《ふなおか》駅前に牛市場があった頃

船岡集落は「因伯牛」の発祥の地で、ホームにはかつて使われていた家畜用の「はかり」が残る。

補充式片道乗車券※4も

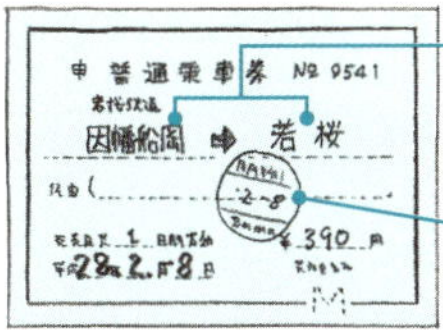

発駅、着駅ともに印刷はされておらず、駅名の判を押して発行する。

因幡船岡駅でもチケッターとよばれる改札スタンプが使われている。

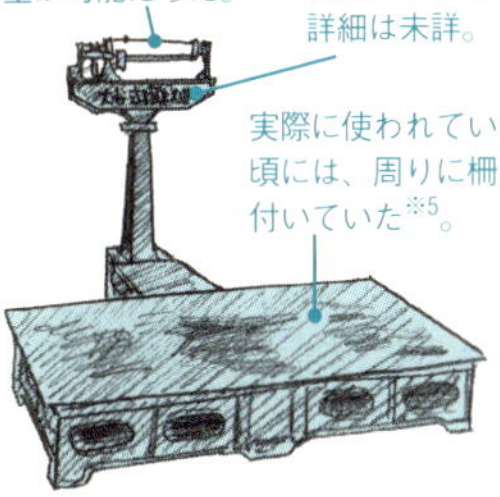

最大1200kgまで計量が可能だった。

製造会社「大谷式」についての詳細は未詳。

実際に使われていた頃には、周りに柵が付いていた※5。

路線開業から80余年

因幡船岡も駅舎は1930（昭和5）年1月20日の開業時から使われているものだ。

「達540号」でつくられた第一八東川橋梁（因幡船岡～八頭高校前）

第一八東川橋梁は、鉄道院が定めた官報のうち、橋梁の構造について記した「達540号」に基づき設計された。1929（昭和4）年の竣工で、登録有形文化財に指定されている。

13mの桁が3基、19mの桁が5基の計8連で、全体の長さは139m※6。

橋脚の素材はコンクリートやセメントなどよりも硬い花崗岩で、円形に積み上げている。

※3：円の上部が駅名、下部が若桜鉄道で、中央に日付が入る。※4：サイズはタテ7.3cm×ヨコ10.2cmと通常より大型の乗車券で、発駅・着駅ともに判を押すものと、発駅は印刷されているものとある。長距離など、あまり発行数の多くない区間に用いられる事が多い。※5：家畜が台から降りないようにするため。※6：若桜鉄道で最も長い橋梁。

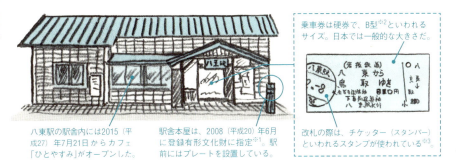

日永駅にある2つの路線の交差点は扇形の変則ホーム

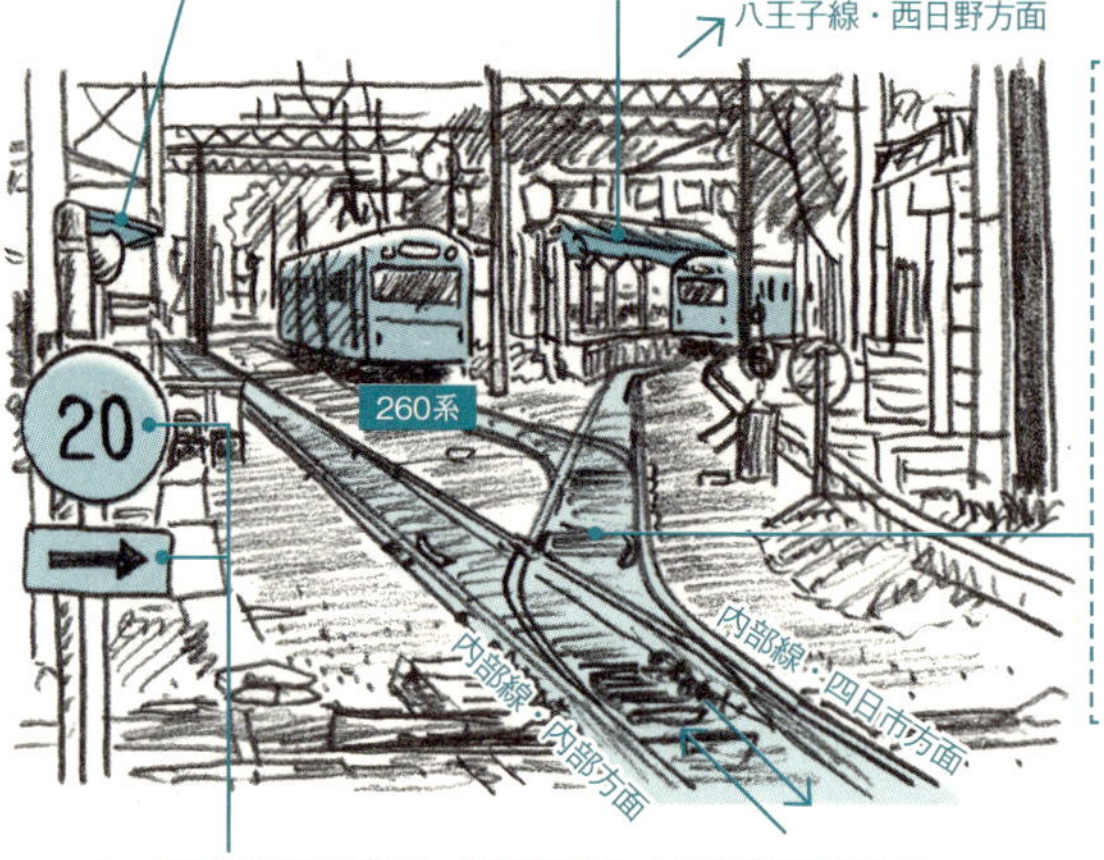
駅舎に近い1番線は内部線の内部方面（下り）の列車が利用。
構内踏切を渡った2、3番線は扇形をした変則的な形のホームとなっている。2番線は四日市方面、3番線は八王子線の列車が利用。
八王子線・西日野方面
20
260系
内部線・内部方面
内部線・四日市方面
ホーム手前の速度標識は、制限速度20km/hと徐行運転を示す。

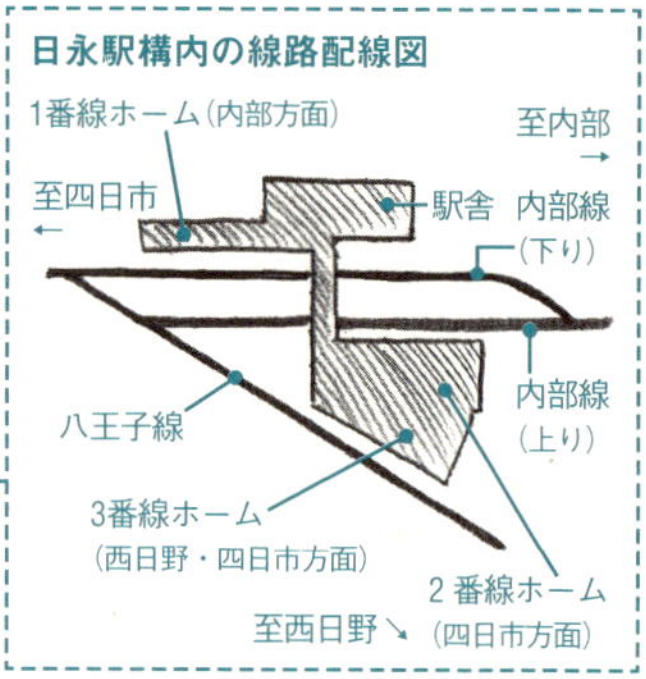
日永駅構内の線路配線図
1番線ホーム（内部方面）
至内部→
至四日市←
駅舎
内部線（下り）
八王子線
内部線（上り）
3番線ホーム（西日野・四日市方面）
2番線ホーム（四日市方面）
至西日野↘

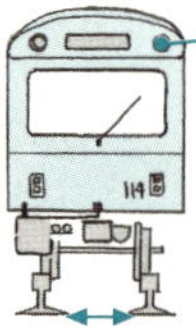
軌間 762mm

計8両が在籍する260系は近鉄時代の1982（昭和57）年に導入。登場時はマルーン（深い赤）とオレンジ（乗降口と裾）の塗り分けだったが、2004（平成16）年から車両ごとに異なるパステルカラーに。

data
運行区間：あすなろう四日市〜内部（内部線）、日永〜西日野（八王子線）
開業：2015（平成27）年4月1日
動力：直流750V
路線総延長：7.0km

近鉄湯の山線
近鉄名古屋線
関西本線
あすなろう鉄道八王子線
あすなろう四日市
近鉄四日市
四日市
西日野
日永
伊勢八王子
内部
あすなろう鉄道内部線

三重

四日市あすなろう鉄道 八王子線・内部《うつべ》線

2路線・7kmの小路線は近鉄から移管の異色路線

四日市あすなろう鉄道は、近鉄が運営していたナローゲージの内部線、八王子線の運行を受け継ぐ形で、近鉄と四日市市の出資により開業。

八王子線は現在、基点の日永《ひなが》から一つ目の西日野が終点だが、かつてはその先、伊勢八王子まで延びていた。またあすなろう四日市駅から、内部行きと交互に西日野行きの直通列車が運行されている。

車両は260系など。パステルカラーに塗装された14両5編成。このうち2編成がリニューアルされ、アイボリーと青、アイボリーと緑の2色にそれぞれ塗り替えられた。

小さな構内に施設が詰まった内部駅

内部駅構内の片隅に「内部車庫」がある。構内をできるだけ有効活用しようと、車両の整備を行う検修庫や引き込み線が、効率的に配置されている。

内部車庫は、現在も第3セクター化前に所属していた近鉄の名古屋輸送統括部※1の管轄となっている。

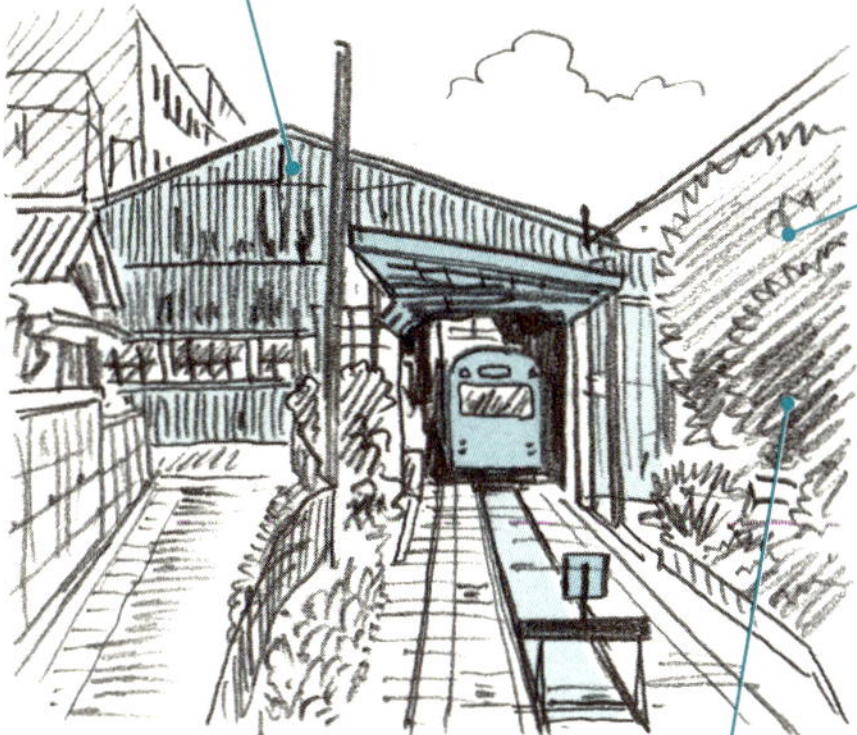

旅客用ホームは車庫の西側にある。

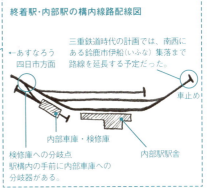

終着駅・内部駅の構内線路配線図

←あすなろう
四日市方面
三重鉄道時代の計画では、南西にある鈴鹿市伊船（いふな）集落まで路線を延長する予定だった。
車止め
内部車庫・検修庫
内部駅駅舎
検修庫への分岐点
駅構内の手前に内部車庫への分岐器がある。

昔はここが終着駅・小古曽《おごそ》駅

1922（大正11）年6月20日までは内部線の終着駅だった。

かつての出札口は封鎖され「運賃はお降りの駅でお支払いください」と掲示されている※2。

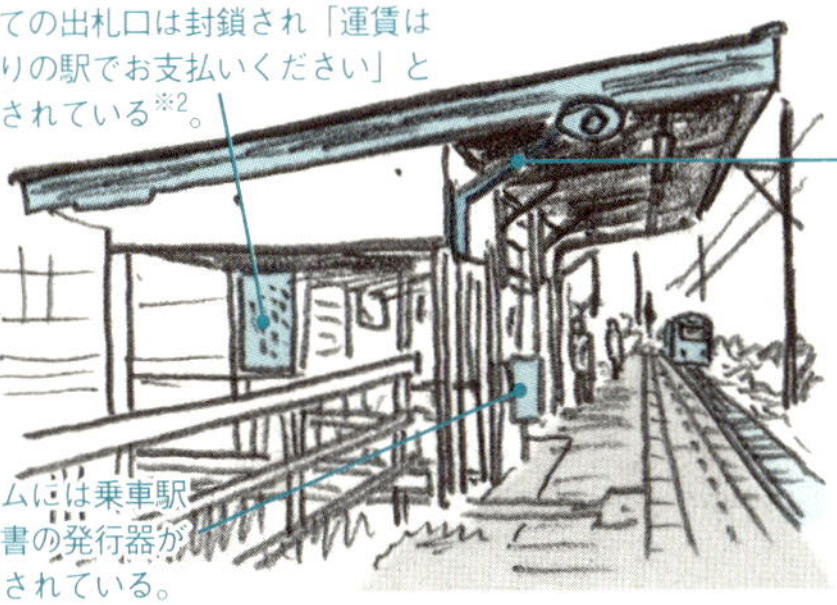

ホームには乗車駅証明書の発行器が設置されている。

全国のホームで見られる「カーネギー」

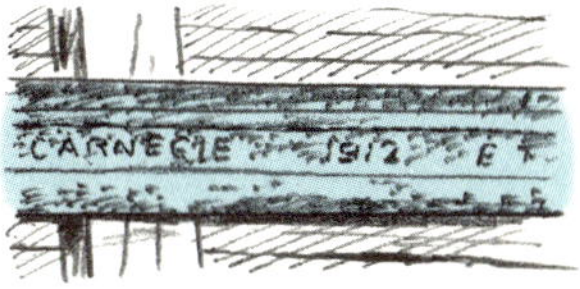
CARNEGIE 1912 E

ホーム上屋の柱に使われているレールは、アメリカの鉄鋼メーカー「カーネギー社」製（現USスチール）。

「八王子線」の名前の由来は伊勢八王子駅から

現在の八王子線に「八王子」という駅はないが、かつての終着駅は伊勢八王子（廃駅）だった※3。

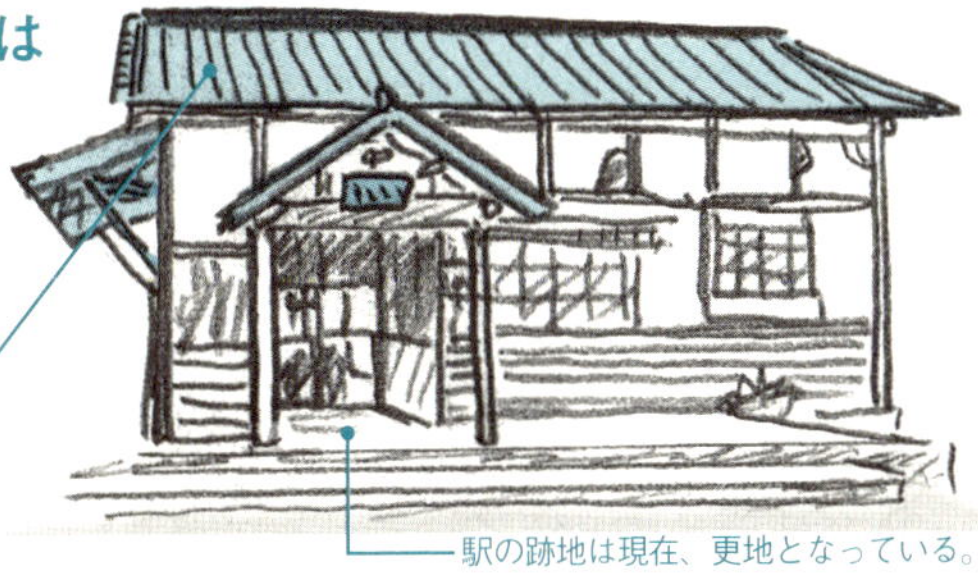

三重軌道の四郷駅として開業。その当時から使われていた木造モルタルの駅舎があった。

駅の跡地は現在、更地となっている。

※1：車両基地は近鉄の富吉検車区に所属。日常点検は内部車庫で行うが、定期検査は施設の充実した近鉄・塩浜検修車庫で行う。※2：小古曽は線内で唯一、自動券売機が設置されていない。※3：1974（昭和49）年の集中豪雨で不通、廃駅に。なお、現在の終着駅・西日野駅の旧駅舎も豪雨で倒壊、1976（昭和51）年4月1日、0.1km日永方面に移設して再開した。

終着駅・北濃《ほくのう》に残る日本で2番目に古い転車台

桁部分の幅は1.8m。

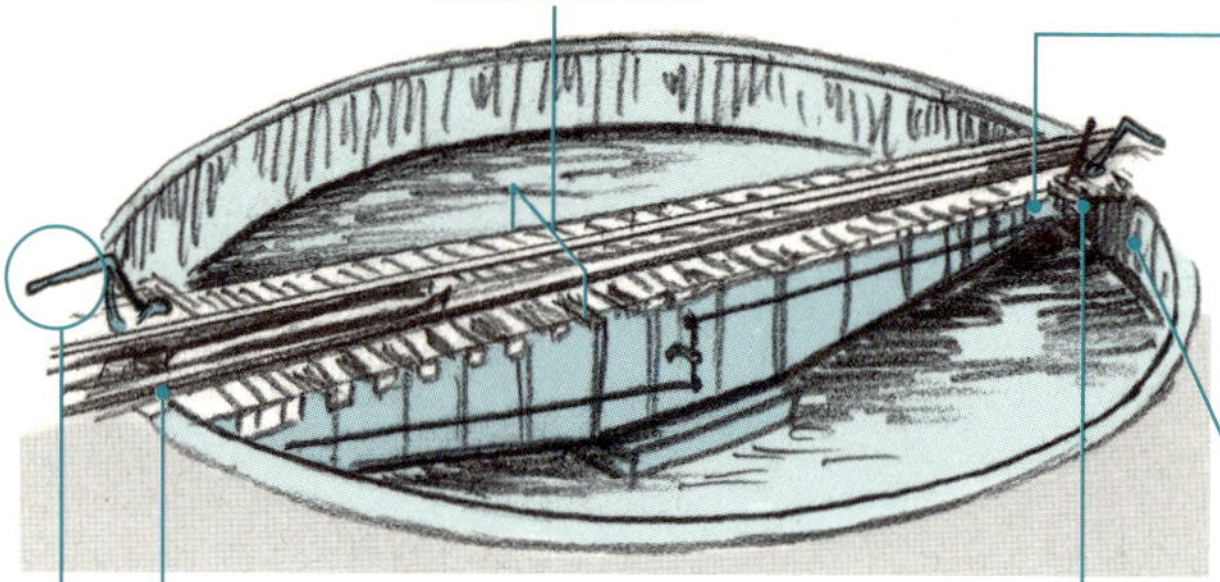

製造会社はアメリカン・ブリッジで、元は東海道本線の岐阜駅で使われていたもの。

1902（明治35）年の製造で、国内に残るターンテーブルとしては2番目の古さだ※1。

橋桁部分の直径は15.240mで、若桜鉄道（116頁）と同じく小型の部類に入る。

レバーを倒して回転を制御する。

転車台を人力で回転させるためのレバー。

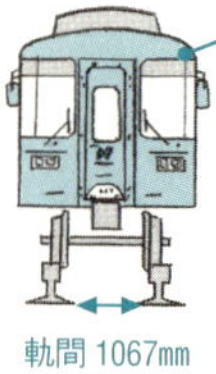

ナガラ300は1998（平成10）年に製造。先に登場（1994〔平成6〕年）したナガラ200形と同じく16mの大型車だ。車体色はぶどう色で乗降口はエメラルドグリーン、車体広告が添付されることもある。

data
運行区間：美濃太田～北濃
開業：1986（昭和61）年12月11日
動力：ディーゼルエンジン（非電化）
路線総延長：72.1km

岐阜

長良川を北上 清流の名のつくローカル線

長良川鉄道 越《えつ》美《み》南《なん》線

沿線に続く清流・長良川の名を取った長良川鉄道は1986（昭和61）年、国鉄・越美南線を移管して開業。

車両は全て軽快気動車で、ナガラ200形1両、ナガラ300形7両、ナガラ500形3両の構成となっている。当初はクリーム色に青とオレンジ色の帯を配していたが、300形導入後は500形の1両を除き、ワインカラーがベースになっている。

このうち300形2両が水戸岡鋭治氏※2によるデザインにリニューアルされ、2016（平成28）年4月より、観光列車「ながら」としての運行が始まった。

※1：大井川鐵道（12頁）の千頭駅に残る英国製の転車台が国内最古で、1897（明治30）年の製造。※2：日本のインダストリアルデザイナー、イラストレーターで、JR九州の特急用車両・787系（95頁）など、多くの鉄道車両のデザインをてがける。※3：現在の郡上八幡～東京は8370円。

郡上八幡駅構内は国鉄時代の遺構が多数残る

日本三大踊りのひとつ「郡上おどり」は毎年7月中～9月上旬にかけ、32夜にもわたって開催される。その最寄り駅の郡上八幡には、構内のそこかしこに国鉄時代からの設備が残るほか、駅舎内には「ふるさとの鉄道館」がある。

駅舎は現在までに何度か改修を受けているが、当時からの木造駅舎が現在も使われている。

「郡上節」の演奏賑やかな屋形

大勢の人が集まるが、その中心は屋形で、舞台の上では笛や太鼓、三味線などが演奏される。

路線の記録を集めた「ふるさとの鉄道館」

1993（平成5）年12月11日、駅舎内の手小荷物扱い窓口を改修し、「ふるさとの鉄道館」が作られた。

昭和10年代に途中駅の深戸で使われていた貨物料金表。

昭和20年代の郡上八幡駅からの運賃表。これによると当時、郡上八幡～東京は3等料金で8円90銭となっている※3。

発車時刻の案内表示器が開館・閉館時刻の案内に転用されている※4。

入口には三角形をした特徴的な改札ラッチが設置されている※5。

観光列車「ながら」あゆ・もり号のオリジナルロゴ

ロゴのデザインは、全国で鉄道車両のデザインなどを手がけている水戸岡鋭治氏による。

「長良」をデフォルメしたロゴ

中央のロゴは黒地に金で、周囲は金×赤のライン。

観光列車「ながら」あゆ・もり

「ながら」あゆ・もり号は常時2両編成での運用だが、このうち「あゆ」は大垣～郡上八幡で切り離し、終点の北濃までは「もり」のみの単行運転となる。

車体側面の3カ所に正面と同じロゴマークがあしらわれている。

在籍するナガラ300は301～307の7両。このうち「ながら」あゆ・もり号に運用されるのは301、302の2両。

※4：郡上八幡駅で使用されていたもの。※5：郡上八幡、深戸では現在でもこうした形のラッチが使われている。

旅客輸送は廃止しても——
全国貨物専業化路線

岩手県大船渡市に本社をもつ岩手開発鉄道は、1992（平成4）年まで旅客輸送を行っていたが、現在はセメント輸送を行う貨物専業鉄道となっている。このように全国には旅客営業を廃止したのちも貨物専用線として営業を続ける鉄道会社がある。

JR東海道本線の美濃赤坂支線（46頁）の終点、美濃赤坂から先に線路を延ばす西濃鉄道もその一つだ。西濃鉄道は1930（昭和5）年に旅客営業を開始。当時の省線（鉄道省の路線）・大垣駅からガソリンカーが乗り入れた。このガソリンカーは省線初の内燃動車として、当時話題を呼んだ。現在は近隣の金生山から産出された石灰石の輸送を、ディーゼル機関車で行う。

全国で唯一、現在も石炭輸送を行う釧路市の太平洋石炭販売輸送臨港線も、旅客を廃止して貨物専業線に生まれ変わった。同社では1963（昭和38）年まで「釧路臨港鉄道」という名で旅客輸送を行っており、春採湖《はるとりこ》の湖岸11・3kmをガソリンカーが往復していた。

旅客営業廃止後も残る岩手石橋駅の駅舎

盛～岩手石橋間の旅客営業を廃止した現在も、石灰石の貨物輸送は続いている。なお旅客廃止前の駅舎は、ほとんどの駅で職員の詰所などとして利用、現存している。

岩手石橋駅は終着駅ながらスイッチバック形式、という珍しい構内配線となっている。右手前から来た車両が、この奥で左手前に折り返して急勾配を登坂している。

夜通し石灰石の輸送を行っていた全盛期には、駅舎2階の当直用休憩室が使われていた（現在は使われていない）。

駅舎の右手（東側）に盛方面からのレール。奥で切り返して駅舎左手のホッパーへ入線する。

旅客営業廃止前から使われている駅舎。

盛業中の巨大なホッパー施設

1959（昭和34）年から太平洋セメントの貨物輸送を開始。現在も年間100万t以上の貨物輸送量がある。

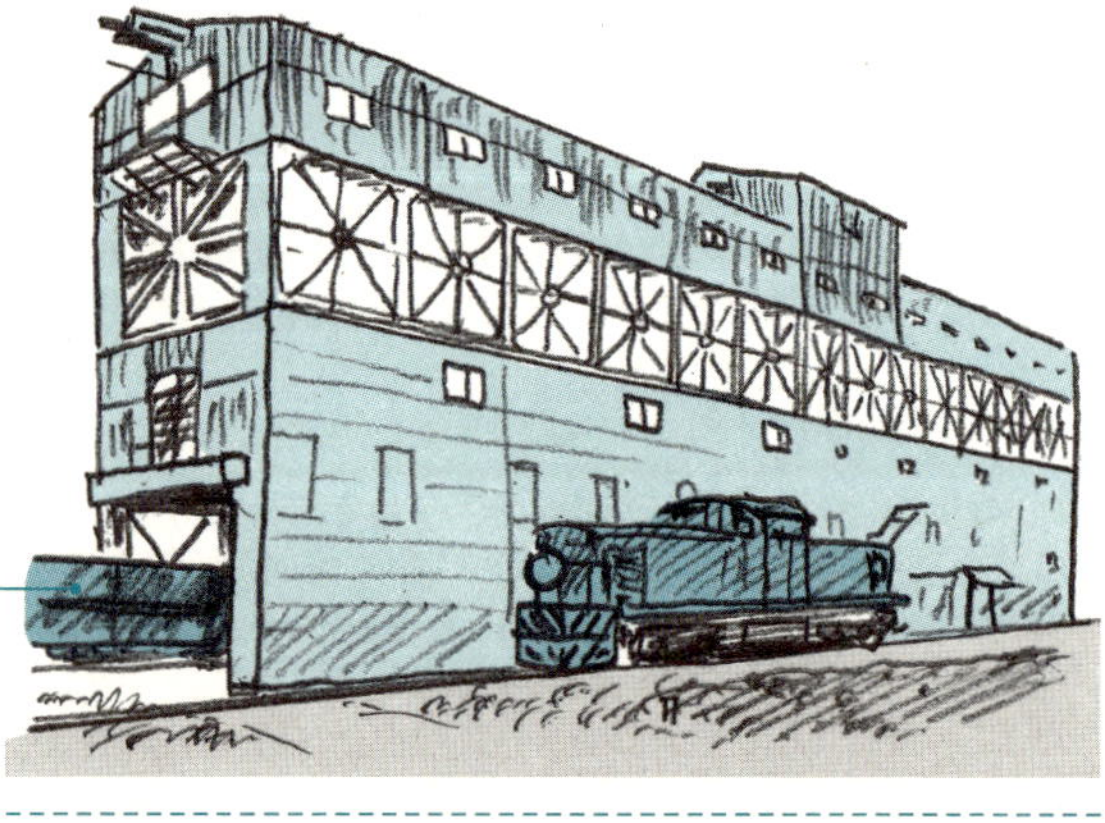

「ホッパー車」と呼ばれる貨車が、この巨大なホッパー施設（石灰石積込み施設）に入線、ディーゼル機関車に引かれて輸送を行う。

5章

都市部でもローカル、私鉄ディープ路線

ローカル線は、必ずしも郊外にあるとは限らない。賑やかな下町を、あるいは市街地のはずれの工場の中を、大手鉄道会社の支線・盲腸線が延びている。ギュウギュウ詰めの慌ただしい通勤電車がゆく、そのすぐそばで「忙中閑」の各駅停車が、のんびり行ったり来たりしているのだ。

海と私有地に囲まれた終着駅・海芝浦

新芝浦～海芝浦の周辺一帯は東芝京浜事業所の敷地内（私有地）となっている。
ホームの目の前には京浜運河が広がる。
ホームは1面1線で、ホームには上屋がある。
運行ダイヤは東芝の操業時間に即したものとなっている※1。

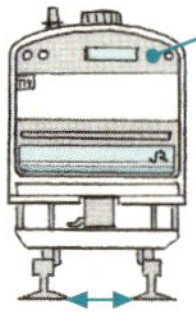
軌間 1067mm

鶴見線の205系1100番台で、2004（平成16）～2005（平成17）年の製造。ステンレスに黄色（屋根下と側面）とスカイブルー（側面下方）、その間に白の帯で、同様の組み合わせを正面にも配している。

data

運行区間：鶴見～扇町（本線）、武蔵白石～大川（大川支線）、海芝浦支線（浅野～海芝浦）

開業：1926（大正15）年3月10日

動力：直流1500V

路線総延長：7.0km（本線）、1.7km（海芝浦支線）、1.0km（大川支線）

東海道本線
京急本線
南武線浜川崎支線
東海道貨物線
鶴見
浜川崎
扇町
武蔵白石
安善
浅野
大川支線
大川
鶴見線本線
海芝浦支線
海芝浦

神奈川

JR東日本 鶴見線

工場に延びる貨物線と通勤需要の旅客線

京浜工業地帯のただ中、縦横に路線を広げている。もともと貨物線としてスタートしたが、旅客列車が走るのは本線に相当する鶴見～扇町間と、浅野から海芝浦へ向かう区間（通称：海芝浦支線）、武蔵白石から大川に枝分かれする区間（通称：大川支線）である。なお、大川支線の電車は現在、すべて鶴見が始発・終着駅で、分岐駅の武蔵白石を経由していない。

13ある駅のうち鶴見を除く全ての駅が無人駅だが、かつてはいずれも駅員がいた。その多くは駅舎が当時のまま残り、昭和の雰囲気を味わえる。

※1：出勤時刻の午前7、8時台および退社時刻の17時台が1時間に4～5便、9～15時はほぼ2時間に1便。※2：「RR」は「Rail Road」を示す。※3：平日は7～8時台に2便ずつの後、夕方17時台まで電車がない。

「米海軍貯油施設」専用線

鶴見線沿線に建ち並ぶ多くの工場敷地内には、かつて貨物専用線が延びていた。それらの多くは廃止されたが、安善から南に延びる引き込み線は、不定期ながら現在も在日米海軍貯油施設への専用線が使用されている。

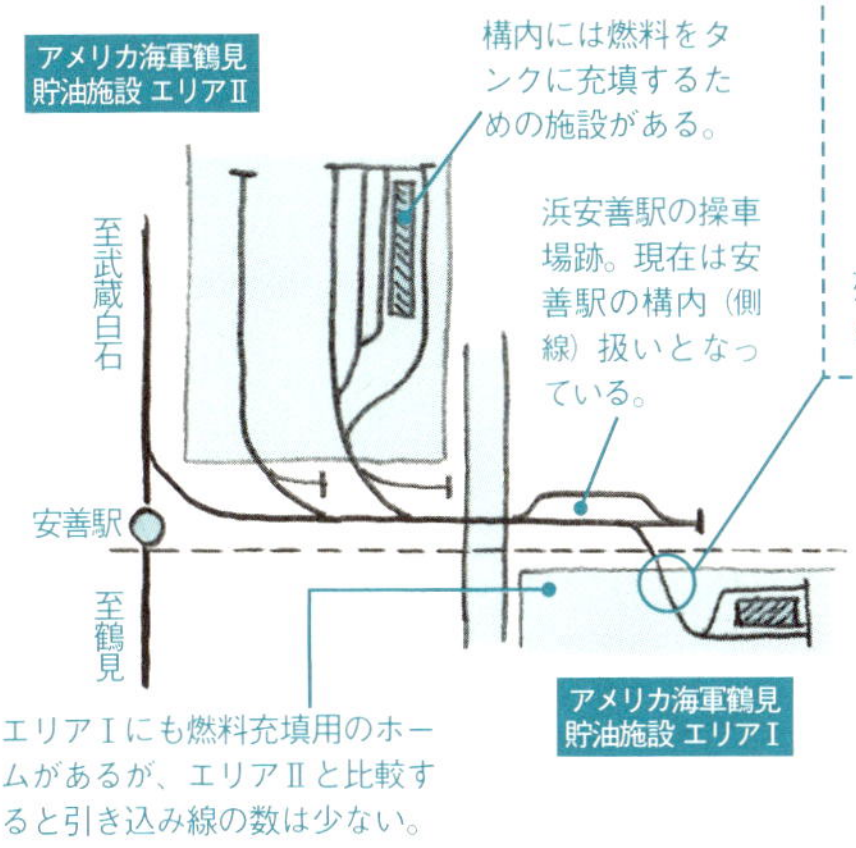
アメリカ海軍鶴見貯油施設 エリアⅡ
構内には燃料をタンクに充填するための施設がある。
浜安善駅の操車場跡。現在は安善駅の構内（側線）扱いとなっている。
至武蔵白石
安善駅
至鶴見
エリアⅠにも燃料充填用のホームがあるが、エリアⅡと比較すると引き込み線の数は少ない。
アメリカ海軍鶴見貯油施設 エリアⅠ

「とまれみよ」という注意が記された標識が立つだけの踏切で、「第4種踏切（73頁）」に分類される。

アメリカ海軍の敷地入口に設置されたゲートには「GATF RR No.1※2」と示されている。

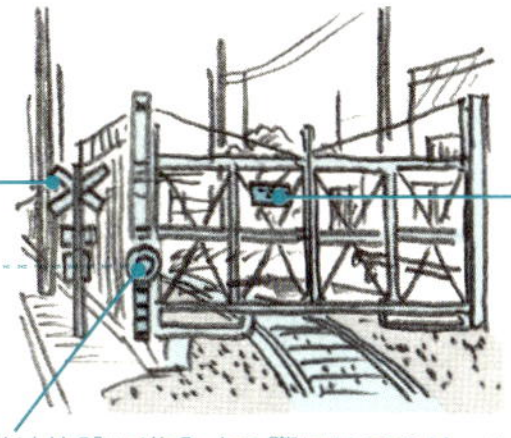

列車が貯油施設に進入する際にはこのリールに納められたロープを引き出し、操車係が道路を通行止めにする。

昼間は電車がこない駅

大川支線の終着・大川も工場の利用者が大半をしめ、ダイヤは海芝浦より極端な設定となっている※3。

大川駅

旧型電車とともに消えた武蔵白石駅の支線専用ホーム

武蔵白石駅にはかつて大川支線専用ホームがあったが、旧型電車・クモハ12の廃用とともに撤去されている※4。

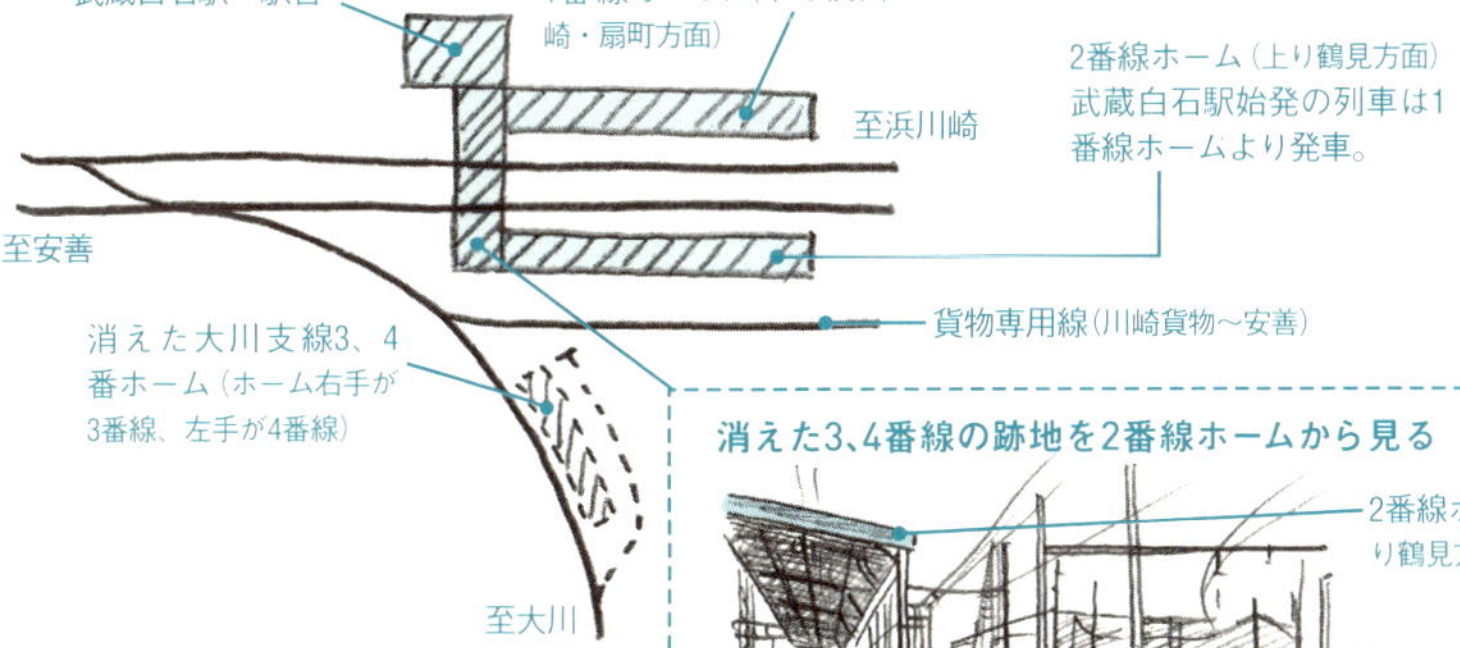
武蔵白石駅・駅舎
1番線ホーム（下り浜川崎・扇町方面）
至浜川崎
2番線ホーム（上り鶴見方面）武蔵白石駅始発の列車は1番線ホームより発車。
至安善
貨物専用線（川崎貨物〜安善）
消えた大川支線3、4番ホーム（ホーム右手が3番線、左手が4番線）
至大川

消えた3、4番線の跡地を2番線ホームから見る

武蔵白石駅

2番線ホーム（上り鶴見方面）。

現在大川支線は武蔵白石駅には停車せず、安善から直通で大川へ向かう。

大川支線3、4番線ホームはこのあたりにあった。

※4：武蔵白石駅3、4番線ホームはカーブがきつく、20m級の新型車両が入線するとホームに接触する恐れがあったため、短い旧型電車が運用されていた。しかし、老朽化で新型車を導入せざるを得なくなり、ホームを撤去することになったのだ。

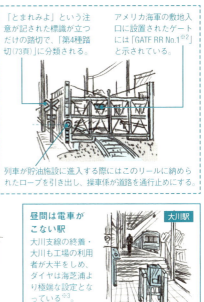

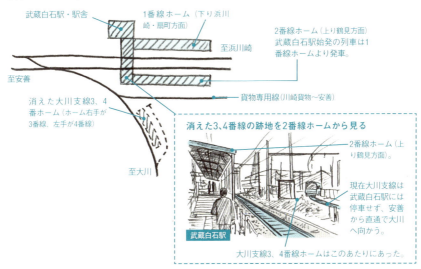

正月には帝釈天の参詣客が大挙して訪れる柴又駅

金町方面ホームの端には正月など、多客時にのみ利用される臨時改札※1がある。

通常使われている改札、および駅舎は高砂方面ホーム側にある。

都内でも少なくなった構内踏切。列車が通過するたびに多くの乗客が横断する。

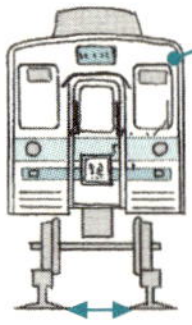

かつて1968（昭和43）年に製造開始された3300形が運用されていたが、現在の運用車両は3500形1系統のみ。車体はステンレス鋼製で屋根下と中央にブルー、窓下に赤の帯で正面も中央に赤、その下にブルー。

data
運行区間：京成高砂〜京成金町
開業：1899（明治32）年12月17日
動力：直流1500V
路線総延長：2.5km

東京

京成電鉄金町線

参詣・観光客を集める人車軌道がルーツの盲腸線

2010（平成22）年にできた京成高砂駅の金町線専用ホームを出ると、大きなカーブを描きながら高架区間を下り、柴又。そして金町浄水場の横を通り、京成金町駅へと至る全線単線、2・5キロの小さな路線である。

唯一の中間駅、柴又が柴又帝釈天や映画「男はつらいよ」のロケ地、矢切の渡し等の最寄り駅で、通勤客のほか参詣客や観光客の利用も多い。

京成金町線のルーツは人が車両を押して動かす人車軌道で、柴又〜金町間を譲り受けた京成が曲金（現在の京成高砂）〜柴又間に電車を走らせたのに始まる。

※1：臨時改札はICカード非対応で、駅係員による改札が行われる。※2：2017（平成29）年3月には妹の「さくら像」も建つ予定。

寅さんが駅前で待つ柴又駅前広場

江戸初期の創建とされる柴又帝釈天（正式名は経栄山題経寺）の最寄り駅・柴又。正月には初詣客で大変な賑わいを見せるが、映画「男はつらいよ」の舞台となった街としても有名だ。

瓦葺きの駅舎は2代目で1987（昭和62）年、「男はつらいよ」シリーズの山田洋次監督に意見を聞いて設計・建築された。

駅前の「寅さん像」※2は1999（平成11）年、帝釈天の参道に並ぶ商店の組合「神明会」により建てられた。

改札の脇には多客時のみ使用される臨時窓口がある。

都下唯一の渡し場·矢切の渡し

柴又駅から徒歩15分ほどの江戸川のほとりに、東京都内で唯一の船の渡し場がある。

対岸の松戸市までの距離はおよそ150m。

渡し場は寅さん記念館、和洋折衷の大正建築である山本亭※4などのある柴又公園の一角にある。

柴又側、松戸側ともに板と丸太を組んだ手づくりの桟橋から乗船する。

金町線のルーツは人車軌道

金町と柴又を結ぶ交通のルーツは、人が押して客車を運ぶ「帝釈人車鉄道」だ。

入口に付けられたステップは乗降時のほか、下り坂で人夫（運転士）がブレーキの操作を行う際にも使われた。

車体側面には帝釈天の「寺紋※3」が記されている。

強風の日には休業となることが多いが、程度によっては船外機により運行されることもある。

通常は櫓漕ぎの和船で、所要時間は約5分。

※3：寺社固有の家紋をいう。※4：大正〜昭和の建造とされる屋敷で、1991（平成3）年から一般公開された。なお、山本亭は2016（平成28）年12月下旬まで工事のため休館。

スカイツリーの麓をゆく8000形（亀戸水神～東あずま）

曳舟駅を出た亀戸線は、東京スカイツリーを右手（西）に見ながら半円を描くように南下する。
北十間川は江戸時代につくられた運河で、川幅が10間（約18m）で、本所の北にあることからその名がつけられた。
亀戸線の沿線は地盤沈下が進み、水面からレールまでの高さが2mを切るほどに低い。橋梁の端には「浸水防止装置※1」の溝が刻まれている。

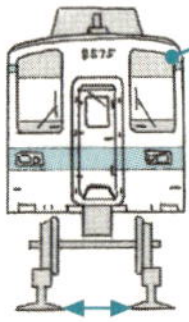
軌間 1067mm

亀戸線・大師線で運用されているのは1963（昭和38）年の製造車両をルーツとする8000形。累計712両が製造された量産型通勤車両だ。車体色は屋根下と側面中央が濃紺で窓下が淡いブルーの東武標準色。

data

運行区間：亀戸～曳舟（亀戸線）、西新井～大師前（大師線）
開業：1904（明治37）年4月5日（亀戸線）、1931（昭和6）年12月20日（大師線）
動力：直流1500V
路線総延長：3.4km（亀戸線）、1.0km（大師線）

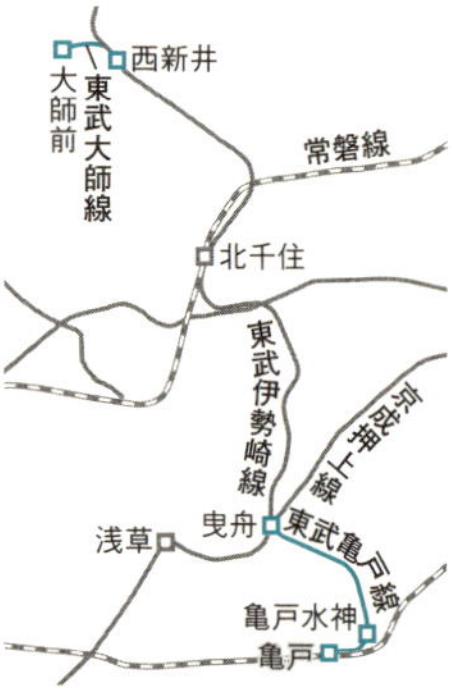
西新井
大師前
東武大師線
常磐線
北千住
東武伊勢崎線
京成押上線
浅草
曳舟
東武亀戸線
亀戸水神
亀戸

東京

正月には参詣客で賑わう東武の下町ローカル線

東武鉄道 亀戸線・大師線

東武鉄道には、北関東を走る支線や東上線の末端区間など、ローカル色を感じさせる路線も多いが、ここでは都内を走る亀戸線・大師線を取り上げてみよう。亀戸線は１９０４（明治37）年の開業。亀戸駅で国鉄線に接続し、一時は貨物輸送でも重要な役割を担っていたが、伊勢崎線への地下鉄相互乗り入れなどにより、支線的存在になってしまった。

一方の大師線は西新井大師参詣客の輸送を目的に、１９３１（昭和６）年に開業。中間駅はなく、大部分が高架となっている。両線ともワンマン化され、２両編成の８０００系が共通運用されている。

亀戸天神（亀戸駅）と亀戸水神（亀戸水神駅[※2]）をお間違いなく

沿線には「亀戸天神」「亀戸水神」という2つの名神社が鎮座する。名前が紛らわしいためか、両社を間違えて参拝に訪れる人もいるというが、どちらもそれぞれに違う魅力をもつ。

亀戸天神社の社殿は太宰府天満宮を模してつくられており、祭神は菅原道真。

亀戸天神社

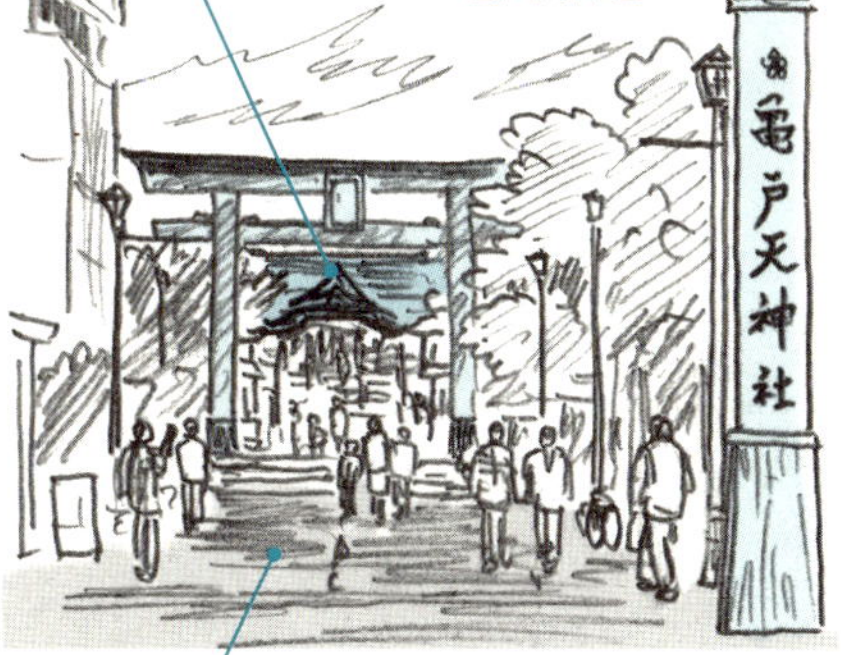

東武亀戸線開業時の駅は曳舟、亀戸の両端駅と中間駅の天神のみで、この駅は亀戸天神への参拝客向けに設置された。

亀戸水神宮の隣にある木造の小屋は水神森地域安全センターで、2007（平成19）年までは水神森交番だった。

亀戸水神宮

創建時期は明らかになっていないが、室町時代後期と推測されている。祭神は弥都波能売神（みつはのめのかみ）。

叶わなかった西への延進・大師前駅

大師線は当初、西新井から西へ路線を延ばし、東武東上線の上板橋まで11.6kmの区間を結ぶ計画だった。

通常は1番線を使用し、2番線は年末年始の多客時のみ使用される。

西新井駅改札

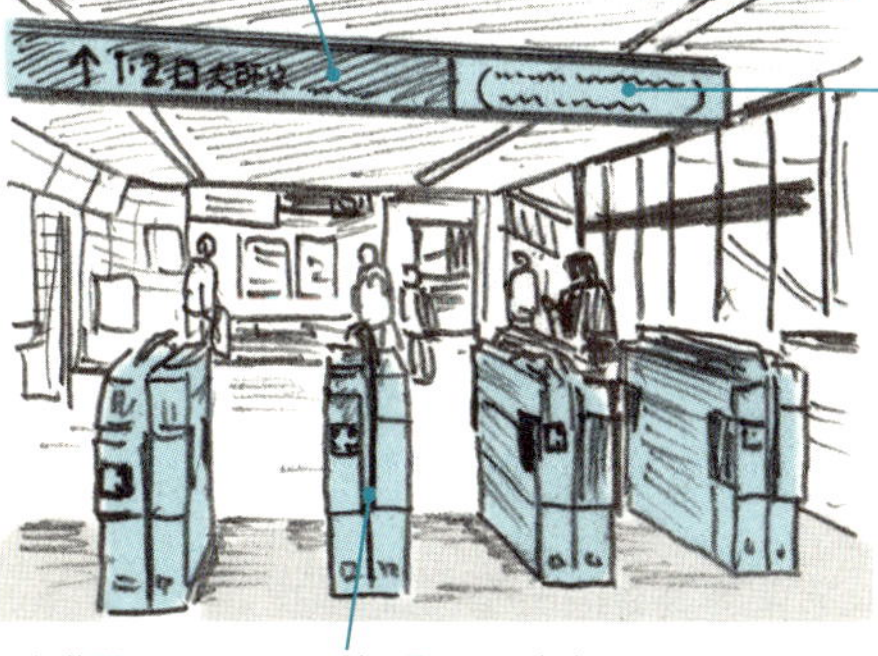

西新井駅は1972（昭和47）年8月15日、東武鉄道として最も早く自動改札機を導入。

駅舎は立派だが無人駅・大師前

初詣シーズンには例年50万人を越す参拝客でにぎわうため、ホームは広くとられているが、線路は1線のみ。

大師前駅のホーム

大師前には改札なし

1972（昭和47）年8月15日に自動改札を導入、他線からの乗り換え客の改札（集札）を西新井駅で行うこととした。

※1：防水板により、軌道への浸水を防止する措置がとられる。※2：亀戸水神駅は1928（昭和3）年4月15日、亀戸線の電化とともに開業。当時は現在より200m亀戸寄りにあったが、東京大空襲により休止となった北十間駅と統合、現在の位置に移設された。

新可児駅のスイッチバックは2つの会社が乗り入れていたから

上段が犬山・名古屋・金山方面、中段が犬山・三柿野・岐阜、下段が明智・御嵩方面の行先を表示※1。

次の列車が発車するホーム番号が点灯する。

現在、明智・御嵩方面の列車が2、3番線を使用することはなく空欄となっている※2。

犬山方面から新可児へ到着する列車と、御嵩方面へゆく列車のホームが別になったスイッチバック式となっている※3。

新設された広見線への中間改札

ICカードで広見線に乗車する際には、改札脇の窓口で精算処理を行う。

広見線のワンマン化※4とともに1番線ホームの入口に「中間改札」が設置された。

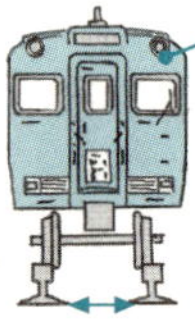

軌間 1067mm

犬山〜新可児間では特急列車も運行、新形車両の2200系などが運用されるが、新可児〜御嵩では6000系のワンマン改造車などにより、普通列車のみの運行。車体色は標準色の名鉄スカーレットだ。

data

運行区間：犬山〜御嵩
開業：1920（大正9）年8月21日
動力：直流1500V
路線総延長：22.3km

愛知
岐阜

名古屋鉄道 広見《ひろみ》線

かつては気動車も運行 名鉄屈指のローカル線

中京地区に一大勢力を誇る名鉄も、山間部を中心に不採算路線・区間の廃止が相次ぎ、ローカルな趣を残す路線は数えるほどになってしまった。

広見線は、そんな数少ない名鉄ローカル線のひとつである。特に新可児《しんかに》～御嵩《みたけ》間は全線単線で、明智から八百津《やおつ》線（2001年廃止）が出ていた当時は、電化区間にもかかわらず一部の列車が気動車（レールバス）で運行されたこともある。

苦しい輸送実績が続く名鉄広見線だが、貨物輸送全盛期の遺構や廃線となった八百津線の名残など、「昭和の名鉄」の面影がそこかしこに残る魅力的な路線だ。

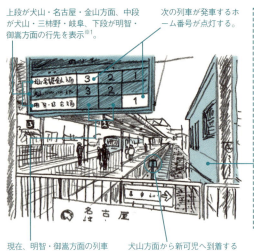

隆盛を今に伝える広い構内をもつ御嵩口駅

御嵩口駅の明智寄りには1920（大正9）年8月21日、駅の開業とともに設置された貨物専用ホームの跡がいまでも残っている。

駅舎はなくホームに待合室が立つだけだが、1963（昭和38）年9月30日までは駅員が配置されていた。

昭和30年代には年間40000tを越す貨物取扱があった。旅客ホームの反対には、明智寄りにある石積みのホームとは別の、広大な貨物専用ホームが残る。

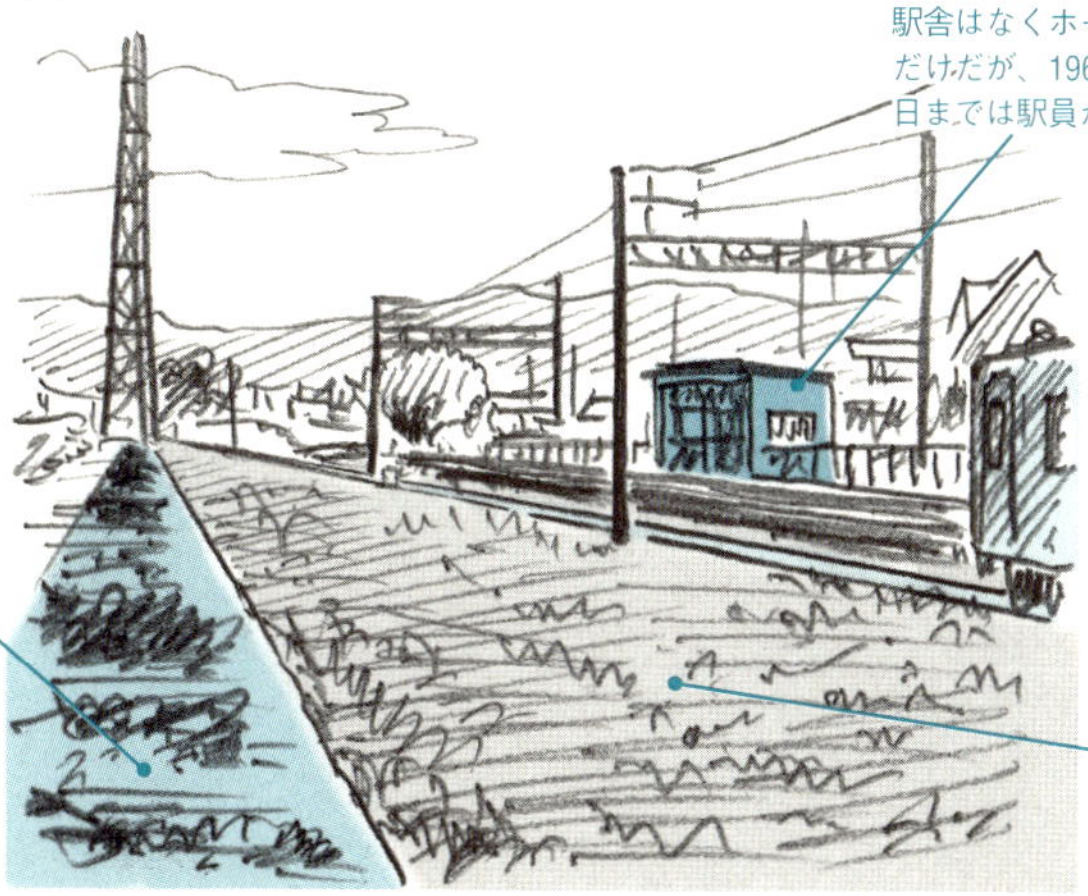

構内は退避線を含め、2面3線が延びていた。

無人化された大正期の木造駅舎・明智駅

かつては八百津線を分岐する主要駅だったが、2008（平成20）年6月29日の路線ワンマン化とともに無人化されている。

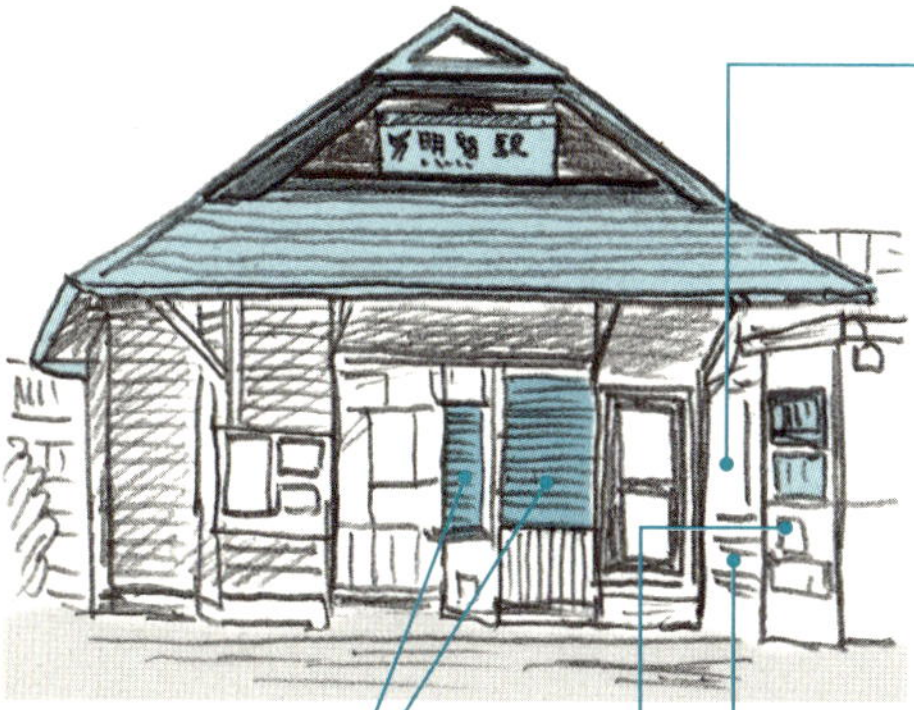

2008（平成20）年6月29日の無人化後は出札口、改札の窓口にはシャッターが下ろされている。

無人化とともに、駅舎外にはタッチパネル式の自動券売機が設置された。

明智駅ホームに残る八百津線の発着案内

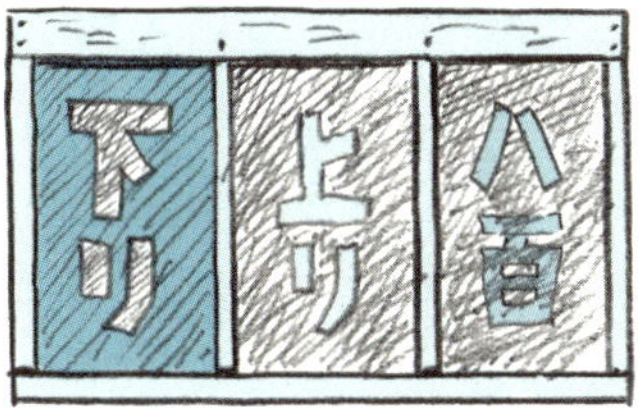

「八百」（八百津方面）が無地に青文字、上りが無地に黄文字、下りが赤に無地の文字となっている。

ホームの端で途切れたレール

2001（平成13）年までは明智から東へ、路線長7.3kmの八百津線が発着していた。

※1：現在、新可児から岐阜への列車は設定されておらず、中段は使われていない。※2：中間改札ができる前には、御嵩方面の列車が2番線を使用することもあった。※3：犬山～新可児は名古屋鉄道、新可児～御嵩は東濃鉄道と別々の会社により開業したため。※4：2008（平成20）年6月29日のダイヤ改正によりワンマン化。

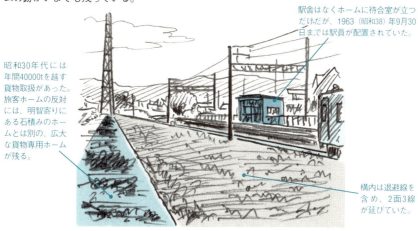

塔ノ沢駅ホーム直結のお寺と神社

金運アップの神社も

火伏観音の近くには、深沢銭洗弁天（神社）もある。

奥宮のそばに流れる清流でお金を洗うと金運がアップすると伝わる。

火伏観音（ひぶせかんのん）は、かつて付近を流れる早川の岩場にあったが、昭和20年代に箱根登山鉄道の上りホームに移された。

無人駅の塔ノ沢と火伏観音との間には改札はなく、電車を降りてそのまま参拝できる。

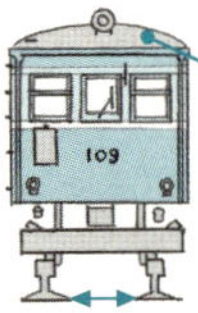

モハ1形のルーツは1919（大正8）年製造のチキ1形。車体色は側面窓回りが濃灰色で、屋根下と中央に白帯、車体下部が朱。正面は屋根下が朱で窓回りが濃灰色、それぞれの境に白帯となっている。

軌間 1067、1435㎜※1

data

運行区間：小田原～強羅 開業：1919（大正8）年6月1日 動力：直流1500V（小田原～箱根湯本）、直流750V（箱根湯本～強羅）路線総延長：15.0km

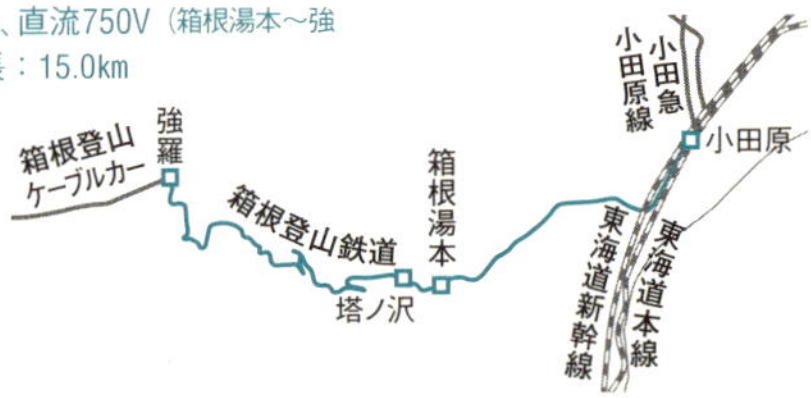

神奈川

登坂機器は搭載なし 自力で登る80‰の急勾配

箱根登山鉄道 鉄道線

強羅方面に向かうには、箱根湯本で乗り換える必要がある。この路線の魅力は何といっても、急勾配だろう。箱根湯本を出るといきなり、粘着式鉄道では日本で最も急な80パーミルの勾配に挑む。山あいの無人駅・塔ノ沢を過ぎると、以降、3カ所のスイッチバック※2や連続する急勾配、最小半径30メートルの急カーブを経て、強羅へと向かう。

なお、かつては箱根登山鉄道の車両が、箱根湯本を過ぎて小田原まで乗り入れていた。軌間（レール幅）の違う小田急への乗り入れのため、レールには三線軌条が見られたが、いまではほぼ撤去された。

※1：小田原～箱根湯本が1067㎜、箱根湯本～強羅が1435㎜。※2：出山信号場、大平台駅、上大平台信号場の3カ所。

次々に立ちはだかる50～80‰の急勾配

箱根登山鉄道は、登坂のための特別な機器※3を備えずに急勾配を登る「粘着式鉄道」として、国内で最も急な区間をもつ。

箱根湯本～強羅の路線配線図

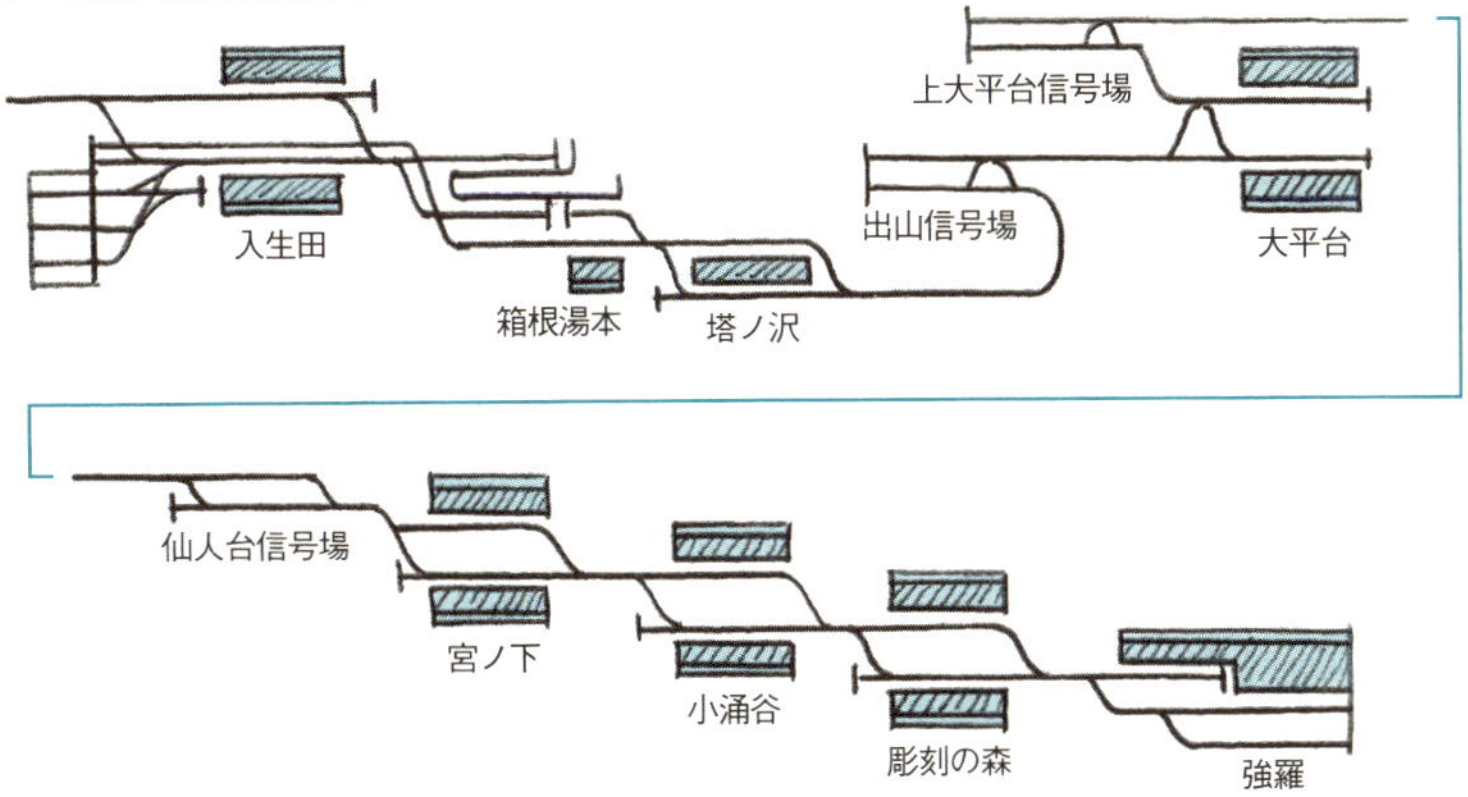

箱根湯本～強羅の急勾配

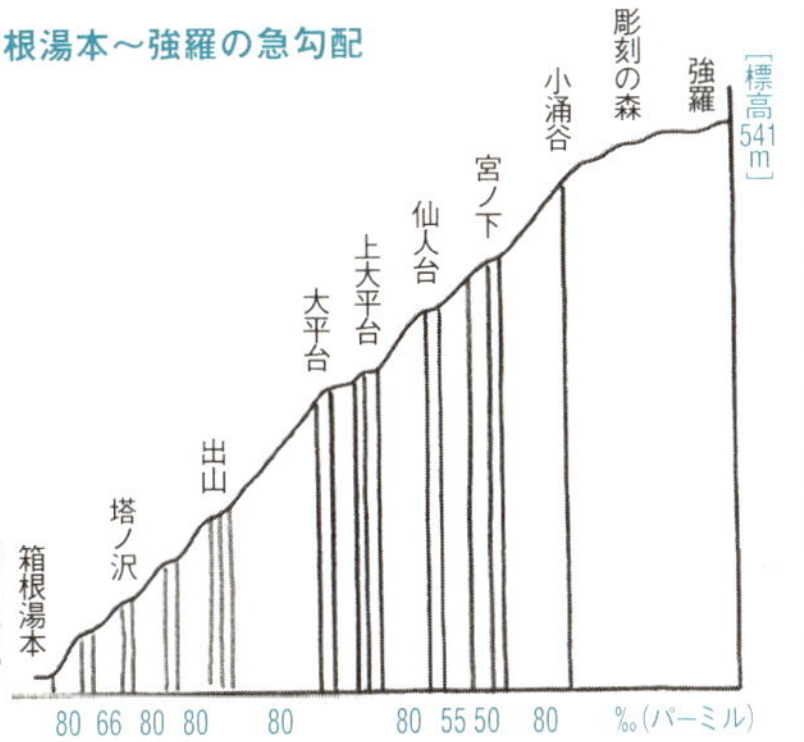

注：数字は勾配（‰＝1000mの区間に換算したとき、高度何m登坂するか）を示す

水タンクを積んでいるわけは

箱根登山鉄道の車両は急カーブでのきしみ音防止のため、摩擦防止用の水タンクを積んでいる※4。

摩擦防止用の給水栓。箱根湯本のほか、強羅駅にも設置されている。

給水タンクには360リットル貯水できる※5。

連結時、冷房や車内灯等の電源装置を接続するジャンパ栓。

入生田《いりうだ》～箱根湯本にある「レールが3本の区間」

入生田には箱根登山鉄道の検車区があり、箱根湯本の先まで電車が乗り入れている。

箱根登山鉄道の検車区とレールがつながっていない、下り方面のレールは2本のみ。

箱根登山鉄道と小田急電鉄の軌間が違うため、両社で共有する入生田～箱根湯本ではレールが3本敷かれた「3線軌条」となる。

※3：大井川鐵道（12頁）ではラックレールを利用した「アプト式」を採用している。※4：仙人台～強羅には半径30m（列車が約60度曲がる）の急カーブがある。※5：箱根湯本～強羅の区間では片道50～100ℓの水を消費、余った水は終端駅で排出する。

時速40kmでゆく古い電車・2200系

沿線には古い民家や商家が多い。深日港駅そばに建つ「旅館とらや」は、残念ながら現在は営業していない。
運用されているのは、1970年前後に製造された2200系。沿線にはカーブや坂が多く駅間も短いため、最高でも60km／h、平均40km／h程度で運行している。
1993（平成5）年までは難波から直通の急行「淡路」が運行されていた。しかし、現在の運行は多奈川線内のみさき公園～多奈川だけとなっている。
旅館

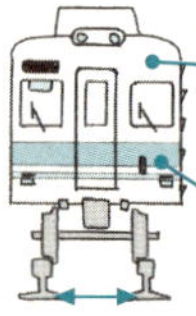
1992年までは、当時の南海コーポレートカラー・濃淡2色のグリーンの塗り分けだった。現在、車体の地色はライトグレー。
正面に太いブルーの帯、その下には細いオレンジの帯が入る。側面は乗降扉の上に細いブルーとオレンジ、扉の下部にも同2色の帯という塗色。
軌間 1067mm

data
運行区間：みさき公園～多奈川　開業：1944年5月31日　動力：直流1,500V　路線総延長：2.6km

南海多奈川線
南海本線
みさき公園
多奈川
深日港
深日変電所
大阪府
和歌山県
和歌山市
和歌山港

大阪

南海電鉄 多奈川《たながわ》線

2.6kmの短距離に淡路への跡を残す

南海本線から大阪湾に向かって、いくつかの支線が出ている。そのひとつが多奈川線。

この路線に最も活気があったのは、終戦直後に深日港《ふけこう》が完成し、淡路・徳島航路が開設されてからのおよそ20年間。深日港駅の開業とともに、難波から直通急行が運行され、多奈川線は淡路島や四国に向かう人々で大いに賑わった。

しかし、大鳴門橋や明石海峡大橋の開通により、淡路・徳島航路の定期便は廃止、鉄道利用客も少なくなった。現在は2両編成の2200系電車が20～30分間隔で、ワンマン運転を行っている。

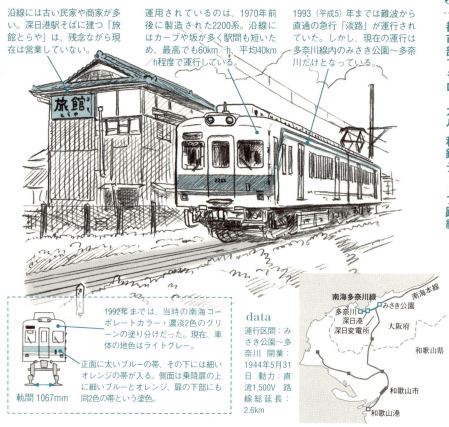

6　深日港駅の臨時改札が再び使われる日も

深日港～淡路島の船便は1999年に廃止されたが、この淡路航路を復活させようというプランも持ち上がっている。かつてたくさんの人で賑わったこの改札が、再び活気を取り戻す日が来るかもしれない。

6両停まれる長いホーム

ホームは1面1線で列車の交換はできないが、急行「淡路」運行時代のなごりで、6両編成の車両が停まれる※1。

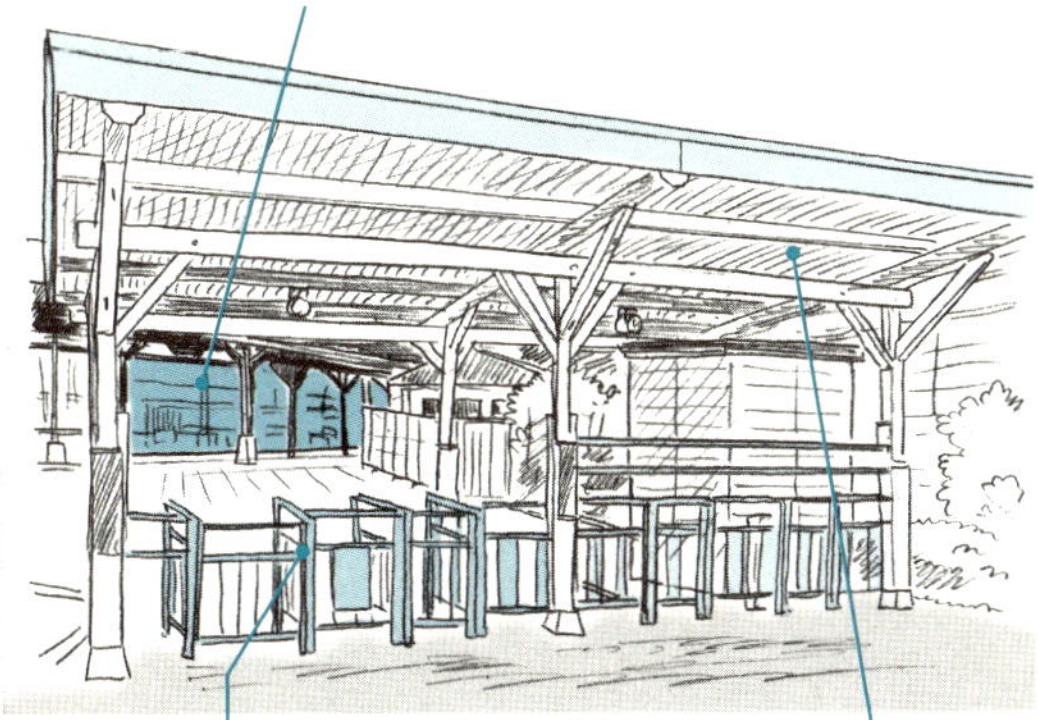

ホームを構成する柱は木造、薄いブルーと白に塗りわけられている。臨時改札も同じで、板を並べた屋根にはトタンの板が貼られている。

淡路～難波の往復きっぷ

難波への直通列車運行時代には、フェリーと鉄道との連絡きっぷも売られていた。

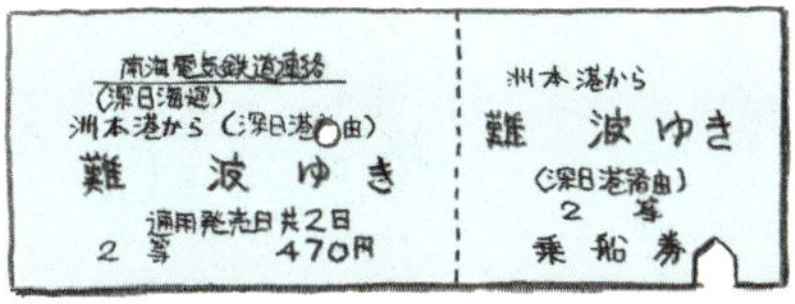

いまはなき深日海運のパンフレット

ホバークラフト※2や、高速艇「とらいでんと」などが就航、乗り心地への評判も良かった。

淡路島（洲本港）から深日港への所要時間は30分、深日港から難波までも30分で、多奈川線経由で淡路～難波をおよそ1時間で結んでいた。

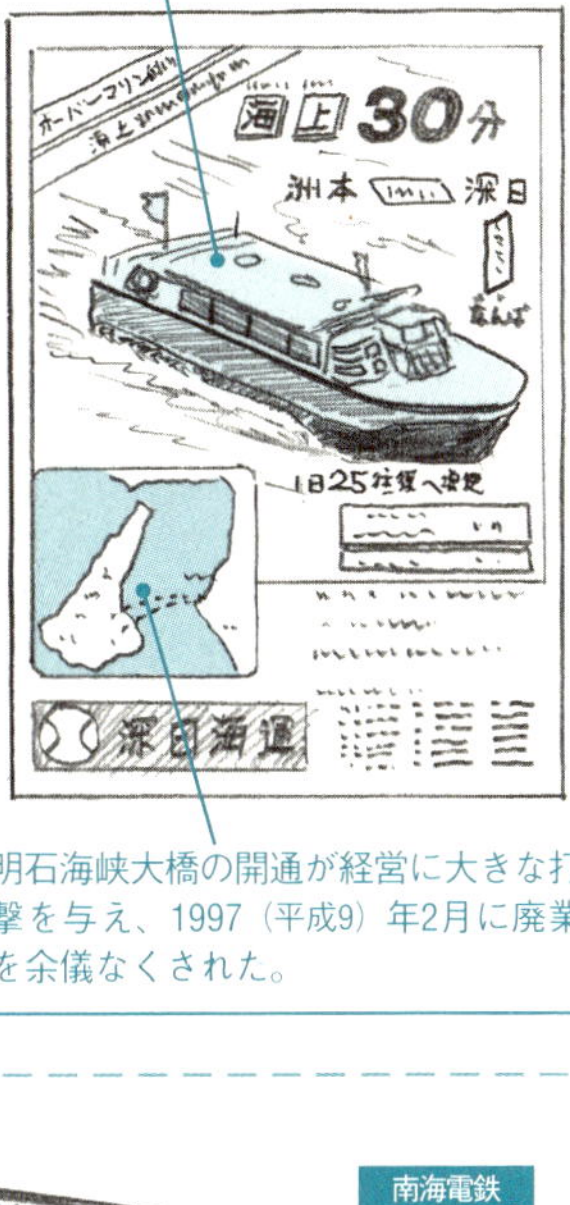

明石海峡大橋の開通が経営に大きな打撃を与え、1997（平成9）年2月に廃業を余儀なくされた。

明治生まれの古い変電所・深日変電所

1911（明治44）年の竣工から100年以上が経過したいまも、現役で稼働している。深日町駅から徒歩10分程度。

南海電鉄
深日変電所

変電所の前には深日駅があったが、多奈川線の開業にともない1944（昭和19）年に旅客営業を廃止した※3。

※1：現在は2両編成で運行のため、多奈川側のホームには柵が立てられている。※2：空気を艇体の下に吹き込んで浮上し、プロペラにより前進する。※3：貨物営業は翌1945（昭和20）年休止、その後も休止扱いだったが1958（昭和33）年、正式に廃止された。

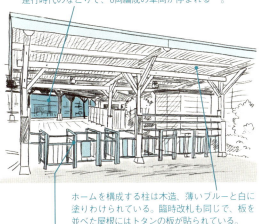

開業年月日	動力	路線総延長	軌間
1930（昭和5）年2月11日	直流1,500V	93.2km	1067mm
1927（昭和2）年6月10日	直流1500V（金谷～千頭、アプトいちしろ～長島ダム）、ディーゼルエンジン（非電化）（千頭～アプトいちしろ、長島ダム～井川）	65.0km	1067mm
1930（昭和5）年11月13日	ディーゼルエンジン（全線非電化）	20.7km	1067mm
1925（大正14）年3月7日	ディーゼルエンジン（全線非電化）	39.1km	1067mm
1931（昭和6）年6月15日	ディーゼルエンジン（全線非電化）	2.7km	1067mm
1926（大正15）年10月23日	直流600V	20.1km	762mm
1897（明治30）年5月10日	直流1,500V	33.7km	1067mm
1923（大正12）年7月5日	直流600V	6.4km	1067mm
1927（昭和2）年9月7日	直流1,500V	30.7km	1067mm
1908（明治41）年10月15日	ディーゼルエンジン（全線非電化）	147.2km	1067mm
1897（明治30）年5月4日	ディーゼルエンジン（全線非電化）	29.9km	1067mm
1949（昭和24）年11月18日	直流1,500V	9.2km	1067mm
1914（大正3）年4月29日	直流1,500V	42.2km	1067mm
1943（昭和18）年6月30日	ディーゼルエンジン（全線非電化）	11.2km	1067mm
1915（大正4）年11月25日	直流1,500V	13.9km	1067mm
1910（明治43）年11月23日	ディーゼルエンジン（全線非電化）	66.8km	1067mm
1911（明治44）年6月20日	ディーゼルエンジン（全線非電化）	43.2km	1067mm
1923（大正12）年12月5日	直流1,500V（姪浜～唐津）、ディーゼルエンジン（非電化）（唐津～伊万里）	68.3km	1067mm
1919（大正8）年8月1日	直流1,500V	5.0km	1067mm
1898（明治31）年6月11日	直流1,500V	59.5km	1067mm
1904（明治37）年5月2日	直流600V	25.3km	1067mm
1910（明治43）年5月1日	直流600V	8.9km	1067mm
1897（明治30）年12月12日	直流600V	10.9km	1372mm
1913（大正2）年9月1日	直流600V	7.6km	1067mm
1924（大正13）年8月1日	直流600V	12.1km	1435mm
1912（大正元）年12月1日	直流600V	13.1km	1435mm
1924（大正13）年2月23日	直流600V	21.5km	1067mm
1912（大正元）年11月23日	直流600V	35.1km	1435mm
1888（明治21）年10月28日	直流600V	9.6km	1067mm

ページ	会社名	運行区間
第1章		
p010-011	**富山地方鉄道 本線・立山線ほか**	電鉄富山～宇奈月温泉（本線）、寺田～立山（立山線）、稲荷町～南富山（不二越線）、上滝線（南富山～岩峅寺）
p012-013	**大井川鐵道 大井川本線・井川線**	金谷～千頭（大井川本線）、千頭～井川（井川線）
p014-015	**津軽鉄道津軽鉄道線**	津軽五所川原～津軽中里
p016-017	**小湊鐵道小湊鉄道線**	五井～上総中野
p018-019	**紀州鉄道紀州鉄道線**	御坊～西御坊
p020-021	**黒部峡谷鉄道本線**	宇奈月～欅平
p022-023	**上信電鉄上信線**	高崎～下仁田
p024-025	**銚子電気鉄道銚子電気鉄道線**	銚子～外川
p026-027	**弘南鉄道大鰐線・弘南線**	弘前～黒石（弘南線）、大鰐～中央弘前（大鰐線）
p028-029	**JR東日本五能線**	東能代～川部
p030-031	**JR東日本城端線**	高岡～城端
p032-033	**岳南電車岳南線**	吉原～岳南江尾
p034-035	**一畑電車・北松江線 大社線**	電鉄出雲市～松江しんじ湖温泉（北松江線）、川跡～出雲大社前（大社線）
p036-037	**水島臨海鉄道水島本線**	倉敷市～倉敷貨物ターミナル
p038-039	**JR西日本小野田線**	居能～小野田（本線）、雀田～長門本山（本山支線）
p040-041	**JR北海道留萌本線**	深川～増毛
p042-043	**島原鉄道島原鉄道線**	諫早～島原外港
p044-045	**JR九州筑肥線**	姪浜～伊万里（唐津～山本間は唐津線所属）
p046-047	**JR東海東海道本線美濃赤坂支線**	大垣～美濃赤坂
p048-049	**近江鉄道 本線・多賀線・八日市線**	米原～貴生川（本線）、高宮～多賀大社前（多賀線）、近江八幡～八日市（八日市線）
第2章		
p052-053	**とさでん交通 伊野線・後免線・栈橋線**	はりまや橋～伊野（伊野線）、後免町～はりまや橋（後免線）、高知駅前～栈橋通五丁目（栈橋線）
p054-055	**札幌市電一条線・ 山鼻西線・山鼻線ほか**	西4丁目～西15丁目（一条線）、西15丁目～中央図書館前（山鼻西線）、中央図書館前～すすきの（山鼻線）、西四丁目～すすきの（都心線）
p056-057	**函館市電本線・ 宝来・谷地頭線ほか**	函館どつく前～函館駅前（本線）、松風町～湯の川（湯の川線）、十字街～谷地頭（宝来・谷地頭線）、函館駅前～松風町（大森線）
p058-059	**富山地方鉄道 富山市内軌道線**	南富山駅前～富山駅（1系統）、南富山駅前～大学前（2系統）、富山駅～富山駅（環状線）（3系統）
p060-061	**熊本市電幹線・ 水前寺線・健軍線ほか**	田崎橋～健軍町（A系統）、上熊本駅前～健軍町（B系統）
p062-063	**鹿児島市電 谷山線・唐湊線ほか**	鹿児島駅前～谷山（1系統）、鹿児島駅前～郡元2系統）
p064-065	**福井鉄道福武線**	越前武生～田原町、市役所前～福井駅（支線）
p066-067	**広島電鉄本線・ 宇品線・白島線ほか**	広島駅～広電西広島（本線）、紙屋町～広島港（宇品線）、土橋～江波（江波線）、十日市町～横川駅（横川線）、的場町～皆実町六丁目（皆実線）、白島～八丁堀（白島線）、広電西広島～広電宮島口（宮島線）
p068-069	**伊予鉄道松山市内線**	松山市～道後温泉ほか

開業年月日	動力	路線総延長	軌間
1915（大正4）年11月16日	直流600V	11.5km	1435mm
1911（明治44）年8月20日	直流600V	12.2km	1372mm
1957（昭和32）年12月17日	直流600V	0.3km	※1
1998（平成10）年8月28日	直流440V	1.3km	※2
1964（昭和39）年9月17日	直流750V	17.8km	※1
1970（昭和45）年3月7日	直流1,500V	6.6 km	※1
2005（平成17）年3月6日	直流1500V	8.9km	※3
1882（明治15）年3月10日	直流1500V（米原～敦賀）、交流20000V（敦賀～金沢）	176.6km	1067mm
1920（大正9）年11月1日	ディーゼルエンジン（全線非電化）	225.8km	1067mm
1898（明治31）年8月12日	交流20000V（旭川～北旭川）、ディーゼルエンジン（非電化）（北旭川～稚内）	259.4km	1067mm
1912（大正元）年10月5日	ディーゼルエンジン（非電化）	234.0km	1067mm
1897（明治30）年2月15日	直流1500V	676.0km	1067mm
1895（明治28）年4月1日	交流20000V	467.2km	1067mm
1891（明治24）年8月21日	直流1500V	384.2km	1067mm
1889（明治22）年5月23日	直流1500V	198.7km	1067mm
1984（昭和59）年4月1日	ディーゼルエンジン（全線非電化）	71.0km（北リアス線）、36.6km（南リアス線）	1067mm
1989（平成元）年3月29日	ディーゼルエンジン（全線非電化）	44.1km	1067mm
1988（昭和63）年3月24日	ディーゼルエンジン（全線非電化）	26.8km	1067mm
1970（昭和45）年7月21日	ディーゼルエンジン（全線非電化）	53.0（大洗鹿島線）、19.2km（鹿島臨港線）	1067mm
1991（平成3）年9月1日	直流1500V（七尾～和倉温泉）、ディーゼルエンジン（非電化）（和倉温泉～穴水）	33.1km	1067mm
1984（昭和59）年10月6日	ディーゼルエンジン（全線非電化）	34.5km	1067mm
1987（昭和62）年10月14日	ディーゼルエンジン（全線非電化）	19.2km	1067mm
2015（平成27）年4月1日	直流750V	5.7km（内部線）、1.3km（八王子線）	762mm
1986（昭和61）年12月11日	ディーゼルエンジン（全線非電化）	72.1km	1067mm
1926（大正15）年3月10日	直流1500V	7.0km（本線）、1.7km（海芝浦支線）、1.0km（大川支線）	1067mm
1899（明治32）年12月17日	直流1500V	2.5km	1435mm
1904（明治37）年4月5日（亀戸線）、1931（昭和6）年12月20日（大師線）	直流1500V	3.4km（亀戸線）、1.0km（大師線）	1067mm
1920（大正9）年8月21日	直流1500V	22.3km	1067mm
1919（大正8）年6月1日	直流1500V（小田原～箱根湯本）、直流750V（箱根湯本～強羅）	15.0km	1067mm※4 1435mm※5
1944（昭和19）年5月31日	直流1,500V	2.6km	1067mm

※1：モノレールのため軌間はなし　※2：モノレール（スカイレール）のため軌間はなし
※3：リニアモーターカーのため軌間はなし　※4：小田原～箱根湯本　※5：箱根湯本～強羅

ページ	会社名	運行区間
p070-071	長崎電気軌道本線・桜町支線・大浦支線ほか	赤迫～住吉（赤迫支線）、住吉～正覚寺下（本線）、長崎駅前～公会堂前（桜町支線）、築町～石橋（大浦支線）、西浜町～蛍茶屋（蛍茶屋支線）
p072-073	東京都交通局都電荒川線	三ノ輪橋～早稲田
p074-075	東京都交通局上野懸垂線	（上野動物園）東園～（上野動物園）西園
p076-077	広島短距離交通瀬野線	みどり口～みどり中央
p078-079	東京モノレール羽田空港線	モノレール浜松町～羽田空港第2ビル
p080-081	湘南モノレール江の島線	大船～湘南江の島
p082-083	愛知高速交通東部丘陵線	藤が丘～八草
第3章		
p086-087	JR西日本北陸本線	米原～金沢
p088-089	JR東海・西日本高山本線	岐阜～富山
p090-091	JR北海道宗谷本線	旭川～稚内
p092-093	JR北海道石北本線	新旭川～網走
p094-095	JR西日本山陰本線	京都～幡生
p096-097	JR九州日豊本線	小倉～鹿児島
p098-099	JR東海・西日本紀勢本線	亀山～和歌山市
p100-101	JR四国土讃線	多度津～窪川
第4章		
p104-105	三陸鉄道南・北リアス線	宮古～久慈（北リアス線）、盛～釜石（南リアス線）
p106-107	わたらせ渓谷鐵道わたらせ渓谷線	桐生～間藤
p108-109	いすみ鉄道いすみ線	大原～上総中野
p110-111	鹿島臨海鉄道大洗鹿島線ほか	水戸～鹿島サッカースタジアム（大洗鹿島線）、鹿島サッカースタジアム～奥野谷浜（鹿島臨港線）
p112-113	のと鉄道七尾線	七尾～穴水
p114-115	樽見鉄道樽見線	大垣～樽見
p116-117	若桜鉄道若桜線	郡家～若桜
p118-119	四日市あすなろう鉄道八王子線・内部線	あすなろう四日市～内部（内部線）、日永～西日野（八王子線）
p120-121	長良川鉄道越美南線	美濃太田～北濃
第5章		
p124-125	JR東日本鶴見線	鶴見～扇町（本線）、武蔵白石～大川（大川支線）、海芝浦支線（浅野～海芝浦）
p126-127	京成電鉄金町線	京成高砂～京成金町
p128-129	東武鉄道亀戸線・大師線	亀戸～曳舟（亀戸線）、西新井～大師前（大師線）
p130-131	名古屋鉄道広見線	犬山～御嵩
p132-133	箱根登山鉄道鉄道線	小田原～強羅
p134-135	南海電鉄多奈川線	みさき公園～多奈川

あとがき

森林関係の仕事をしていた父は転勤が非常に多く、ほとんど岩手県ばかり、高校卒業まで10カ所近くを転々とした。同じ岩手県内でも県北と県南、内陸部と海岸部では気候風土が大きく異なる。こうした引っ越し生活は、最初に地理、ひいては鉄道に関心をもつきっかけとなった。

また「森林関係」という職業柄、行く先々はいわゆる「山村」がほとんどだった。必然、最寄りの鉄道は非電化路線で、鉄道といえば見るのも乗るのも気動車ばかり。こうした暮らしのなか、分厚い時刻表を手に空想旅行に思いをめぐらせ、いつか都会に行って、新しくてカラフルな電車に心ゆくまで乗りたい、という夢が次第につのっていった。

ところが大学進学で上京を果たし、さあ電車三昧だ、と思うのもつかの間、私の鉄道への興味はなぜか、乗り飽きたはずのローカル線のほうにシフトしたのである。

当時といえば女性の鉄道愛好者はまだ珍しく、周囲には目的を告げずに、ひとりで休日や長期の休みを利用して鉄道の旅へとでかけた。その頃の路線には

現在、廃止されたところも多く、いまではなつかしい想い出となっている。

月日は流れ、文章を生業とするようになったが、その分野は鉄道とは関係の薄いものが多くなっていた。そこに、この『ローカル鉄道の解剖図鑑』の仕事が飛び込んで来た。

原稿を進めるなかで資料をあちこちから集めると、知らなかったことがわかったり、それぞれの路線の個性にあらためて触れたり、いろいろな発見があった。作業の苦労も、いまでは「ライター冥利に尽きる」という充実感に変わっている。

最後に、多忙なスケジュールのなか素敵なイラストを描いてくださった、イラストレーターのいとう良一氏、文章や内容、構成に数々の助言をいただき、編集の労にあたってくださったジーグレイプのT．S．氏に心から感謝を申し上げるとともに、親不孝の限りを尽くしさんざん心配をかけた、今は亡き両親に「ようやく、自分の本ができたよ」と伝えたい。

参考文献

- 『ローカル線全ガイド 東日本』時刻表編集部編
（日本交通公社出版事業局）1986年
- 『ローカル線全ガイド 西日本』時刻表編集部 編
（日本交通公社出版事業局）1986年
- 『別冊歴史読本74 全国懐かしの路面電車』山田京一・小野打真編
（新人物往来社）1998年
- 『鉄子と駅男 関東版-電車でひゅるるん無人駅』すずきさちこ
（エムディエヌコーポレーション）2004年
- 『無人駅探訪』西崎さいき・全国停留場を歩く会（文芸社）2011年
- 『南武線・鶴見線 街と駅の1世紀』生田誠（アルファベータブックス）2015年

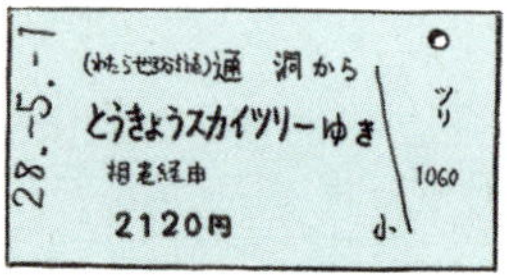

Profile
著者

岩間昌子

いわま　まさこ●岩手県生まれ。お茶の水女子大学で地理学を専攻。大学卒業後、地域計画コンサルタント会社勤務や航空雑誌編集者などを経て、フリーのトラベルライターに転身。主に国内を舞台にガイドブックをはじめ、鉄道本や女性誌の旅行記事などの取材、執筆、編集に携わる。

連結車

ローカル鉄道の解剖図鑑

2016年10月22日　初版第1刷発行

著者　岩間昌子

発行者　澤井聖一

発行所　株式会社エクスナレッジ
〒106-0032
東京都港区六本木7-2-26
http://www.xknowledge.co.jp/

問合せ先
編集　Tel：03-3403-1381
Fax：03-3403-1345
info@xknowledge.co.jp
販売　Tel：03-3403-1321
Fax：03-3403-1829